D0911517

Retratos y encuentros

Gay Talese

Retratos y encuentros

Traducción del inglés de Carlos José Restrepo

Título original: *The Gay Talese Reader*
Cuarta edición: mayo de 2016
Tercera reimpresión: octubre de 2020

© 2010, Penguin Random House Grupo Editorial, S. A. U.
Travessera de Gràcia, 47-49. 08021 Barcelona
© 2010, Carlos José Restrepo, por la traducción

© Diseño: Penguin Random House Grupo Editorial, inspirado en un diseño original de Enric Satué

Penguin Random House Grupo Editorial apoya la protección del *copyright*.
El *copyright* estimula la creatividad, defiende la diversidad en el ámbito de las ideas y el conocimiento,
promueve la libre expresión y favorece una cultura viva. Gracias por comprar una edición autorizada
de este libro y por respetar las leyes del *copyright* al no reproducir, escanear ni distribuir ninguna
parte de esta obra por ningún medio sin permiso. Al hacerlo está respaldando a los autores
y permitiendo que PRHGE continúe publicando libros para todos los lectores.
Diríjase a CEDRO (Centro Español de Derechos Reprográficos, http://www.cedro.org)
si necesita fotocopiar o escanear algún fragmento de esta obra.

Printed in Spain – Impreso en España

ISBN: 978-84-204-0602-2
Depósito legal: B-3646-2016

Impreso en BookPrint Digital, S. A., Hospitalet de Llobregat (Barcelona)

AL06022

Penguin
Random House
Grupo Editorial

Índice

Nueva York, ciudad de cosas inadvertidas

Nueva York es una ciudad de cosas inadvertidas. Es una ciudad de gatos que dormitan debajo de los coches aparcados, de dos armadillos de piedra que trepan la catedral de San Patricio y de millares de hormigas que reptan por la azotea del Empire State. Las hormigas probablemente fueron llevadas hasta allí por el viento o las aves, pero nadie está seguro; nadie en Nueva York sabe más sobre esas hormigas que sobre el mendigo que toma taxis para ir hasta el barrio del Bowery, o el atildado caballero que hurga en los cubos de la basura de la Sexta Avenida, o la médium de los alrededores de la calle 70 Oeste que afirma: «Soy clarividente, clariaudiente y clarisensual».

Nueva York es una ciudad para los excéntricos y una fuente de datos curiosos. Los neoyorquinos parpadean veintiocho veces por minuto, pero cuarenta si están tensos. La mayoría de quienes comen palomitas de maíz en el Yankee Stadium deja de masticar por un instante antes del lanzamiento. Los mascadores de chicle en las escaleras mecánicas de Macy's dejan de mascar por un instante antes de apearse: se concentran en el último peldaño. Monedas, clips, bolígrafos y carteritas de niña son encontrados por los trabajadores que limpian el estanque de los leones marinos en el zoológico del Bronx.

Los neoyorquinos se tragan cada día 460.000 galones de cerveza, devoran 3.500.000 libras de carne y se pasan por los dientes 34 kilómetros de seda dental. Todos los días mueren en Nueva York unas 250 personas, nacen 460 y 150.000 deambulan por la ciudad con ojos de vidrio o plástico.

Un portero de Park Avenue tiene fragmentos de tres balas en la cabeza, enquistadas allí desde la Primera Guerra

Mundial. Varias jovencitas gitanas, influenciadas por la televisión y la educación, escapan de sus casas porque no quieren terminar ejerciendo de adivinas. Cada mes se despachan cien mil libras de pelo a Louis Feder, en el 545 de la Quinta Avenida, donde se elaboran pelucas rubias con cabellos de mujeres alemanas, pelucas castañas con cabellos de francesas e italianas, pero ninguna con cabellos de norteamericanas, ya que son, según el señor Feder, endebles por los frecuentes enjuagues y champús.

Entre los hombres mejor informados de Nueva York están los ascensoristas, que rara vez conversan porque siempre están a la escucha; igual que los porteros. El portero del restaurante Sardi's oye los comentarios sobre algún estreno que hacen los asistentes cuando salen de la función. Oye con atención. Pone cuidado. A diez minutos de caer el telón ya te podrá decir qué espectáculos van a fracasar y cuáles serán un éxito.

Al caer la noche en Broadway un gran Rolls-Royce de 1948 oscuro se detiene y salta afuera una dama diminuta armada de una Biblia y un letrero que dice: «Los Condenados habrán de Perecer». Se planta entonces en la esquina y vocifera a las multitudes pecadoras de Broadway hasta las 3 a.m., cuando el Rolls-Royce y su chófer la recogen para llevarla de regreso a Westchester.

A esas horas la Quinta Avenida está vacía, a excepción de unos cuantos insomnes de paseo, algún que otro taxista que circula y un grupo de sofisticadas féminas que pasan noche y día en las vitrinas de las tiendas, exhibiendo sus frías y perfectas sonrisas..., sonrisas conformadas por labios de arcilla, ojos de vidrio y mejillas cuyos ruboresdurarán hasta que la pintura se desgaste. Como centinelas, forman fila a lo largo de la Quinta Avenida: maniquíes que escrutan la calle silenciosa con sus cabezas ladeadas, sus puntiagudos pies y sus largos dedos de goma, que esperan cigarrillos que nunca llegarán. A las cuatro de la madrugada algunas de esas vitrinas se convierten en un extraño reino de las hadas, de diosas larguiruchas paralizadas todas en el momento de apurarse a la fiesta, de zambullirse en la piscina, de deslizarse hacia el cielo en un ondulante negligé azul.

Aunque esta loca ilusión se debe en parte a la imaginación desbocada, también debe algo a la increíble habilidad de los fabricantes de maniquíes, quienes los han dotado de algunos rasgos individuales, atendiendo a la teoría de que no hay dos mujeres, ni siquiera de plástico o yeso, completamente iguales. Por tal razón, las muñecas de Peck & Peck se elaboran para que luzcan jóvenes y pulidas, mientras que en Lord & Taylor parecen más sabias y curtidas. En Saks son recatadas y maduras, mientras que en Bergdorf's irradian una elegancia intemporal y una muda riqueza. Las siluetas de los maniquíes de la Quinta Avenida han sido modeladas a partir de algunas de las mujeres más atractivas del mundo. Mujeres como Susy Parker, que posó para los maniquíes de Best & Co., y Brigitte Bardot, que inspiró algunos de los de Saks. El empeño de hacer maniquíes cuasihumanos y dotarlos de curvas es quizás responsable de la bastante extraña fascinación que tantos neoyorquinos sienten por estas vírgenes sintéticas. A ello se debe que algunos decoradores de vitrinas hablen frecuentemente con los maniquíes y les pongan apodos cariñosos, y que los maniquíes desnudos en un escaparate inevitablemente atraigan a los hombres, indignen a las mujeres y sean prohibidos en Nueva York. A ello se debe que algunos maniquíes sean asaltados por pervertidos y que una esbelta maniquí de una tienda de White Plains fuera descubierta no hace mucho en el sótano con la ropa rasgada, el maquillaje corrido y el cuerpo con señales de intento de violación. Una noche la policía tendió una trampa y atrapó al asaltante, un hombrecito tímido: el recadero.

Cuando el tráfico disminuye y casi todos duermen, en algunos vecindarios de Nueva York empiezan a pulular los gatos. Se mueven con rapidez entre las sombras de los edificios; los vigilantes, policías, recolectores de basura y demás transeúntes nocturnos los avistan... no por mucho tiempo. La mayoría de ellos merodea por los mercados de pescado, en Greenwich Village, y los vecindarios de los lados Este y Oeste, donde abundan los cubos de la basura. No hay, sin embargo, zona de la ciudad que no tenga sus animales callejeros, y los empleados de los garajes de veinticuatro horas de áreas tan concurridas como la calle 54 han llegado a contar hasta veinte de ellos cerca del teatro Ziegfeld por la mañana temprano. Pelotones de gatos patrullan los muelles por la noche a la caza de ratas. Los guardavías del metro han descubierto gatos que viven en la oscuridad. Parece que nunca un tren los atropella, aunque a veces a algunos los liquida el tercer riel. Unos veinticinco gatos viven veintitrés metros por debajo del ala oeste de la terminal Grand Central, son alimentados por los trabajadores subterráneos y nunca se aventuran a la luz del día.

Los vagabundos, independientes y autoaseados gatos de la calle llevan una vida extrañamente diferente a la de los gatos mantenidos de casa o apartamento de Nueva York. Casi todos están infestados de pulgas. A muchos los matan la comida intoxicada, la intemperie y la desnutrición; su promedio de vida es de dos años, mientras que el de los gatos caseros es de diez a doce años o más. Cada año la ASPCA* sacrifica unos 1.000 gatos callejeros neoyorquinos para los cuales no encuentra hogar.

No es común el arribismo entre los gatos callejeros de Ciudad Gótica. Rara vez adquieren por gusto una mejor dirección postal. Por lo común mueren en las manzanas que los vieron nacer, aunque un pulgoso espécimen recogido por la ASPCA fue adoptado por una mujer acaudalada: ahora vive en un lujoso apartamento del lado Este y pasa el verano en la quinta de la dama en Long Island. La Asociación Felina Americana una vez trasladó dos gatos callejeros a la sede de

* The American Society for the Prevention of Cruelty to Animals (Sociedad Americana para la Prevención de la Crueldad contra los Animales). *(N. del T.)*

las Naciones Unidas, tras haberse enterado de que los roedores habían invadido los archivadores de la ONU.

—Los gatos se encargaron de ellos —dice Robert Lothar Kendell, presidente de la sociedad—. Y parecían contentos en la ONU. Uno de ellos dormía en un diccionario de chino.

En cada barrio de Nueva York los gatos golfos están bajo el dominio de un «jefe»: el macho más grande y fuerte. Pero, salvo por el jefe, no hay mucha organización en la sociedad del gato callejero. Dentro de esa sociedad hay, no obstante, tres «tipos» de gatos: los salvajes, los bohemios y los de media jornada en tienda (o restaurante).

Los gatos salvajes dependen, en cuestión de comida, de la ocasional tapa suelta del cubo de la basura, o de las ratas, y poco o nada quieren tener que ver con la gente, así sea con quienes los alimentan. Éstos, los más desaliñados, tienen una mirada perturbada, una expresión demente y ojos muy abiertos, y en general rondan por los muelles.

El bohemio, por su parte, es más dócil. No huye de la gente. Con frecuencia recibe en la calle alimentación diaria de manos de sensibles amantes de los gatos (casi siempre mujeres) que los llaman «niñitos», «angelitos» o «queridos» y se indignan cuando los objetos de su caridad son tildados de «gatos de callejón». Tan puntuales suelen ser los bohemios a la hora de comer, que un amante de los gatos ha propuesto la teoría de que saben la hora. Puso el ejemplo de una gata gris que aparece cinco días a la semana a las cinco y media en punto en un edificio de oficinas en Broadway con la calle 17, cuyos ascensoristas le dan comida. Pero la minina nunca cae por allí los sábados y domingos: como si supiera que la gente no trabaja en esos días.

El gato de media jornada en tienda (o restaurante), a menudo un bohemio reformado, come bien y espanta a los roedores, pero acostumbra usar la tienda a manera de hotel y prefiere pasar las noches vagando por las calles. Pese a tan generoso esquema laboral, reclama la mayoría de los privilegios de una raza emparentada (el gato de tienda de tiempo completo o sin pizca de callejero), incluido el derecho a dormir en la vitrina. Un bohemio reformado de un *delicatessen* de la calle Bleecker se agazapa detrás de la puerta y ahuyenta a los otros bohemios que mendigan bocados.

A propósito, el número de gatos de tiempo completo ha disminuido en gran medida desde el ocaso de la pequeña tienda de ultramarinos y el surgimiento de los supermercados en Nueva York. Con el perfeccionamiento de los métodos de prevención contra ratas, mejores empaquetados y mejores condiciones sanitarias, almacenes de cadena como A&P rara vez tienen un gato de tiempo completo.

En los muelles, sin embargo, la gran necesidad de gatos sigue vigente. Una vez un estibador alérgico a los gatos los envenenó a todos. En cuestión de un día había ratas por todas partes. Cada vez que los hombres se giraban a mirar, veían ratas sobre los embalajes. Y en el muelle 95 las ratas empezaron a robar los almuerzos de los estibadores, e incluso a atacarlos. De modo que hubo que reclutar gatos callejeros de las zonas vecinas, y ahora el grueso de las ratas está bajo control.

—Pero los gatos no duermen mucho por aquí —decía un estibador—. No pueden. Las ratas acabarían con ellos. Hemos tenido casos en los que la rata ha destrozado al gato. Pero no pasa con frecuencia. Esas ratas del puerto son unas miserables desgraciadas.

A las 5 de la mañana Manhattan es una ciudad de trompetistas cansados y cantineros que regresan a casa. Las palomas se apropian de Park Avenue, y se pavonean sin rivales en medio de la calle. Ésta es la hora más serena de Manhattan. Casi todos los personajes *nocturnos* se han perdido de vista, pero los *diurnos* no aparecen aún. Los camioneros y taxistas ya están despabilados, pero no perturban el ambiente. No perturban el desierto Rockefeller Center, ni a los inmóviles vigilantes nocturnos del mercado de pescado de Fulton, ni al gasolinero que duerme al lado del restaurante Sloppy Louie's con la radio encendida.

A las 5 de la mañana los asiduos de Broadway se han ido a casa o a un café nocturno, en donde, bajo el relumbrón de luz, se les ven las patillas y el desgaste. Y en la calle 51 se encuentra estacionado un automóvil de la prensa radiofónica, con un fotógrafo que no tiene nada que hacer. Así que simplemente se pasa allí sentado unas cuantas noches, atisba por el parabrisas y no tarda en volverse un sagaz observador de la vida después de medianoche.

—A la una de la mañana —dice—, Broadway se llena de avispados y de muchachitos que salen del hotel Astor vestidos de esmoquin, muchachitos que van a los bailes en los coches de sus padres. También se ven señoras de la limpieza que vuelven a sus casas, siempre con la pañoleta puesta. A las dos, algunos bebedores empiezan a perder la compostura, y ésta es la hora de las peleas de cantina. A las tres, termina la última función en los *night-clubs* y la mayoría de los turistas y compradores forasteros están de vuelta en sus hoteles. A las cuatro, cuando cierran los bares, se ve salir a los borrachos..., así como a los chulos y las prostitutas que se aprovechan de los borrachos. A las cinco, sin embargo, casi todo está en calma. Nueva York es una ciudad completamente distinta a las cinco de la mañana.

A las seis de la mañana los empleados madrugadores comienzan a brotar de los trenes subterráneos. El tráfico empieza a fluir por Broadway como un río. Y la señora Mary Woody salta de la cama, se apresura a su oficina y telefonea a docenas de adormilados neoyorquinos para decirles con voz alegre, rara vez apreciada: «Buenos días. Hora de levantarse». Durante veinte años, como operadora del servicio despertador de Western Union, la señora Woody ha sacado a millones de la cama.

A las 7 a.m. un hombrecillo colorado y robusto, muy parisino en una boina azul y un suéter de cuello alto, recorre a paso rápido Park Avenue, visitando a sus adineradas amigas: se asegura de darle a cada cual un enérgico masaje antes del desayuno. Los uniformados porteros lo saludan con afecto y lo llaman «Biz» o «Mac», puesto que se trata de Biz Mackey, *masseur extraordinaire* para las damas.

Míster Mackey es brioso y muy derecho y lleva siempre un bolso de cuero negro con los linimentos, cremas y toallas de su oficio. Sube en el ascensor, media hora después está abajo otra vez, y de nuevo a casa de otra dama: una cantante de ópera, una actriz de cine, una teniente de la policía.

Biz Mackey, antiguo boxeador de los pesos pluma, empezó a sobar de manera correcta a las mujeres en París, allá en los años veinte. Habiendo perdido una pelea durante una gira por Europa, decidió dejarlo ahí. Un amigo le sugirió que acudiera a una escuela para masajistas, y seis meses después tuvo a su primera clienta: Claire Luce, actriz que por entonces era la estrella del Folies-Bergère. Ella quedó satisfecha y le mandó otras clientas: Pearl White, Mary Pickford y una rolliza soprano wagneriana. Se precisó de la Segunda Guerra Mundial para sacar a Biz de París.

De regreso en Manhattan la clientela europea siguió empleándolo cuando venía por aquí; y si bien es cierto que él ya frisa los setenta, todavía no afloja. Biz trata a unas siete mujeres por día. Sus dedos musculosos y sus brazos gruesos poseen un toque milagrosamente relajante. Es discreto y, por eso, el preferido de las damas de Nueva York. Las visita en sus apartamentos y tiene llaves de sus alcobas: es a menudo el primer hombre que ven por la mañana, y lo esperan tendidas en la cama. Nunca revela los nombres de sus clientas, pero la mayoría tiene sus años y son ricas.

—Las mujeres no quieren que otras mujeres sepan de sus asuntos —explica Biz—. Ya sabes cómo son —agrega como al descuido, sin dejar duda de que él sí lo sabe.

Los porteros con los que Biz se cruza en las mañanas tienden a ser un servicial y siempre elocuente grupo de diplomáticos de acera, entre cuyas amistades se cuentan algunos de los hombres más poderosos de Manhattan, algunas de las mujeres más hermosas y algunos de los poodles más estirados. La mayoría de las veces los porteros son corpulentos, tienen un aspecto vagamente gótico y los ojos lo bastante aguzados como para detectar una buena propina a una manzana de distancia en el día más oscuro del año.

Ciertos porteros del lado Este son orgullosos como un noble, y sus uniformes, festoneados con recargo, parecen salidos de la misma sastrería que atiende al mariscal Tito. Casi todos los porteros de hotel son estupendos para la charla intrascendente, la grandilocuente y la impertinente, para recordar apellidos y evaluar equipajes de cuero. (Saben calcular la riqueza de un huésped más por el equipaje que por la ropa que lleva.)

Hoy en Manhattan hay 650 porteros de torres de apartamentos, 325 de hoteles (catorce en el Waldorf Astoria) y un número desconocido pero formidable de porteros de teatro y de restaurante, porteros de *night-club*, porteros voceadores y porteros sin puerta.

Los porteros sin puerta, que son vagabundos sin antecedentes penales, usualmente carecen de uniforme (pero no de sombreros alquilados) y merodean por las calles abriendo puertas cuando el tráfico se embotella, en las noches de ópera, de conciertos, de peleas por un título y de convenciones. Christos Efthimiou, portero del Brass Rail, dice que los porteros sin puerta saben cuándo está libre (lunes y martes) y que en esos días trabajan *free lance* desde su sitio en la Séptima Avenida con la calle 49.

Los porteros voceadores, que a veces lucen uniformes alquilados (pero son dueños del sombrero), se apostan enfrente de los clubes de jazz con programas de espectáculos, como los que bordean la calle 51. Además de abrir puertas y de enlazar taxistas, los porteros voceadores bien pueden susurrarle suave pero claramente al peatón que pasa: «¡Psss! ¡Sin pagar el puesto: chicas adentro... la nueva reina de Alaska!».

Aunque en la ciudad son pocos los porteros que no juren por las buenas o por las malas que les pagan mal y que son menospreciados, muchos porteros de hotel reconocen que en ciertas semanas buenas, las de lluvia, se han hecho cerca de 200 dólares con las meras propinas. (Más gente pide taxis cuando llueve y los porteros que suministran paraguas y taxis rara vez se quedan sin propina.)

Cuando llueve en Manhattan el tráfico de automóviles es lento, las citas se incumplen y en los vestíbulos de los hoteles la gente se arrellana detrás de un periódico o da vueltas por ahí sin tener dónde sentarse, con quién hablar, nada qué hacer. Se hace más difícil conseguir un taxi; los grandes almacenes reducen sus ventas entre un 15 y un 25 por ciento, y los monos del zoo del Bronx, sin público, se encorvan malhumorados en sus jaulas, con más cara de aburridos que los desocupados de los hoteles.

Aunque algunos neoyorquinos se ponen taciturnos con la lluvia, otros la prefieren. Les gusta caminar bajo ella y sostienen que en los días lluviosos los edificios de la ciudad parecen más limpios..., bañados de una cierta opalescencia, como un cuadro de Monet. Hay menos suicidios en Nueva York cuando llueve; pero cuando el sol brilla y los neoyorquinos parecen felices, el deprimido se hunde más en su depresión y el hospital Bellevue recibe más casos de intentos de suicidio.

En fin, un día lluvioso en Nueva York es un día resplandeciente para los vendedores de paraguas y gabardinas, las chicas de los guardarropas, los botones y el personal de la oficina del Consulado General Británico, donde dicen que la lluvia les recuerda la patria. La firma Consolidated Edison informa que los neoyorquinos consumen 120.000 dólares más en electricidad que en los días despejados; las rayas de los pantalones se deterioran con la lluvia, y en la lavandería Norton Cleaners, en la calle 45, se plancha un promedio de 125 pantalones extras en días como ésos.

La lluvia les estropea el rímel de los ojos a las modelos que no consiguen un taxi; y la lluvia significa un día solitario para los sargentos de reclutamiento, los manifestantes, los limpiabotas y los ladrones de Times Square, que tienden todos a perder el entusiasmo cuando se mojan.

Todas las mañanas, pasadas las 7.30, cuando la mayoría de los neoyorquinos sigue aún sumida en un cegajoso duermevela, cientos de personas hacen fila en la calle 42 a la espera de que abran los diez cines ubicados casi hombro a hombro entre Times Square y la Octava Avenida.

¿Quiénes son los que van al cine a las 8 a.m.? Son los vigilantes nocturnos del centro, los pelagatos, los que no pueden dormir, los que no pueden ir a casa o los que no tienen casa. Son los camioneros, los homosexuales, los polizontes, los gacetilleros, las sirvientas y los empleados de un restaurante que han trabajado toda la noche. Son también los alcohólicos, que esperan hasta las ocho para pagar cuarenta centavos por un asiento blando y algo de sueño en un teatro fresco, oscuro y cargado de humo.

Con todo, al margen de estar llenos de humo, cada uno de los teatros de Times Square carece de o posee una característica especial que lo define. En el teatro Victoria uno sólo se topa películas de terror, mientras que en el teatro Times Square sólo presentan películas de vaqueros. Hay películas de estreno por cuarenta y cinco centavos en el Lyric, en tanto que en el Selwyn hay siempre cintas viejas por treinta y cinco. Tanto en el Liberty como en el Empire hay reestrenos, y en el Apollo sólo proyectan filmes extranjeros. Los filmes extranjeros han venido haciendo dinero en el Apollo desde hace veinte años, cosa que William Brandt, uno de los propietarios, no alcanzaba a entender.

—Así que un día fui a investigar al sitio —dice él—
y vi a la entrada gente que conversaba con las manos. Me di
cuenta de que eran casi todos sordomudos. Son asiduos del
Apollo porque pueden leer los subtítulos que vienen con las
películas extranjeras. El Apollo probablemente tiene el mayor público sordomudo del mundo.

Nueva York es una ciudad con 8.485 operadoras telefónicas, 1.364 repartidores de telegramas de la Western
Union y 112 mensajeros de casas periodísticas. La hinchada
beisbolera promedio en el estadio de los Yankees gasta unos
diez galones de jabón líquido por partido: récord extraoficial
de limpieza de las grandes ligas. Este estadio también ostenta
el mayor número de acomodadores de la liga (360), de ba-
rrenderos (72) y de baños para hombres (34).

En Nueva York hay 500 médiums, clasificados desde
el semitrance hasta el trance y el trance profundo. La mayoría vive en las calles setentas, ochentas y noventas del Oeste
de Nueva York, y en los domingos algunas de estas manzanas
se comunican con los muertos, vibran al clamor de trompe-
tas y solucionan todo tipo de problemas.

En Nueva York la Lencería de la Quinta Avenida está
situada en la Avenida Madison, la Tienda de Mascotas Madison queda en la Avenida Lexington, la Floristería Park
Avenue está en la Avenida Madison y la Lavandería A Mano
Lexington está en la Tercera Avenida. Nueva York alberga
120 tiendas de ropa y muebles usados, y es allí donde el hermano del obispo [Bishop] Sheen, el doctor Sheen, comparte
una oficina con un tal doctor Bishop.

Dentro de una típica y apacible fachada de piedra
rojiza sobre la Avenida Lexington, en la esquina de la calle
82, un boticario llamado Frederick D. Lascoff lleva años
vendiendo sanguijuelas a boxeadores maltrechos, aceite de
calamento a cazadores de leones y millares de pócimas extra-
ñas a personas en lugares exóticos de todo el mundo.

Dentro de una lóbrega factoría del lado Oeste, todos los meses una larga cinta de cartulina verde sube y baja arrastrándose como un reptil interminable por una prensa de imprenta que la pica en miles de enojosos trocitos. Cada trocito fue ideado para encajar en el bolsillo de un policía, decorar el parabrisas de un coche aparcado ilegalmente y despojar a un conductor de quince dólares. Unas 500.000 multas de quince dólares se imprimen cada año para la policía de Nueva York en la calle 19 Oeste, en la May Tag and Label Corporation, cuyos empleados a veces ven el fruto de su trabajo volver como un bumerán sobre sus propios parabrisas.

Nueva York es una ciudad de 200 vendedores de castañas, 300.000 palomas y 600 estatuas y monumentos. Cuando la estatua ecuestre de un general alza del suelo los dos cascos delanteros, quiere decir que el general murió en combate; si levanta uno, murió de heridas recibidas en combate; si los cuatro cascos pisan el suelo, el general probablemente murió en cama.

En Nueva York, desde el amanecer hasta el ocaso y de nuevo al amanecer, día tras día, se escucha el incesante y sordo ruido de las llantas sobre la plancha de hormigón del puente George Washington. El puente nunca está completamente quieto. Tiembla con el tráfico. Se mueve con el viento. Sus enormes venas de acero se hinchan al calentarse y se contraen al enfriarse; con frecuencia la plancha se acerca al río Hudson, unos tres metros más en verano que en invierno. Esta estructura, poco menos que inquieta y de grácil belleza, oculta, como una seductora irresistible, algunos de sus secretos a los románticos que la contemplan, los escapistas que saltan desde ella, la chica regordeta que recorre pesadamente su distancia de mil setenta metros buscando bajar de peso y los cien mil automovilistas que cada día la cruzan, se estrellan contra ella, le esquilman el peaje, se atascan encima.

Pocos de los neoyorquinos y turistas que lo cruzan a toda velocidad se percatan de los obreros que, 186 metros más arriba, utilizan los ascensores dentro de sus dos torres gemelas; y pocas personas saben que algunos borrachitos errabundos de cuando en cuando lo escalan despreocupadamente hasta la cima y allí se echan a dormir. Por las mañanas se quedan petrificados y tienen que bajarlos brigadas de emergencia.

Pocas personas saben que el puente fue construido en un área por la que antiguamente trashumaban los indios, en la cual se libraron batallas y en cuyas riberas, en los primeros tiempos coloniales, se llevaba a la horca a los piratas a modo de advertencia para otros marinos aventureros. El puente hoy se levanta en el lugar donde las tropas de George Washington retrocedieron ante los invasores británicos que más adelante capturarían Fort Lee, en Nueva Jersey, quienes encontraron las ollas en el fuego, el cañón abandonado y un reguero de ropa por el camino de retirada de la guarnición de Washington.

La calzada del puente George Washington descuella 30 metros por encima del pequeño faro rojo que se quedó obsoleto cuando se erigió el puente en 1931; el acceso por el lado de Jersey queda a tres kilómetros de donde el mafioso Albert Anastasia vivía tras un muro alto y custodiado por perros dóberman pinschers; el peaje de Jersey queda a seis metros de donde un conductor sin licencia intentó pasar con cuatro elefantes en un remolque; y lo hubiera logrado si uno de ellos no se hubiera caído. La plancha superior está a 67 metros del sitio hasta donde una vez trepó un guardia de la Autoridad Portuaria para decirle a un suicida en ciernes: «Óigame bien, so HP: si no se baja, lo bajo a tiros», y el hombre descendió en un dos por tres.

Día y noche los guardias se mantienen alerta. Tienen que estarlo. En cualquier momento puede ocurrir un accidente, una avería o un suicidio. Desde 1931 han saltado del puente cien personas. A más del doble se les ha impedido hacerlo. Los saltadores de puentes decididos a suicidarse obran rápida y silenciosamente. Junto a la calzada dejan automóviles, chaquetas, gafas y a veces una nota que dice «Cargo con la culpa de todo» o «No quiero vivir más».

Un solitario comprador que no era de la ciudad y que se había tomado unas copas se registró una noche en un hotel de Broadway cerca de la calle 64, fue a la cama y despertó en medio de la noche para presenciar una escena pavorosa. Vio pasar, flotando por la ventana, la imagen resplandeciente de la Estatua de la Libertad.

Se imaginó que lo habían drogado para reclutarlo y que navegaba frente a Liberty Island con rumbo a una calamidad segura en alta mar. Pero luego, mirándolo mejor, cayó en la cuenta de que en realidad veía la *segunda* Estatua de la Libertad de Nueva York: la estatua anónima y casi inadvertida que se yergue en el techo del depósito Liberty-Pac en el 43 de la calle 64 Oeste.

Esta aceptable copia, construida en 1902 por encargo de William H. Flattau, un patriótico propietario de bodegas, se eleva diecisiete metros sobre el pedestal, pocos en comparación con los 46 metros de la estatua de Bartholdi en Liberty Island. Esta más menuda Libertad también tenía una antorcha encendida, una escalera espiral y un boquete en la cabeza por el cual se divisaba Broadway. Pero en 1912 la escalera se descacharró, la tea se apagó en una tormenta y a los escolares se les prohibió corretear de arriba abajo en su interior. El señor Flattau murió en 1931 y con él se fue mucha de la información sobre la historia de esta estatua.

De vez en cuando, sin embargo, los empleados del depósito y los vecinos responden las preguntas de los turistas acerca de la estatua.

—La gente por lo general se arrima y dice: «Eh, ¿qué hace *eso allá arriba*?» —cuenta el vigilante de un aparcamiento al otro lado de la calle—. El otro día un tejano detuvo su coche, miró hacia arriba y dijo: «Yo pensaba que la estatua debía estar en el agua, en otra parte». Pero algunos están de veras interesados en la estatua y le sacan fotos. Considero un privilegio trabajar al pie de ella, y cuando vienen los turistas siempre les recuerdo que ésta es «la segunda Estatua de la Libertad más grande del mundo».

Pero la mayoría de los vecinos no le presta atención a la estatua. Las adivinas gitanas que trabajan al costado derecho no lo hacen; los asiduos de la taberna que hay debajo, tampoco; ni quienes sorben la sopa en el restaurante Bickford al otro lado de la calle. David Zickerman, taxista de Nueva York (taxi núm. 2865), ha pasado zumbando por la estatua centenares de veces y no sabe que existe.

—¿Quién demonios mira hacia arriba en esta ciudad? —pregunta.

Por varias décadas la estatua ha sostenido una antorcha apagada sobre este vecindario de jugadores de *punchball*, cocineros de comidas rápidas y vigilantes de bodega; sobre botones de magras propinas y policías y travestis de tacones altos, quienes pasada la medianoche emergen de sus paredes por las escaleras de incendios para ir a pasearse por esta ciudad de acaso demasiada libertad.

Nueva York es una ciudad de movimiento. Los artistas y los *beatniks* viven en Greenwich Village, que fue habitada primero por los negros. Los negros viven en Harlem, donde solían vivir judíos y alemanes. La riqueza se ha trasladado del lado Oeste al Este. Los puertorriqueños se hacinan por todas partes. Sólo los chinos son estables en su enclave en torno al antiguo recodo de la calle Doyer.

Algunos prefieren recordar a Nueva York en la sonrisa de una azafata del aeropuerto de La Guardia, o en la paciencia de un vendedor de zapatos de la Quinta Avenida; para otros, la ciudad representa el olor a ajo en la parte trasera de una iglesia de la calle Mulberry, o un trozo de «territorio» que se pelean las pandillas juveniles, o un lote en compra-venta por la inmobiliaria Zeckendorf.

Pero por fuera de las guías de la ciudad de Nueva York y la cámara de comercio, Nueva York no es ningún festival de verano. Para la mayoría de los neoyorquinos es un lugar de trabajo duro, de demasiados coches, de demasiada gente. Muchas de esas personas son anónimas, como los conductores de bus, las criadas por días y esos repulsivos pornógrafos que suben los precios que aparecen en los anuncios de publicidad sin que nunca los cojan. Parecería que muchos neoyorquinos sólo tienen un nombre, como los barberos, los porteros, los limpiabotas. Algunos neoyorquinos transitan por la vida con el nombre incorrecto, como Jimmy Panecillos [Jimmy Buns], que vive en frente del cuartel general de la policía en Centre Street. Cuando Jimmy Panecillos, cuyo verdadero apellido es Mancuso, era un chico, los policías le gritaban del otro lado de la calle: «Oye, chico, ¿qué tal si vas a la esquina y nos traes café y unos panecillos?». Jimmy siempre hacía el favor, y no tardaron en llamarlo Jimmy Panecillos o simplemente «Eh, Panecillos». Ahora Jimmy es un señor mayor, canoso, con una hija que se llama Jeannie. Pero Jeannie nunca tuvo apellido de soltera: todos la llaman «Jeannie Panecillos».

Nueva York es la ciudad de Jim Torpey, quien desde 1928 arma los titulares de prensa del letrero eléctrico que rodea Times Square, sin gastar nunca una bombilla de su bolsillo; y de George Bannan, cronometrador oficial del Madison Square Garden, quien ha aguantado como un reloj de pie siete mil peleas de boxeo y ha tocado la campana dos millones de veces. Es la ciudad de Michael McPadden, quien se sienta detrás de un micrófono en una caseta del metro cerca de Times Square y grita en una voz que oscila entre la futilidad y la frustración: «Cuidado al bajar, por favor, cuidado al bajar». Imparte este consejo 500 veces cada día y en ocasiones quisiera improvisar. Pero rara vez lo intenta. Desde hace tiempo está convencido de que la suya es una voz desatendida en el bullicio de puertas que golpean y cuerpos que se estrujan; y antes de que se le ocurra algo ingenioso para decir, llega otro tren de la Grand Central y el señor McPadden tiene que decir (¡una vez más!): «Cuidado al bajar, por favor, cuidado al bajar».

Cuando comienza a oscurecer en Nueva York y los compradores salen de Macy's, se escucha el trotecito de diez dóberman pinschers que recorren los pasillos olfateando en busca de algún pillastre oculto detrás de un mostrador o al acecho entre las ropas de un perchero. Peinan los veinte pisos de la gran tienda y están entrenados para subir escaleras de mano, saltar por las ventanas, brincar sobre los obstáculos y ladrarle a cualquier cosa extraña: un radiador que gotea, un tubo de vapor roto, humo, un ladrón. Si el ladrón tratara de escaparse, los perros lo alcanzarían fácilmente, metiéndosele entre las piernas para derribarlo. Sus ladridos han alertado a los vigilantes de Macy's sobre peligros menores pero nunca sobre un ladrón: ninguno se ha atrevido a quedarse en la tienda después del cierre desde que los perros llegaron en 1952.

Nueva York es una ciudad en la que unos halcones grandes que suelen anidar en los riscos hincan las garras en los rascacielos y se precipitan de vez en cuando para atrapar una paloma en Central Park, o Wall Street, o el río Hudson. Los observadores de pájaros han visto a estos halcones peregrinos circular perezosamente sobre la ciudad. Los han visto posarse en los altos edificios, e incluso en los alrededores de Times Square.

Una docena de estos halcones, que llegan a tener una envergadura de noventa centímetros, patrulla la ciudad. Han pasado zumbando al lado de las mujeres en la terraza del hotel St. Regis, han atacado a los hombres de la reparación sobre las chimeneas y, en agosto de 1947, dos halcones asaltaron a unas damas residentes en el patio de recreo del Hogar del Gremio Judío de Ciegos de Nueva York. Los trabajadores de mantenimiento en la iglesia de Riverside han visto a los halcones cenar palomas en el campanario. Los halcones permanecen allí un corto rato. Luego emprenden el vuelo hacia el río, dejando las cabezas de las palomas para que los trabajadores hagan la limpieza. Cuando regresan, los halcones entran volando silenciosamente, *inadvertidos,* como los gatos, las hormigas, el portero de las tres balas en la cabeza, el masajista de señoras y muchas de las otras raras maravillas de esta ciudad sin tiempo.

Frank Sinatra está resfriado

Con un vaso de bourbon en una mano y un cigarrillo en la otra, Frank Sinatra estaba de pie en un rincón oscuro de la barra del bar, entre dos atractivas pero ya algo mustias rubias que esperaban sentadas a que él dijera algo. Pero él no decía nada; había estado callado casi toda la noche, salvo que ahora en este club privado de Beverly Hills parecía todavía más distante, extendiendo la vista entre el humo y la semipenumbra hacia un amplio recinto más allá de la barra donde decenas de jóvenes parejas se apretujaban en torno a unas mesitas o se retorcían en medio de la pista al metálico y estrepitoso ritmo del *folk-rock* que salía a todo volumen del estéreo. Las dos rubias sabían, como sabían los cuatro amigos de Sinatra que lo acompañaban, que era mala idea forzarlo a conversar cuando él andaba en esa vena de silencio hosco, humor que no había sido nada raro en esa primera semana de noviembre, a un mes apenas de cumplir cincuenta años.

Sinatra venía trabajando en una película que ya no le gustaba, que no veía la hora de acabar; estaba harto de toda esa publicidad sobre sus salidas con la veinteañera Mia Farrow, que esta noche no había aparecido; estaba molesto porque un documental sobre su vida que iba a estrenar la CBS en dos semanas se inmiscuía en su privacidad e incluso especulaba sobre una posible amistad suya con jefes de la mafia; estaba preocupado por su papel estelar en un programa de una hora de la NBC titulado *Sinatra: un hombre y su música,* en el que tendría que cantar dieciocho canciones con una voz que en ese preciso momento, a pocas noches de comenzar la grabación, estaba débil, áspera y dubitativa. Sinatra estaba enfermo. Era víctima de un mal tan común que la mayoría de las personas lo consideraría trivial. Pero cuando este mal golpea a Sinatra puede precipitarlo en un estado de angustia, de profunda depresión, de pánico e incluso de ira. Frank Sinatra tenía un resfriado.

Sinatra con gripe es Picasso sin pintura, Ferrari sin combustible..., sólo que peor. Porque el catarro común le roba a Sinatra esa joya que no se puede asegurar, la voz, socavando hasta el corazón de su confianza; y no sólo le afecta su psique, sino que parece generar una suerte de secreción nasal psicosomática a las docenas de personas que trabajan para él, que beben con él, que lo aman, que dependen de él para su propio bienestar y estabilidad. Sin duda, un Sinatra con gripe puede, en modesta escala, desatar vibraciones por toda la industria del entretenimiento y más allá, tal como un presidente de Estados Unidos con sólo caer enfermo puede estremecer la economía de la nación.

Porque Frank Sinatra estaba ahora involucrado con muchas cosas que incluían a muchas personas: su propia compañía de cine, su compañía discográfica, su aerolínea privada, su empresa de piezas para misiles, sus bienes raíces en todo el país, su servicio personal de setenta y cinco empleados, todo esto una fracción apenas del poder que él es y que ha llegado a representar. Parecería también haberse convertido en la encarnación del macho completamente emancipado, quizás el único en América, el hombre que puede hacer lo que le venga en gana, *cualquier cosa,* que puede hacerlo porque tiene el dinero, la energía y parece que la falta de culpa. En una época en que los más jóvenes parecen tomar el mando con protestas, piquetes y exigencias de cambio, Frank Sinatra sobrevive como un fenómeno nacional, uno de los primeros productos de preguerra en haber resistido la prueba del tiempo. Es el campeón que reaparece por la puerta grande, el hombre que lo tuvo todo, lo perdió y lo volvió a recuperar, sin permitir que nada se interpusiese en su camino, haciendo lo que pocos hombres pueden: se desarraigó, dejó a su familia, rompió con todo lo que le era cercano, aprendiendo de paso que una manera de retener a una mujer es no reteniéndola. Ahora goza el cariño de Nancy y Ava y Mia, finos ejemplares femeninos de tres generaciones, y todavía cuenta con la adoración de sus hijos y la libertad de un soltero. No se siente viejo, hace que los viejos se sientan jóvenes, hace que piensen que si Frank Sinatra puede hacerlo, entonces puede hacerse; no que *ellos* puedan hacerlo, pero así y todo a otros hombres les agrada saber, a los cincuenta, que aquello puede hacerse.

Pero ahora, allí de pie en ese bar de Beverly Hills, Sinatra tenía resfriado y seguía bebiendo en silencio y parecía a leguas de distancia en su mundo privado, sin inmutarse siquiera cuando el equipo estéreo del otro recinto cambió a una canción suya: *In the Wee Small Hours of the Morning.*

Se trata de una hermosa balada que había grabado por primera vez hacía diez años y que ahora motivaba a numerosas parejas de jóvenes que se habían sentado, cansadas del twist, a levantarse y empezar a moverse lentamente por la pista de baile en un apretado abrazo. La entonación de Sinatra, vocalizada con toda precisión y sin embargo rica y fluida, le daba un sentido más hondo a la sencilla letra: «En las primeras horas del amanecer / mientras el mundo entero duerme profundamente / yaces despierto y piensas en la chica...». Era, como tantos clásicos suyos, una canción preñada de soledad y sensualidad que, mezclada con la luz tenue y el alcohol y la nicotina y las necesidades de la madrugada, se convertía en una especie de vaporoso afrodisíaco. Sin lugar a dudas las letras de esta canción y otras parecidas habían inspirado a millones de personas: era música para hacer el amor, y sin duda mucho amor se había hecho a su ritmo por toda Norteamérica, de noche en los automóviles mientras las baterías se agotaban, en las cabañas junto al lago, sobre las playas en las templadas noches veraniegas, en parques retirados y áticos exclusivos y habitaciones amuebladas; en camarotes de cruceros y taxis y casetas; en todas partes donde se pudieran oír canciones de Sinatra sonaban estas palabras que calentaban, cortejaban y conquistaban mujeres, rompían el último hilo de inhibición y complacían los egos masculinos de ingratos amantes: dos generaciones de hombres se habían beneficiado de estas baladas, por lo que estaban eternamente en deuda con él, por lo que acaso eternamente lo odiarían. No obstante, ahí estaba él, el hombre en persona, a altas horas de la noche, en Beverly Hills, fuera del alcance de tiro.

Las dos rubias, que parecían tener treinta y tantos, se veían acicaladas y pulidas, sus cuerpos maduros ceñidos suavemente por unos oscuros trajes. Cruzaban las piernas, encaramadas en los altos taburetes de la barra. Escuchaban la música. Entonces una de ellas sacó un Kent y Sinatra se apresuró a ponerle debajo su encendedor de oro, y ella le sostuvo la mano, mirándole los dedos: eran nudosos y despellejados, y los meñiques sobresalían, tan tiesos por la artritis que a duras penas los podía doblar. Como de costumbre, él vestía de manera inmaculada. Llevaba un traje gris oscuro con chaleco, un traje de corte conservador por fuera pero ribeteado por dentro en seda colorida. Los zapatos, británicos, parecían lustrados hasta por las suelas. También llevaba, cosa que al parecer sabía todo el mundo, un muy convincente peluquín, uno de los sesenta que posee, en su mayor parte a cargo de una imperceptible señora de pelo gris que lo sigue, con el pelo del artista en una carpetilla diminuta, dondequiera que se presenta. Ella gana 400 dólares por semana. Lo más distintivo del rostro de Sinatra son los ojos, azules claros, alertas, ojos que en un segundo pueden ponerse fríos de la rabia o arder de afecto o, como ahora, reflejar un vago desprendimiento que mantiene callados y apartados a sus amigos.

Leo Durocher, uno de los amigos más cercanos a Sinatra, jugaba al billar en la salita que había detrás de la barra. De pie junto a la puerta estaba Jim Mahoney, el agente de prensa de Sinatra, un joven algo rechoncho, de mandíbula cuadrada y ojos estrechos, que tendría aspecto de detective irlandés de no ser por los costosos trajes europeos que se pone y sus exquisitos zapatos, a menudo adornados con relucientes hebillas. También ahí cerca estaba un actor fornido, de espaldas anchas, que pesaba más de noventa kilos, llamado Brad Dexter, que siempre parece sacar pecho para que no se le vea la barriga.

Brad Dexter ha figurado en varias películas y programas de televisión, exhibiendo buen talento como actor de carácter, pero en Beverly Hills es igualmente conocido por el papel que desempeñó en Hawai hace dos años, cuando nadó ciento ochenta metros para salvar a Sinatra de ahogarse en una contramarea. Desde ese día Dexter se convirtió en uno de los fieles compañeros de Sinatra, y fue nombrado productor en su empresa de cine. Ocupa una lujosa oficina cerca de la suite ejecutiva de Sinatra, y busca sin descanso derechos literarios que puedan convertirse en nuevos papeles estelares para él. Cuando se encuentran entre extraños, se preocupa porque sabe que Sinatra les saca lo mejor y lo peor a las personas: algunos tipos se ponen agresivos, algunas mujeres se ponen seductoras, otros se quedan evaluándolo con escepticismo, el lugar como que se intoxica con su mera presencia, y a lo mejor el propio Sinatra, si se siente tan mal como esta noche, podría ponerse intemperante o tenso, y entonces: titulares. De modo que Brad Dexter trata de anticiparse al peligro y prevenir a Sinatra. Confiesa que se siente muy protector con Sinatra, y admitía hace poco, con franqueza: «Mataría por él».

Aunque esta afirmación podría parecer de un dramatismo estrafalario, particularmente si se saca de contexto, expresa sin embargo la fiera lealtad que es bastante común dentro del círculo especial de Sinatra. Es una característica que Sinatra, sin expresarlo, parece preferir: *Hasta el final, Todo o nada.* Se trata del siciliano que hay en él: no les permite a sus amigos, si quieren seguir siéndolo, ninguna de las fáciles dispensas de los anglosajones. Pero si le son fieles, no hay nada que por su parte él deje de hacer: fabulosos regalos, gestos personales, ánimo cuando están abatidos, adulación cuando están en la cima. No obstante, más les conviene recordar una cosa. Él es Sinatra. El jefe. *Il Padrone.*

El verano pasado yo había presenciado esta faceta siciliana de Sinatra en la taberna Jilly's, en Nueva York, la única vez que pude verlo de cerca antes de esa noche en el club de California. Jilly's, que está en la calle 52 Oeste de Manhattan, es adonde va a beber Sinatra siempre que se encuentra en Nueva York, y hay allí, apoyada contra la pared, una silla especial reservada para él en el salón trasero, silla que nadie más puede usar. Cuando él la ocupa, junto a una mesa larga y flanqueado por sus amigos neoyorquinos más cercanos (que incluyen al tabernero, Jilly Rizzo y la esposa de Jilly, Honey, una mujer de cabellos cerúleos y apodada la «Judía Azul»), tiene lugar una extraña escena ritualística. Esa noche, decenas de personas, algunas de ellas amistades ocasionales de Sinatra, algunas simples conocidas, algunas ni lo uno ni lo otro, aparecieron a las puertas de la taberna. Se iban acercando como a un santuario. Habían venido a presentar sus respetos. Venían de Nueva York, Brooklyn, Atlantic City, Hoboken. Eran actores viejos, actores jóvenes, antiguos boxeadores profesionales, trompetistas cansados, políticos, un chico con un bastón. Había una señora gorda que decía recordar cuando Sinatra lanzaba el *Jersey Observer* al porche de su casa allá en 1933. Había parejas de mediana edad que decían haber oído cantar a Sinatra en el Rustic Cabin en 1938, «¡Y supimos que era un triunfador!». O que lo habían oído cuando estaba con la orquesta de Harry James en 1939, o la de Tommy Dorsey en 1941 («Ajá, ésa era la canción: *I'll Never Smile Again...*, la cantó una noche en aquel antro cerca de Newark y bailamos...»); o recordaban esa vez en el teatro Paramount con esas chicas desmayadas, y él con esos corbatines: la voz; y una mujer recordaba a ese muchachito horrible que ella conocía, Alexander Dorogokupetz, un alborotador de dieciocho años que le había arrojado un tomate a Sinatra, y las adolescentes que casi lo matan. ¿Qué sería de Alexander Dorogokupetz? La señora no lo sabía.

Y se acordaban de cuando Sinatra era un fracaso y cantaba basura como *Mairzy Doats,* y se acordaban de su resurgimiento; y esa noche todos estaban congregados a las puertas de Jilly's, decenas de ellos, pero no podían entrar. Algunos se marchaban. Pero la mayoría se quedaba, con la esperanza de que en breve podrían abrirse paso a empujones o escurrirse en el recinto entre los codos y traseros de la barrera de tres hombres de espesor que bebían en la barra, y podrían echar un vistazo y *verlo* allá sentado al fondo. Todo lo que querían era eso: verlo. Y por unos instantes alargaban en silencio la vista entre el humo y se quedaban mirándolo. Y entonces daban media vuelta, salían de la barra abriéndose paso a empujones y volvían a sus casas.

Algunos amigos cercanos de Sinatra, bien conocidos por los hombres que montan guardia en la puerta de Jilly's, sí consiguen introducir un acompañante al salón de atrás. Pero una vez allí, también éste se las debe arreglar por su cuenta. Esa noche en particular, Frank Gifford, el ex jugador de fútbol americano, avanzó apenas seis metros en tres empujones. Otros que alcanzaban a acercarse lo suficiente para estrecharle la mano a Sinatra, *no* se la estrechaban; se limitaban, en cambio, a tocarlo en el hombro o la manga, o simplemente se arrimaban para que los pudiera ver; y una vez él les hacía un guiño de reconocimiento o una inclinación de cabeza o pronunciaba sus nombres (tiene una memoria fabulosa para los nombres de pila), procedían a dar la vuelta y marcharse. Habían comparecido. Habían presentado sus respetos. Y al observar esta escena ritual tuve la impresión de que Frank Sinatra habitaba simultáneamente dos mundos que no eran contemporáneos.

Por un lado él es el *swinger,* el hombre mundano, como cuando charla y bromea con Sammy Davis Jr., Richard Conte, Liza Minelli, Bernice Massi y demás personajes de la farándula que se pueden sentar en su mesa; por el otro, como cuando saluda con la mano o una inclinación a sus *paisanos* (Al Silvani, el mánager de boxeo que trabaja en la compañía cinematográfica de Sinatra; Dominic Di Bona, el encargado de su vestuario; Ed Pucci, un ex delantero de fútbol americano que pesa 135 kilos y es su edecán), Frank Sinatra es *Il Padrone*. O, mejor aún, uno de los que en Sicilia tradicionalmente se han llamado *uomini rispettati:* hombres respetados, hombres que son a un tiempo majestuosos y humildes, hombres amados por todos y muy generosos por naturaleza, hombres cuyas manos son besadas mientras caminan de pueblo en pueblo, hombres que *personalmente* se afanarían por reparar una injusticia.

Frank Sinatra hace las cosas *personalmente*. En Navidad escoge personalmente decenas de regalos para su familia y amistades más cercanas, recordando la clase de alhajas que les gustan, sus colores preferidos, las tallas de sus camisas y vestidos. Cuando la casa de un músico amigo suyo fue destruida y su esposa falleció por un derrumbe de lodo en Los Ángeles hace poco más de un año, Sinatra acudió personalmente en su ayuda: buscó otra casa para él, saldó las cuentas del hospital que no cubrió el seguro y supervisó personalmente la decoración de la nueva casa, la vajilla, la ropa blanca y el nuevo guardarropa.

El mismo Sinatra que hizo esto puede, en el espacio de una misma hora, explotar en un violento acceso de intransigencia si alguno de sus *paisanos* ejecuta mal un nimio encargo suyo. Por ejemplo, cuando uno de sus hombres le trajo una salchicha untada de *ketchup,* que Sinatra aborrece a todas luces, llevado por la ira le arrojó la botella al tipo, salpicándolo todo. La mayoría de los hombres que trabajan junto a Sinatra son grandes. Pero esto nunca parece intimidarlo ni sofrenar su impetuoso comportamiento con ellos cuando se enfurece. Jamás le devolverían el golpe. Él es *Il Padrone*.

Otras veces, por darle gusto, sus hombres reaccionan exageradamente a sus deseos: un día en que observó de paso que el gran jeep para el desierto que mantiene en Palm

Springs quizás necesitaba una nueva pintura, la palabra recorrió a toda prisa los canales, cobrando cada vez más urgencia en el trayecto, hasta que acabó siendo la *orden* de que pintaran el jeep en el acto, *inmediatamente,* para ayer. Hacerlo requería contratar un equipo especial de pintores que trabajara toda la noche horas extras; lo que a su vez significaba que la orden tenía que retornar conducto arriba para su aprobación. Al llegar ésta por fin a su escritorio, Sinatra no entendía de qué se trataba; cuando cayó en la cuenta, confesó, con cara de cansancio, que no le importaba cuándo diantres le pintaran su jeep.

Así y todo no habría sido prudente que nadie hubiera tratado de adivinar su reacción, puesto que él es un tipo completamente impredecible, de humor variable y amplia dimensión, un hombre que responde de inmediato al instinto: de repente, de manera dramática y alocada, responde, y nadie puede predecir qué sigue. La señorita Jane Hoag, una reportera de la oficina de *Life* en Los Ángeles que había asistido al mismo colegio que Nancy, la hija de Sinatra, fue invitada una vez a una fiesta en la casa de California de la señora de Sinatra, en la que éste, que mantiene relaciones cordiales con su ex esposa, oficiaba de anfitrión. Temprano en la fiesta la señorita Hoag, que se apoyaba en una mesa, sin querer tumbó con el codo un pájaro de una pareja de ellos de alabastro que había en ella, y éste se hizo trizas contra el suelo. En el acto, recuerda la señorita Hoag, la hija de Sinatra exclamó: «¡Ay, ése era uno de los preferidos de ma...!». Pero no alcanzó a terminar la frase cuando Sinatra le lanzó una mirada feroz, callándola; y mientras los otros cuarenta invitados presentes contemplaban mudos la escena, Sinatra caminó hasta ella, procedió a derribar con el dedo el *otro* pájaro de alabastro, que quedó hecho trizas también, y rodeó cariñosamente con el brazo a Jane Hoag diciéndole, con una voz que la tranquilizó por completo: «No pasa nada, nena».

Entonces Sinatra les dirigió unas pocas palabras a las rubias. Después se alejó de la barra y caminó hacia el salón de billar. Uno de los amigos de Sinatra se acercó a hacerles compañía a las damas. Brad Dexter, que estaba en un extremo conversando con otras personas, siguió a Sinatra.

En el salón chasqueaban las bolas de billar. Había cerca de una docena de espectadores, la mayoría hombres jóvenes que veían a Leo Durocher competir contra otros aspirantes a tramposos que no eran muy buenos. Este establecimiento de bebidas privado cuenta entre sus miembros exclusivos a muchos actores, directores, escritores, modelos, casi todos mucho más jóvenes que Sinatra o Durocher, y mucho más informales en la manera de vestir para la noche. Muchas de las jóvenes, de pelo largo y suelto que les caía por debajo de los hombros, llevaban pantalones estrechos que les ceñían las nalgas y suéteres muy costosos; y unos cuantos de los jóvenes llevaban camisas de terciopelo verde o azul y cuello alto, y pantalones estrechos y apretados con mocasines italianos.

Era evidente, por el modo como Sinatra miró a los ocupantes del salón de billar, que no eran de su estilo; pero se recostó contra un taburete alto adosado a la pared, sosteniendo su vaso en la mano derecha, sin decir nada, limitándose a ver a Durocher golpear las bolas de acá para allá. Los jóvenes, acostumbrados a ver con frecuencia a Sinatra en el club, lo trataban sin deferencia, aunque sin ser ofensivos. El grupo juvenil era *cool*, de un *cool* muy californiano e informal, y uno de los más *cool* parecía ser un tipo bajito, de movimientos rápidos, que tenía un perfil anguloso, ojos azules pálidos, pelo castaño claro y gafas cuadradas. Vestía pantalones de pana, un suéter *shetland* peludo, una chaqueta de gamuza color canela y botas de guardabosque por las que hacía poco había pagado sesenta dólares.

Frank Sinatra, recostado en el taburete, entre sorbitos de nariz por lo de la gripe, no podía quitar la vista de las botas de guardabosque. En cierto momento, tras fijarse en ellas por un instante, desvió la mirada; pero ahora estaba otra vez concentrado en ellas. El dueño de las botas, que no hacía más que estar ahí con ellas puestas observando la partida, se llamaba Harlan Ellison, un escritor que acababa de terminar un guión de cine, *El Oscar.*

Al fin Sinatra no pudo contenerse más.

—¡Oye! —gritó con esa voz un poco áspera pero todavía suave y nítida—. ¿Son botas italianas?

—No —dijo Ellison.

—¿Españolas?

—No.

—¿Son botas *inglesas*?

—Mire, amigo, no lo sé —replicó Ellison, frunciendo el ceño antes de darle otra vez la espalda.

El salón de billar se sumió en el silencio. Leo Durocher, que se agachaba listo para tacar, se petrificó por un segundo en esa posición. Nadie se movía. Entonces Sinatra dejó su taburete y con ese lento y arrogante pavoneo tan suyo caminó hacia Ellison. El seco taconeo de sus zapatos era lo único que sonaba en el recinto. Entonces, mirando desde arriba a Ellison, con una ceja arqueada y una sonrisita engañosa, Sinatra le preguntó:

—¿Espera una tormenta?

Harlan Ellison dio un paso al lado.

—Oiga, ¿hay alguna razón para que usted me hable?

—No me gusta su forma de vestir —dijo Sinatra.

En la sala se produjo un rumor y alguien dijo:

—Vamos, Harlan, larguémonos de aquí.

Y Leo Durocher dio su tacada y dijo:

—Ajá, vamos.

Pero Ellison no cedía.

—¿De qué vive usted? —le preguntó Sinatra.

—Soy fontanero —dijo Ellison.

—No, no, no lo es —se apresuró a exclamar un hombre del otro lado de la mesa—. Él escribió *El Oscar.*

—Ah, sí —dijo Sinatra—. Bueno, pues yo la vi, y es una mierda.

—Qué raro —dijo Ellison—, porque ni siquiera la han estrenado.

—Bueno, pues yo la vi —volvió a decir Sinatra—, y es una mierda.

Ahora Brad Dexter, muy preocupado, muy grande al lado de la pequeña silueta de Ellison, dijo:

—Vamos, muchacho, no te quiero en esta sala.

—¡Eh! —Sinatra interrumpió a Dexter—. ¿No ves que hablo con el señor?

Dexter quedó confundido. Entonces toda su actitud cambió, y la voz se le puso suave y le dijo a Ellison, implorándole casi:

—*¿Por qué se empeña en molestarme?*

La escena cobraba visos ridículos, y tal parecía que Sinatra hablaba sólo medio en serio, y reaccionaba quizás por puro aburrimiento o desesperación. En todo caso, tras otro corto cruce de palabras, Harlan Ellison abandonó el sitio. A esas alturas el rumor del encuentro entre Sinatra y Ellison ya había llegado a oídos de los bailarines de la pista, y alguien fue a buscar al gerente del club. Pero otro dijo que el gerente ya se había enterado... y había salido disparado, entrado en el coche de un salto y arrancado para su casa. Así que el subgerente fue a la sala de billar:

—No quiero a nadie aquí sin chaqueta y corbata —exigió bruscamente Sinatra.

El subgerente asintió con un gesto y regresó a su oficina.

Era la mañana siguiente. Comenzaba otro día de nervios para el agente de prensa de Sinatra, Jim Mahoney. Mahoney tenía dolor de cabeza y estaba preocupado, pero no por el incidente Sinatra-Ellison de la víspera. En este momento Mahoney se encontraba con su mujer en una mesa del otro salón y a lo mejor ni siquiera se había dado cuenta del pequeño drama. Todo había durado apenas unos tres minutos.

Y a los tres minutos de acabarse Frank Sinatra probablemente lo había olvidado para el resto de sus días..., como Ellison probablemente lo iba a recordar para el resto de los *suyos*: había tenido, como otros cientos de hombres, en un momento inesperado entre el ocaso y el alba, un altercado con Sinatra.

Más le valía a Mahoney no haber estado en la sala de billar. Para hoy ya tenía bastante en la cabeza. Estaba preocupado con el resfriado de Sinatra y preocupado por el polémico documental de la CBS, que, pese a las protestas de Sinatra y el retiro de su permiso, saldría por la televisión en menos de dos semanas. Los periódicos de la mañana estaban llenos de insinuaciones de que Sinatra pensaba demandar a la cadena, y los teléfonos de Mahoney sonaban sin parar, y ahora hablaba con Kay Gardella, en Nueva York, del *Daily News*:

—Es correcto, Kay..., tenían un pacto de caballeros para no hacer preguntas sobre la vida privada de Frank, y entonces llega Cronkite y va derecho: «Frank, cuénteme de esas asociaciones». *Esa* pregunta, Kay..., *out!* Esa pregunta nunca ha debido hacerse.

Mahoney hablaba echado hacia atrás en su butaca de cuero, sacudiendo lentamente la cabeza. Es un hombre de treinta y siete años y un físico poderoso; tiene un rostro redondo y colorado, una mandíbula fuerte y ojos estrechos de color azul claro; y parecería pendenciero si no hablara con tan clara y suave sinceridad y no fuera tan meticuloso con la ropa. Sus trajes y zapatos hechos a medida son espléndidos, una de las primeras cosas que Sinatra reparó en él; y en su espaciosa oficina, frente al bar, hay un limpiabotas eléctrico con un manguito rojo, y un perchero de madera sobre el cual Mahoney ajusta sus chaquetas. Cerca del bar hay una fotografía autografiada del presidente Kennedy y, sólo en esta oficina de la agencia de Mahoney, unos cuantos retratos de Frank Sinatra: una vez hubo una gran fotografía suya que adornaba la recepción, pero parece que dañó los egos de otras estrellas de cine clientes de Mahoney y, en vista de que

Sinatra de todos modos no iba a la agencia, la fotografía fue retirada.

Con todo, Sinatra parece estar siempre presente; y si Mahoney no tuviera razones legítimas para preocuparse por él, como las tenía hoy, igual podría inventárselas; y como la preocupación ayuda, se ha rodeado de pequeños recuerdos de ocasiones pasadas cuando de veras estuvo preocupado. En su estuche de afeitar hay una caja de somníferos que tiene dos años, preparados por un farmacéutico de Reno: la fecha en el frasco señala el secuestro de Frank Sinatra Jr. En una mesa de la oficina de Mahoney hay una reproducción en madera de la nota de rescate de Frank Sinatra escrita en dicha ocasión. Una peculiaridad de Mahoney: cuando se sienta preocupado en su escritorio, se entretiene con el trenecito de juguete que siempre tiene a la vista. El tren es un *souvenir* del filme de Sinatra *El coronel Von Ryan;* es a los hombres allegados a Sinatra lo que los broches de corbata del PT-109[*] son a los hombres que fueron cercanos a Kennedy..., y entonces Mahoney se pone a rodar el trenecito adelante y atrás sobre los quince centímetros de vía; adelante y atrás, adelante y atrás, clic-*clac,* clic-*clac.* Es su tic estilo capitán Queeg[**].

La secretaria le avisó a Mahoney que había una llamada *muy* importante en espera, y éste apartó rápidamente el trenecito. Mahoney contestó y su voz sonaba todavía más suave y sincera que antes:

—Sí, Frank —decía—. Bien... Bien..., sí, Frank.

Tras colgar el teléfono sin hacer ruido, Mahoney anunció que Sinatra había salido en su jet privado a pasar el fin de semana en su casa de Palm Springs, que está a dieciséis minutos de vuelo de su casa en Los Ángeles. Mahoney estaba otra vez preocupado. El Learjet que el piloto de Sinatra

[*] El torpedero en el que Kennedy prestó servicio y naufragó durante la Segunda Guerra Mundial. *(N. del T.)*

[**] El capitán Queeg (Humphrey Bogart) en la película *El motín del Caine* (1954), cuyo tic de jugar todo el tiempo con una bolita en una mano casi enloquecía a sus subalternos. *(N. del T.)*

estaría pilotando era idéntico, según Mahoney, al que se acababa de estrellar en otra parte de California.

Al lunes siguiente, un día nublado e inusitadamente fresco para California, más de cien personas se reunían en un estudio blanco de televisión, un recinto enorme dominado por un plató blanco, paredes blancas y decenas de luces y reflectores colgantes que lo hacían parecer una gigantesca sala de cirugía. En este espacio, dentro de aproximadamente una hora, la NBC tenía programada la grabación de un especial de una hora que sería emitido a color el 24 de noviembre por la noche y que iba a realzar, hasta donde fuera posible en tan limitado lapso, los veinticinco años de vida artística de Frank Sinatra. No trataría, como supuestamente iba a hacer el próximo documental *Sinatra* de la CBS, de investigar el área que Sinatra considera privada. El programa de la NBC sería principalmente una hora de Sinatra cantando algunos de los *hits* que lo llevaron de Hoboken a Hollywood, espacio que sería interrumpido sólo muy pocas veces por algunos extractos de películas y comerciales de cerveza Budweiser. Antes del resfriado Sinatra se había mostrado muy entusiasmado con el *show*. Veía en él la oportunidad no sólo de agradar a los nostálgicos sino también de comunicar su talento a los aficionados al *rock and roll:* en cierto sentido, combatía a los Beatles. Los comunicados de prensa que preparaba la agencia de Mahoney subrayaban esto anunciando: «Si está cansado de esos chicos cantantes con greñas que servirían para esconder una caja de melones... sería refrescante probar la capacidad de diversión del especial titulado *Sinatra: un hombre y su música*».

Pero ahora en aquel estudio de la NBC en Los Ángeles reinaba una atmósfera de expectativa y tensión por la incertidumbre sobre la voz de Sinatra. Los cuarenta y tres músicos de la orquesta de Nelson Riddle habían llegado ya y algunos habían subido a la blanca tarima a calentar. Dwight Hemion, un director juvenil de pelo rubio rojizo que había recibido aplausos por su especial de televisión sobre Barbra Streisand, aguardaba sentado en la cabina de vidrio que dominaba la orquesta y el plató. Los equipos encargados de las cámaras, los técnicos, los guardias de seguridad, los anunciadores de Budweiser esperaban también entre los focos y las cámaras, al igual que las diez o doce damas que trabajaban como secretarias en otras partes del edificio y se habían escabullido a presenciar todo el trajín.

Faltando unos minutos para las once corrió la voz por los pasillos del gran estudio de que Frank Sinatra había sido visto caminando por el aparcamiento rumbo a su destino con muy buen aspecto. Hubo caras de gran alivio entre el grupo allí reunido; pero cuando la figura esbelta y elegantemente vestida del hombre se fue aproximando, vieron consternados que no era la de Frank Sinatra. Era su doble, Johnny Delgado.

Delgado camina como Sinatra, posee la figura de Sinatra y desde ciertos ángulos faciales se parece de veras a Sinatra. Pero da la impresión de ser un individuo bastante tímido. Hace quince años, en los comienzos de su carrera como actor, Delgado se presentó para un papel en *De aquí a la eternidad*. Lo contrataron, y descubrió más adelante que estaba hecho para ser el doble de Sinatra. En la última película de Sinatra, *Asalto a la reina,* en la que Sinatra y sus compinches tratan de secuestrar el trasatlántico *Queen Mary,* Johnny Delgado reemplaza a Sinatra en algunas de las escenas acuáticas; y ahora, en este estudio de la NBC, su trabajo consistía en situarse bajo los calientes reflectores de televisión, marcando los *spots* que Sinatra ocuparía en el plató para los equipos de cámara.

A los cinco minutos el Frank Sinatra real hizo su entrada. Tenía el rostro pálido y los ojos azules llorosos. No había podido librarse de la gripe, pero de todas formas trataría de cantar porque la agenda estaba apretada y llevaban miles de dólares invertidos en el montaje de la orquesta y los equipos y el alquiler del estudio. Pero cuando, de paso hacia la salita de ensayos para calentar la voz, Sinatra se asomó al estudio y vio que el plató y la tarima de la orquesta no estaban lo suficientemente juntos, como había pedido expresamente, apretó los labios y fue evidente que estaba muy molesto. Un poco después pudieron escucharse, provenientes de la sala de ensayos, los golpes de su puño contra la tapa del piano y la voz de su acompañante, Bill Miller, diciéndole en tono suave:

—Trata de no enojarte, Frank.

Más tarde entraron Jim Mahoney y otro hombre y hablaron de la muerte de Dorothy Kilgallen en Nueva York por la mañana temprano. Ella había sido durante muchos años una apasionada enemiga de Sinatra, y él por su parte se acostumbró a vilipendiarla en su número escénico; y ahora, a pesar de estar muerta, él no atemperaba sus sentimientos.

—Dorothy Kilgallen está muerta —repetía saliendo de la sala hacia el estudio—. Bueno, creo que tendré que cambiar todo mi número.

Cuando, con paso lento, entró al estudio, todos los músicos al tiempo echaron mano de los instrumentos y se enderezaron en sus puestos. Sinatra carraspeó unas cuantas veces y, tras ensayar unas baladas con la orquesta, cantó *Don't Worry About Me* a su completa satisfacción. Pero, inseguro de cuánto le duraría la voz, se impacientó bruscamente.

—¿Por qué no grabamos esta matriz? —llamó en voz alta, elevando la vista hacia la cabina de vidrio que ocupaban el director Dwight Hemion y sus asistentes. Se les veía agachar la cabeza, concentrados en el tablero de control.

—¿Por qué no grabamos esta matriz? —repitió Sinatra.

El director de escena, que pasaba cerca de la cámara con los auriculares puestos, repitió textualmente las palabras de Sinatra por el cable que lo comunicaba con la cabina de control: «¿Por qué no grabamos esta matriz?».

Hemion no respondía. A lo mejor tenía apagado el interruptor. Era difícil saberlo, por los reflejos de la luz en el cristal.

—Por qué no nos ponemos la chaqueta y la corbata —dijo Sinatra, que tenía puesto un pulóver amarillo de cuello alto—, y grabamos esta...

La voz de Hemion sonó de repente por el amplificador de sonido, con gran calma:

—Okay, Frank, te importaría volver a...

—Sí, me importaría —gruñó secamente Sinatra.

El silencio del lado de Hemion, que duró un segundo o dos, fue interrumpido de nuevo por Sinatra:

—Cuando aquí dejemos de hacer las cosas como se hacían en 1950, tal vez podamos... —y la emprendió contra Hemion, condenando también la falta de técnicas modernas para montar este tipo de espectáculos; y de repente, acaso por no querer emplear la voz sin necesidad, se interrumpió.

Y Dwight Hemion, muy paciente, tan paciente y tranquilo que uno creería que no había oído nada de lo que Sinatra acababa de decir, le esbozó la primera parte del programa. Y a los pocos minutos Sinatra leía sus comentarios introductorios, que vendrían después de *Without a Song,* en los letreros de apuntes que sostenían cerca de la cámara. Hecho esto, se preparó para hacer lo mismo con las cámaras rodando.

—*Show* de Frank Sinatra, acto I, página 10, toma uno —anunció el hombre de la claqueta, saltando enfrente de la cámara, ¡clac!, y saltando fuera nuevamente.

—¿Alguna vez se han detenido a pensar —entró a decir Sinatra— cómo sería el mundo sin una canción?... Sería un lugar bastante aburrido... Te da que pensar, ¿verdad?

Sinatra se interrumpió.

—Perdón —dijo, y añadió—: *Chico,* me hace falta un trago.

Entonces volvió a intentarlo.

—*Show* de Frank Sinatra, acto I, página 10, toma dos —gritó el saltón de la claqueta.

—¿Alguna vez se han detenido a pensar cómo sería el mundo sin una canción?...

Esta vez Frank Sinatra lo leyó todo sin parar. Luego ensayó otras cuantas canciones, cortando una o dos veces a la orquesta cuando algún sonido instrumental no salía tal como él quería. Costaba saber cuánto le iba a aguantar la voz, pues el programa apenas comenzaba. Hasta ese punto, sin embargo, todos los presentes parecían satisfechos, en particular cuando cantó una vieja canción sentimental muy solicitada compuesta hacía más de veinte años por Jimmy van Heusen y Phil Silvers: *Nancy,* inspirada por la primera de los tres hijos de Sinatra cuando era una niñita de pocos años.

If I don't see her each day
I miss her...
Gee what a thrill
Each time I kiss her... *

Mientras Sinatra cantaba estas palabras, y por más que en el pasado las había cantado una y mil veces, a todos allí se les hizo patente que algo muy especial debía de estar sucediendo dentro del personaje, porque algo muy especial salía de él. Con o sin gripe, cantaba ya con fuerza y calidez; se abandonaba y su arrogancia pública se había esfumado; el lado íntimo estaba en esta canción sobre la chica que, se dice, lo comprende mejor que nadie y es la única persona delante de la cual él puede ser como es con todo desparpajo.

Nancy tiene veinticinco años. Vive sola, habiendo terminado en divorcio su matrimonio con el cantante Tommy Sands. Su casa está en un barrio residencial de Los Ángeles y ella ahora rueda su tercera película y graba para la compañía discográfica de su padre. Se ven todos los días; si no, él la llama por teléfono, no importa si es desde Europa o Asia. Cuando la voz de Sinatra se hizo popular en la radio, excitando a sus fans, Nancy lo oía en casa y se echaba a llorar. Cuando el primer matrimonio de Sinatra se deshizo

---

* *Si no la veo todos los días, / la extraño... / Cielos, qué emoción / cada vez que la beso.*

en 1951 y él se fue de casa, Nancy era la única de los hijos con la edad suficiente para recordarlo en calidad de padre. También lo vio con Ava Gardner, Juliet Prowse, Mia Farrow y muchas otras, pues han salido con él en citas de dos parejas...

> *She takes the winter*
> *And makes it summer...*
> *Summer could take*
> *Some lessons from her.* *

Nancy ahora también lo ve cuando decide visitar a su primera esposa, Nancy Barbato, hija de un albañil de Jersey City con la que se casó en 1939 cuando ganaba veinticinco dólares por semana cantando en el Rustic Cabin cerca de Hoboken.

La primera señora de Sinatra, una mujer llamativa que no ha vuelto a casarse («Cuando has estado casada con Frank Sinatra...», le explicó alguna vez a una amiga), vive en una magnífica residencia en Los Ángeles con su hija menor, Tina, de diecisiete años. No hay amargura, tan sólo un gran respeto y cariño entre Sinatra y su primera mujer, y desde tiempo atrás él es bienvenido en su casa e incluso se sabe que aparece por allí a cualquier hora, atiza la chimenea, se echa en el sofá y cae dormido. Frank Sinatra puede caer dormido en cualquier parte, algo que aprendió cuando solía recorrer las más abruptas carreteras con los buses de las orquestas; y en esa época también aprendió, sentado y vestido de esmoquin, a prensar los pliegues de los pantalones por detrás y remangar la chaqueta por debajo y hacia fuera, para echarse a dormir perfectamente planchado. Pero ya no viaja en bus, y su hija Nancy, que en años más tiernos se sentía rechazada cuando él se dormía en el sofá en lugar de prestarle atención, acabó dándose cuenta de que el sofá era uno de los pocos

---

* *Toma el invierno / y lo hace verano ... / El verano podría aprender / de ella algunas lecciones.*

lugares que le quedaban en el mundo a Sinatra para poder disfrutar de un poco de privacidad, donde su famoso rostro no sería objeto de miradas ni causaría una reacción anormal en los demás. Se dio cuenta, también, de que las cosas normales siempre han esquivado a su padre: su niñez fue solitaria y necesitada de atención, y desde que la obtuvo no ha vuelto a estar seguro de estar solo. Cuando miraba por la ventana de una casa que tuvo en Hasbrouck Heights, Nueva Jersey, solía toparse con los rostros de adolescentes que lo espiaban; y en 1944, cuando se mudó a California y compró una casa rodeada de una valla alta en Lake Toluca, descubrió que la única manera de escapar del teléfono y demás intromisiones era subir a su bote de remos con algunos amigos, una mesa de juego y una caja de cerveza, y pasar toda la tarde a flote. Pero él ha intentado, hasta donde es posible, ser como cualquier otro, dice Nancy. Lloró cuando ella se casó; es muy emotivo y sensible...

—¿Qué demonios haces allá arriba, Dwight?

Silencio en la cabina de control.

—¿Andas de fiesta o algo allá arriba, *Dwight*?

Sinatra se plantaba en el plató con los brazos cruzados, lanzando una mirada feroz por encima de las cámaras hacia donde se hallaba Hemion. Sinatra había cantado *Nancy* con todo lo que probablemente le daba la voz en ese día. Los números siguientes incluyeron notas rechinantes y en dos ocasiones la voz le falló por completo. Pero en ésas Hemion se hallaba aislado en la cabina de control, hasta que al fin bajó al estudio y se dirigió al sitio donde Sinatra estaba. A los pocos minutos dejaron juntos el estudio y subieron a la cabina de control. Pusieron la cinta para Sinatra. Él la vio durante cinco minutos a lo sumo antes de empezar a sacudir la cabeza. Le dijo entonces a Hemion:

—Olvídalo, simplemente olvídalo. Pierdes tu tiempo. Lo que tienes ahí —dijo Sinatra, indicando con un ademán su propia imagen cantando en la pantalla— es un hombre resfriado.

Acto seguido abandonó la cabina de control, ordenando que borraran la actuación de ese día y aplazaran cualquier futura grabación hasta que se hubiera repuesto.

Pronto el rumor se esparció como una epidemia emocional entre los empleados de Sinatra, se propagó luego por todo Hollywood, después se supo de él al otro lado del país en la taberna de Jilly y también al otro lado del río Hudson en las casas de los padres de Frank Sinatra y otros parientes y amigos de Nueva Jersey.

Cuando Frank Sinatra habló con su padre por teléfono y le dijo que se sentía fatal, Sinatra el viejo le informó que *él* también se sentía fatal: tenía el brazo y el puño izquierdos tan tiesos por un problema circulatorio que a duras penas los podía usar, y añadió que el mal podía ser resultado de los muchos ganchos de izquierda que había lanzado en sus días de peso gallo hacía casi cincuenta años.

Martin Sinatra, un siciliano colorado, pequeño, tatuado, de ojos azules y oriundo de Catania, boxeaba bajo el nombre de «Marty O'Brien». En esos días, en esos sitios, cuando los irlandeses mangoneaban en los estratos inferiores de la vida ciudadana, no era raro que los italianos acabaran con nombres como ése. En su mayoría, los italianos y sicilianos que emigraron a América a finales del siglo XIX eran pobres e incultos. Se les excluía de los sindicatos de la construcción dominados por los irlandeses, y se sentían un tanto intimidados por los policías irlandeses, los sacerdotes irlandeses y los políticos irlandeses.

Una excepción notable era la madre de Frank Sinatra, Dolly, una mujer grande y muy ambiciosa traída a este país cuando tenía dos meses de edad por la madre y el padre, un litógrafo de Génova. Años después Dolly Sinatra, con su cara redonda, rubicunda y de ojos azules, a menudo pasaba por irlandesa y sorprendía a muchos la velocidad con la que descargaba su pesado bolso a cualquiera que la tratara de wop*.

Merced a habilidosas jugadas políticas con la maquinaria del Partido Demócrata del norte de Jersey, Dolly Sinatra llegaría a convertirse, en su apogeo, en una especie de Catalina de Médicis del tercer distrito de Hoboken. Se podía contar siempre con que en las elecciones pondría 600 votos de su barrio italiano, y en eso cimentaba su poder. Cuando le dijo a un político que quería que su marido ingresara al cuerpo de bomberos de Hoboken, y éste le respondió: «Pero, Dolly, no tenemos ni una vacante», ella le contestó: «Pues hagan una».

Así fue. Años después pidió que nombraran capitán al marido, y un día recibió una llamada de uno de los jefes políticos, que le dijo:

—¡Felicidades, Dolly!

—¿Por qué?

—El capitán Sinatra.

—Ah, por fin lo nombraron..., muchas gracias.

Y enseguida llamó a los bomberos de Hoboken:

—Póngame con el capitán Sinatra —dijo.

El bombero llamó al teléfono a Martin Sinatra, diciéndole:

—Marty, creo que tu mujer está chiflada.

Cuando éste se puso al aparato, Dolly lo saludó:

—Felicidades, capitán Sinatra.

El hijo único de Dolly, bautizado Francis Albert Sinatra, nació y por poco muere el 12 de diciembre de 1915. El parto fue difícil, y en su primer momento sobre la tierra él recibió las marcas que llevará hasta el día de la muerte: las cicatrices del lado izquierdo del cuello son producto de la torpeza del doctor con el fórceps, y Sinatra decidió no disimularlas con una cirugía.

---

* Término despectivo para designar a los inmigrantes italianos. (N. del T.)

Tras cumplir los seis meses se crió principalmente con la abuela. La madre tenía un trabajo de tiempo completo como experta en baños en chocolate en una empresa importante, y era tan hábil que la firma le ofreció un día enviarla a enseñar a otras en la sucursal de París. Si bien algunos en Hoboken recuerdan a Sinatra como un niño solitario que pasaba largas horas en el porche de su casa mirando al vacío, Sinatra nunca fue un barriobajero, nunca estuvo preso y siempre se vestía bien. Tenía tantos pantalones que algunos en Hoboken lo apodaban «Pantalonudo O'Brien».

Dolly Sinatra no era una de esas madres italianas que se aplacan con la mera obediencia y el buen apetito de su niño. Era muy severa y exigente con su hijo. Soñaba con que se graduara de ingeniero aeronáutico. Cuando una noche descubrió los retratos de Bing Crosby que él había colgado en las paredes de la alcoba y se enteró de que su hijo anhelaba ser también cantante, se enfureció y le arrojó un zapato. Después, al comprobar que no podría disuadirlo («Se parece a mí»), lo animó a cantar.

Muchos jóvenes italoamericanos de su generación apuntaban a lo mismo: eran fuertes en el canto y débiles con las letras, no había un gran novelista entre ellos; ni un O'Hara, ni un Cheever, ni un Shaw; pero podían pronunciarse en *bel canto*. Eso caía más dentro de su tradición, no se requería un diploma; podían, con una canción, ver sus nombres alumbrando algún día las marquesinas..., *Perry Como..., Frankie Laine..., Tony Bennett..., Vic Damone...*, pero ninguno lo podía ver mejor que Frank Sinatra.

Aunque cantaba casi toda la noche en el Rustic Cabin, se levantaba al día siguiente para cantar de balde en la radio de Nueva York, a fin de atraer más la atención. Más adelante se empleó como cantante de la orquesta de Harry James, y fue con ella, en agosto de 1939, con la que Sinatra grabó su primer éxito: *All or Nothing at All.* Se encariñó mucho con Harry James y los músicos de la banda, pero cuando recibió una oferta de Tommy Dorsey, que por esos días tenía la que quizás era la mejor orquesta del país, Sinatra la aceptó. La paga era de 125 dólares a la semana y Dorsey sabía destacar a sus vocalistas. Con todo, Sinatra se deprimió bastante al dejar la orquesta de Harry James, y tan memorable fue la última noche con ellos que, veinte años después, Sinatra podía revivir los detalles para un amigo: «El bus salió con los demás muchachos a eso de las doce y media de la noche. Yo me había despedido de todos y, recuerdo, estaba nevando. No había nadie por ahí y yo estaba de pie con mi maleta bajo la nieve, viendo perderse las luces traseras. Entonces me brotaron las lágrimas y traté de correr detrás del bus. ¡Había tanto ánimo y entusiasmo en esa orquesta! Odié dejarla».

Pero la dejó, como dejaría igualmente la calidez de otros lugares en busca de algo más, sin desperdiciar nunca el tiempo, tratando de hacerlo todo en una sola generación, batallando con *su propio* nombre, defendiendo a los débiles, aterrorizando a los mandones. Le lanzó un puñetazo a un músico que dijo algo antisemita, abrazó la causa de los negros dos décadas antes de que se pusiera de moda. También le arrojó una bandeja llena de vasos a Buddy Rich un día que tocó demasiado alto la batería.

Sinatra había obsequiado encendedores de oro por un valor de 50.000 dólares antes de cumplir los treinta años, vivía el más descabellado de los sueños que sobre Norteamérica haya acariciado un inmigrante. Apareció de súbito en la escena cuando DiMaggio callaba, cuando los *paisanos* estaban afligidos, cuando en su propia patria adoptaban una silenciosa posición defensiva respecto a Hitler. Sinatra se convirtió, a tiempo, en una especie de Liga Antidifamación de los Italoamericanos de un solo miembro, el tipo de organización que entre ellos raramente se hubiera producido puesto que, reza la teoría, casi nunca se ponían de acuerdo en nada, siendo individualistas redomados: excelentes solistas, pero no tanto en un coro; héroes excelentes, pero no tanto en un desfile.

Cuando muchos apellidos italianos fueron utilizados para distinguir a los gángsteres en una serie de televisión, *Los* *intocables,* Sinatra manifestó en voz alta su desaprobación. Sinatra y otros miles de italoamericanos también se ofendieron cuando un rufián de poca monta, Joseph Valachi, fue exaltado por Bobby Kennedy a la categoría de experto en la mafia, siendo que, por el testimonio de Valachi en la televisión, ciertamente parecía saber menos que cualquier camarero de Mulberry Street*. Muchos italianos del círculo íntimo de Sinatra también consideran a Bobby Kennedy como una suerte de polizonte irlandés, más digno que los de los tiempos de Dolly pero no menos intimidante. Como de Peter Lawford, se dice de Bobby Kennedy que se puso «chulo» con Frank Sinatra después de la elección de John Kennedy, olvidando la contribución que había hecho Sinatra tanto en recaudación de fondos como en la tarea de influir en numerosos votantes italianos antiirlandeses. Se sospecha que Lawford y Bobby Kennedy influyeron en la decisión del difunto presidente de hospedarse en la casa de Bing Crosby y no en la de Sinatra, como se había planeado en un principio, revés social que Sinatra quizás no olvidará. Desde entonces Peter Lawford fue expulsado ignominiosamente de la «cumbre» de Sinatra en Las Vegas.

—Sí, mi hijo es como yo —dice con orgullo Dolly Sinatra—. Si lo molestas no lo olvida nunca.

Y aunque reconoce el poder que él tiene, se apresura a aclarar:

—No puede hacer que su madre haga lo que no quiere. Incluso hoy —añade— usa la misma marca de ropa interior que yo solía comprarle.

Hoy Dolly Sinatra tiene setenta y un años de edad, uno o dos años menos que Martin; y el día entero la gente golpea en la puerta trasera de su espaciosa casa para pedirle consejo o buscar su influencia. Cuando no está atendiendo gente o cocinando, cuida de su marido, un hombre callado pero testarudo, diciéndole que no quite su dolorido brazo

---

* Mulberry Street es la calle central del barrio Little Italy (Pequeña Italia) en Nueva York. *(N. del T.)*

izquierdo de la esponja que le ha puesto en el brazo de la butaca.

—Oh, ese que ves ahí ha estado en unos incendios tremendos —decía Dolly a una visita, señalando con admiración al marido en la butaca.

Aunque Dolly Sinatra tiene ochenta y siete ahijados en Hoboken y todavía visita esa ciudad durante las campañas políticas, ahora vive con su esposo en una hermosa casa de dieciséis habitaciones en Fort Lee, Nueva Jersey. La residencia fue un regalo de su hijo por sus bodas de oro hace tres años. La casa está amueblada con buen gusto y llena de una notable yuxtaposición de lo piadoso y lo mundano: fotografías del papa Juan y de Ava Gardner, del papa Pablo y de Dean Martin; variadas estatuas de santos y agua bendita, una silla autografiada por Sammy Davis Jr. y botellas de whisky. En el joyero de la señora Sinatra hay un magnífico collar de perlas que le había regalado Ava Gardner, a quien cobró enorme cariño como nuera y con quien todavía se comunica y conversa; y de la pared cuelga una carta dirigida a Dolly y Martin: «Las arenas del tiempo se han convertido en oro, y aun así el amor sigue abriéndose como los pétalos de una rosa, en el jardín divino de la vida..., que Dios los ame por toda la eternidad. Le doy gracias a Él, les doy gracias a ustedes por la existencia. Su hijo que los quiere, Francis».

La señora Sinatra habla con su hijo por teléfono una vez por semana o algo así, y hace poco él le propuso que cuando fuera a Manhattan hiciera uso de su apartamento de la calle 72 Este, sobre el East River. Se trata de un barrio caro de Nueva York, aunque en la misma manzana haya una pequeña fábrica, pero Dolly Sinatra se valió de esto último para desquitarse de su hijo por unas nada halagüeñas descripciones que había hecho acerca de su infancia en Hoboken.

—¿Qué? ¿Quieres que me aloje en *tu* apartamento, en ese *antro*? —le preguntó—. ¿Crees que voy a pasar la noche en *ese* horrible vecindario?

Frank Sinatra entendió al punto y le dijo:

—Perdone usted, señora Fort Lee.

Tras pasar la semana en Palm Springs, bastante mejor del resfriado, Frank Sinatra regresó a Los Ángeles, una linda ciudad de sol y sexo, un descubrimiento español con miserias mejicanas, una tierra estelar de hombres pequeños y mujeres esbeltas que se deslizan para entrar y salir de sus descapotables en sus pantalones tirantes y apretados.

Sinatra llegó a tiempo de ver con su familia el tan esperado documental de la CBS. A eso de las 9 p.m. se dirigió a casa de su ex esposa Nancy y cenó con ella y sus dos hijas. El hijo, a quien casi no ven por estos días, no estaba en la ciudad.

Frank Jr., que tiene veintidós años, andaba de gira con una orquesta y atravesaba el país para cumplir un compromiso en Nueva York, en la calle Basin Este, con los Pied Pipers, con los cuales Sinatra había cantado cuando estuvo en la orquesta de Tommy Dorsey en la década de 1940. Actualmente Frank Sinatra Jr., que según su padre fue bautizado así por Franklin D. Roosevelt, vive sobre todo en hoteles, come todas las noches en el camerino de un *night-club* y canta hasta las 2 a.m., aceptando de buen grado, pues no tiene más remedio, las inevitables comparaciones. Tiene una voz suave, agradable y que mejora con la práctica; y si bien es muy respetuoso con su padre, habla de él con objetividad y en ocasiones en un tono de soterrada insolencia.

Simultánea a la fama temprana de su padre, decía Frank Jr., fue la creación de un «Sinatra para la prensa», ideado para «apartarlo del hombre común, separarlo de sus realidades: de un momento a otro apareció Sinatra, el magnate eléctrico, Sinatra el supernormal, no el super*humano,* sino el super*normal.* Y en esto —proseguía Frank Jr.— reside la gran falacia, la gran tontería, porque Frank Sinatra es normal, es el tipo que te tropezarías en cualquier esquina. Pero esa otra cosa, la máscara de superhombre, ha afectado a Frank Sinatra tanto como a cualquiera que vea sus programas de televisión o lea un artículo de revista sobre él...».

»La vida de Frank Sinatra al principio era tan normal —decía— que nadie en 1934 se hubiera imaginado que el chiquillo italiano del pelo rizado llegaría a ser el gigante, el monstruo, la gran leyenda viva... Conoció a mi madre un verano en la playa. Ella era Nancy Barbato, la hija de Mike Barbato, un revocador de Jersey City. Y ella conoce a Frank, el hijo del bombero, un día de verano en la playa de Long Branch, Nueva Jersey. Ambos son italianos; ambos, católicos romanos; ambos, novios de verano de clase media... es como un millón de películas malas protagonizadas por Frankie Avalon...

»Tienen tres hijos. La primogénita, Nancy, fue la más normal de los hijos de Sinatra. Nancy era animadora, iba a campamentos de verano, conducía un Chevrolet; su vida los primeros años fue la más fácil, centrada en el hogar y la familia. Después sigo yo. Mi vida de familia es muy, muy normal hasta septiembre de 1958, cuando, en contraste total con la educación de las dos niñas, me internan en una escuela preparatoria. Ahora estoy lejos del círculo familiar íntimo, y hasta el día de hoy no se ha podido rehacer mi posición en su interior... La tercera es Tina. Y para ser honestos no sabría decir cómo es su vida».

El programa de la CBS, narrado por Walter Cronkite, empezó a las 10 de la noche. Faltando un minuto, la familia Sinatra, después de cenar, dio la vuelta a las sillas y se puso al frente de la pantalla, unida ante cualquier desastre que pudiera venir. Los hombres de Sinatra, en otras partes de la ciudad, en otras partes del país, hacían lo mismo. El abogado de Sinatra, Milton A. Rudin, fumaba un puro al tiempo que aguzaba los ojos, todo un despierto cerebro legal. Sobre otros aparatos fijaban igualmente la mirada Brad Dexter, Jim Mahoney, Ed Pucci; el maquillador de Sinatra, «Escopeta» Britton; su representante en Nueva York, Henri Giné; su proveedor de artículos para caballeros, Richard Carroll; su agente de seguros, John Lillie; su *valet*, George Jacobs, un apuesto negro que, cuando atiende a las chicas en *su* apartamento, pone discos de Ray Charles.

Y como pasa con gran parte del miedo de Hollywood, tanta aprensión sobre el programa de la CBS resultó infundada. Fue una hora altamente favorecedora, que no hurgó a fondo, como se rumoreaba que iba a hacer, en la vida amorosa de Sinatra ni en la mafia ni en otras áreas de su coto privado. Aunque el documental no había sido autorizado, escribía Jack Gould al día siguiente en *The New York Times,* «podía haberlo sido».

Terminado el programa los teléfonos empezaron a sonar por todo el sistema Sinatra, transmitiendo palabras de alivio y alegría; y de Nueva York llegó el telegrama de Jilly: «¡Somos amos del mundo!».

Al día siguiente, de pie en un pasillo del edificio de la NBC donde iba a reanudar la grabación de su show, Sinatra comentaba el programa de la CBS con varios amigos suyos:

—Oh, estuvo fantástico —dijo.

—*Yeah,* Frank, tremendo show.

—Pero pienso que Jack Gould tenía razón en el *Times* de hoy —dijo Sinatra—. Debió haber más sobre el *hombre,* no tanto sobre la *música.*

Asintieron callados, sin mencionar la pasada histeria en el mundo de Sinatra cuando todo indicaba que la CBS afinaba la puntería sobre el *hombre.* Se limitaron a mover la cabeza y dos de ellos celebraron que Sinatra hubiera conseguido meter la palabra «pájaro» en el programa, siendo ésta una de sus palabras preferidas. A menudo pregunta a sus compinches: «¿Cómo está tu pájaro?»; y cuando estuvo a punto de ahogarse en Hawai, la explicación que dio después fue: «Me entró un poquito de agua por el pájaro»; y bajo un gran retrato suyo con una botella de whisky, una foto que cuelga en casa de un actor amigo suyo llamado Dick Bakalyan, la dedicatoria dice: «¡Bebe, Dickie! Es bueno para tu pájaro». A la canción *Come Fly with Me,* Sinatra a veces le modifica la letra: «Sólo di las palabras y llevaremos nuestros pájaros a la bahía de Acapulco».

Diez minutos después Sinatra entraba, detrás de la orquesta, al estudio de la NBC, en donde no se repitió para nada la escena de hacía ocho días. Ahora Sinatra tenía bien la voz; hacía chistes entre un número y otro; nada lo molestaba. En una ocasión, cuando cantaba *How Can I Ignore the Girl Next Door,* de pie en el plató junto a un árbol, una cámara de televisión montada en un vehículo pasó rozándolo y chocó contra el árbol.

—¡Jeesús! —exclamó un asistente técnico.

Pero Sinatra apenas si pareció notarlo.

—Hemos tenido un pequeño accidente —dijo con calma, y empezó otra vez la canción desde el comienzo.

Cuando el *show* tocó a su fin, Sinatra miró la repetición en el monitor de la sala de control. Estaba muy satisfecho y estrechó las manos con Dwight Hemion y sus ayudantes. Acto seguido se abrieron las botellas de whisky en el camerino de Sinatra. Pat Lawford estaba presente, así como Andy Williams y diez o doce más. Los telegramas y las llamadas telefónicas seguían llegando de todas partes del país con elogios por el programa de la CBS. Hasta hubo una llamada, le contaba Mahoney, del productor de la CBS, Don Hewitt, con quien Sinatra se había enfadado tanto pocos días antes. Y Sinatra *seguía* enfadado, dolido porque la CBS lo había traicionado, aunque el programa en sí era inobjetable.

—¿Les envío unas palabras? —le preguntó Mahoney.

—¿Se puede enviar un puño por el correo? —le preguntó Sinatra.

Lo tiene todo, no puede dormir, da bonitos regalos, no es feliz, pero no cambiaría, ni aun por la felicidad, lo que él es...

Es una parte de nuestro pasado; pero sólo nosotros hemos envejecido, él no... Estamos atados a nuestra vida doméstica, él no... Tenemos remordimientos, él no... es culpa nuestra, no suya...

Él controla el menú de cada uno de los restaurantes de Los Ángeles; si deseas cocina del norte de Italia, vuela a Milán...

Los hombres lo siguen, lo imitan, se pelean por estar junto a él... Irradia un algo de vestuario deportivo, de cuartel..., pájaro..., pájaro.

Cree que debes jugártela a lo grande, ampliamente, de manera expansiva: cuanto más abierto eres, más recibes, tus dimensiones se ahondan, creces, te vuelves más lo que eres... más grande, más rico...

Es mejor que todos los demás, o al menos eso piensan, y él tiene que vivir a la altura de eso.

—NANCY SINATRA, JR.

Es tranquilo por fuera, pero por dentro le suceden un millón de cosas.

—DICK BAKALYAN

Tiene el deseo insaciable de vivir al máximo cada momento porque, me figuro, cree que a la vuelta de la esquina está la extinción.

—BRAD DEXTER

Todo lo que saqué de mis matrimonios fueron los dos años que Artie Shaw me financió en el diván de un analista.

—AVA GARDNER

No éramos madre e hijo: éramos compinches.

—DOLLY SINATRA

Yo me apunto a cualquier cosa que te ayude a pasar la noche, ya sea una oración, tranquilizantes o una botella de Jack Daniel's.

—FRANK SINATRA

Frank Sinatra estaba cansado de tanto comentario, tanto chisme, tanta teoría; cansado de leer citas sobre él mismo, de oír lo que la gente decía de él por toda la ciudad.

Habían sido tres semanas de tedio, decía, y ahora sólo quería marcharse, ir a Las Vegas, desfogarse un poco. Así que subió a su jet, planeó sobre las colinas de California y las llanuras de Nevada y sobre millas y millas de desierto hasta el hotel The Sands y la pelea Clay-Patterson.

Pasó en vela la víspera de la pelea, y durmió casi toda esa tarde, aunque podía oírse su voz grabada en el vestíbulo de The Sands, en el casino de apuestas y hasta en los baños, interrumpida por las llamadas de los altavoces: «Llamada telefónica para el señor Ron Fish, señor Ron Fish..., *with a ribbon of gold in her hair...* Llamada telefónica para el señor Herbert Rothstein, señor Herbert Rothstein..., *memories of a time so bright, keep me sleepless through dark endless nights*».

Brujuleando por el vestíbulo de The Sands y otros hoteles a todo lo largo del Strip*, esa tarde previa a la pelea se veían los consabidos profetas precombate: los apostadores, los viejos campeones, los promotores de boxeo de la Octava Avenida, los periodistas deportivos que critican los grandes combates durante todo el año pero que no se perderían uno solo, los novelistas que parecen identificarse con uno u otro boxeador, las prostitutas locales, con la ayuda de un poco de talento traído de Los Ángeles, así como una joven morena con un vestido de cóctel arrugado que gimoteaba ante el mostrador del jefe de botones:

—Pero yo quiero hablar con Frank Sinatra.

—Él no está aquí —decía el jefe de botones.

—¿Me pone con su habitación?

—*No* se envían mensajes, señorita —le dijo, y entonces ella se dio la vuelta, tambaleándose, como al borde de las lágrimas, y atravesó el vestíbulo hacia el grande y bullicioso casino atestado de hombres cuyo único interés era el dinero.

Poco antes de las 7 p.m. Jack Entratter, un hombretón canoso que dirige The Sands, entró a la sala de juego

---

* El trecho del boulevard Las Vegas en el que están situados muchos de los hoteles y casinos más grandes del mundo. *(N. del T.)*

para avisarles a los hombres que rodeaban una mesa de *blackjack* que Sinatra ya se estaba vistiendo. También les dijo que no había podido conseguir asientos de primera fila para todos, de modo que algunos en el grupo —entre ellos Leo Durocher, que tenía una pareja, y Joey Bishop, que venía con su esposa— no iban a caber en la fila de Sinatra y se tendrían que sentar en la tercera fila. Cuando Entratter se aproximó a Joey Bishop para contárselo, el rostro de Bishop se vino abajo. No pareció enfadarse: se limitó a mirar a Entratter en un mutismo vacío, más bien con cara de aturdido.

—Joey, lo *siento* —dijo Entratter cuando el silencio persistió—, pero no pudimos conseguir más de seis seguidas en primera fila.

Bishop seguía sin decir nada. Pero cuando aparecieron todos para ver la pelea, Joey Bishop estaba en primera fila y su mujer en la tercera.

El combate, calificado de guerra santa entre musulmanes y cristianos, fue antecedido por la presentación de tres ex campeones medio calvos: Rocky Marciano, Joe Louis y Sonny Liston, y luego vino el himno nacional cantado por otro hombre salido del pasado: Eddie Fisher. Habían transcurrido más de catorce años, pero Sinatra todavía se acordaba de todos los detalles: Eddie Fisher era en ese entonces el nuevo rey de los barítonos, a la par con Billy Eckstine y Guy Mitchell, y Sinatra llevaba un buen rato relegado. Recordaba el día cuando al entrar a un estudio de radiodifusión tuvo que pasar frente a una multitud de fans de Eddie Fisher que lo esperaba afuera, y cuando vieron a Sinatra se burlaron de él: «¡Frankie, Frankie, que me desmayo, que me desmayo!». Ésa fue también la época en que vendía apenas unos 30.000 discos al año, cuando de manera espantosa lo pusieron a actuar de cómico en su programa de televisión y cuando grabó desastres como *Mama Hill Bark* con Dagmar.

—Yo ladraba y gruñía en ese disco —decía Sinatra, todavía horrorizado de sólo pensarlo—. Sólo me aportó beneficios con los perros.

Su voz y su criterio artístico estuvieron pésimos en 1952, pero más culpable de su declive, dicen sus amigos, fue su cortejo de Ava Gardner. Ella era entonces la gran reina del cine, una de las mujeres más hermosas del mundo. Nancy, la hija de Sinatra, recuerda el día en que vio a Ava nadando en la piscina de su padre y luego salir del agua con ese cuerpo estupendo, caminar despacio hacia el fuego, inclinarse sobre él por unos segundos... y de un momento a otro pareció que su largo pelo negro estaba seco ya, otra vez arreglado de modo milagroso y sin ningún esfuerzo.

Con la mayoría de las mujeres con que sale, Sinatra nunca sabe, dicen sus amigos, si lo quieren por lo que puede hacer por ellas ahora... o hará por ellas después. Con Ava Gardner fue distinto. Después no podía hacer nada por ella. Ella estaba por encima. Si algo aprendió Sinatra de su experiencia con ella, fue tal vez saber que cuando un hombre altivo ha caído, una mujer no lo puede ayudar. Especialmente una mujer que está por encima.

Así y todo, a pesar de su voz cansada, cierta emoción profunda alcanzaba a filtrarse en su canto. Una canción en especial que suena bien hasta el día de hoy es *I'm A Fool to Want You,* y un amigo que estuvo en el estudio cuando Sinatra la grabó recordaba:

—Frank estaba verdaderamente inspirado esa noche. Grabó la canción en una sola toma, acto seguido dio media vuelta, salió del estudio y sanseacabó.

El representante de Sinatra de ese entonces, un antiguo promotor de canciones llamado Hank Sanicola, decía:

—Ava quería a Frank, pero no del mismo modo como él la quería. Él necesita un montón de amor. Lo quiere veinticuatro horas al día; tiene que estar rodeado de gente... Frank es esa clase de persona... pero —decía Sanicola— Ava Gardner era muy insegura. Temía no poder retener a su hombre..., dos veces él la siguió hasta África, echando a perder su propia carrera.

—Ava no quería a los hombres de Frank rondando a todas horas —decía otro amigo—, y eso lo enfurecía a él.

Con Nancy, él estaba acostumbrado a traer a toda la banda a casa, y ella, la buena esposa italiana, nunca se quejaba..., solamente preparaba espaguetis para todos.

En 1953, después de casi dos años de matrimonio, Sinatra y Ava Gardner se divorciaron. Se dijo que la madre de Sinatra había organizado una reconciliación, pero si Ava estuvo dispuesta, Frank Sinatra no. Se dejó ver con otras mujeres. El equilibrio se había roto. En algún punto de ese período Sinatra pareció pasar de ser el chico cantante, el jovencito actor en traje de marinero, a ser un hombre. Ya antes de ganar el Oscar en 1953, por su papel en *De aquí a la eternidad,* dejaba ver destellos de su antiguo talento: en su grabación de *The Birth of the Blues,* en su presentación en el *night-club* Riviera, elogiada calurosamente por la crítica de jazz; además de que ahora la tendencia iba a favor de los elepés y en contra del single de tres minutos, y el estilo de concertista de Sinatra hubiera sacado provecho de esto con o sin el Oscar.

En 1954, dedicado de lleno a su talento, Frank Sinatra fue elegido cantante del año por la revista *Metronome* y ganó la encuesta de *disk-jockeys* de la UPI UPI, desbancando a Eddie Fisher..., quien ahora, en Las Vegas, tras cantar el himno nacional, se bajaba del ring para que se diera comienzo a la pelea.

Durante el primer asalto Floyd Patterson persiguió a Clay por todo el cuadrilátero pero no pudo darle alcance, y de ahí en adelante fue el juguete de Clay, hasta que la pelea terminó por nocaut técnico en el decimosegundo asalto. Media hora más tarde casi todos se habían olvidado del combate y estaban de vuelta en las mesas de juego, o hacían cola para comprar entradas para el número de Dean Martin, Sinatra y Bishop en The Sands. El espectáculo, que incluye a Sammy Davis Jr. cuando está en la ciudad, consiste en unas pocas canciones y muchas interrupciones, todo muy informal, muy especial y bastante étnico, con Martin, copa en mano, preguntándole a Bishop: «¿Alguna vez viste el *judiu-jitsu?*»; y Bishop, haciendo de camarero judío, advirtiendo a los dos italianos que se cuiden, «porque tengo mi propia organización: la *matzia*»*.

Más adelante, después del último *show* en The Sands, el grupo de Sinatra, que ahora sumaba unos veinte —entre ellos Jilly, que había venido en avión desde Nueva York; Jimmy Cannon, el columnista deportivo preferido de Sinatra; Harold Gibbons, un directivo del sindicato de camioneros que se espera tomará el mando si Hoffa va a la cárcel—, subieron todos a una hilera de coches y enfilaron hacia otro club. Eran las tres de la mañana. La noche era aún joven.

Pararon en el Sahara, donde ocuparon una mesa larga en la parte de atrás para ver a un comediante pequeñito y calvo llamado Don Rickles, probablemente el cómico más cáustico del país. Su humor es tan basto, de *tan* mal gusto, que no ofende a nadie: es *demasiado* ofensivo para ofender a nadie. Cuando vio a Eddie Fisher entre el público, Rickles la emprendió contra él como amante, diciendo que no era de extrañarse que no pudiera con Elizabeth Taylor; y cuando dos hombres de negocios reconocieron ser egipcios, Rickles los fustigó por la política de su país hacia Israel; e insinuó abiertamente que la mujer que ocupaba una mesa con su marido era en realidad una buscona.

Cuando el grupo de Sinatra hizo su ingreso, Don Rickles no cabía de contento. Señalando a Jilly, Rickles le gritó: «¿Cómo se siente ser el tractor de Sinatra?... Sí, Jilly camina delante de Frank despejándole la vía». Luego, señalando con un gesto a Durocher, Rickles dijo: «Ponte de pie, Leo, muéstrale a Frank cómo te resbalas». A continuación se dedicó a Sinatra, sin pasar por alto a Mia Farrow, ni el peluquín que llevaba puesto, ni dejar de decirle que estaba acabado como cantante; y cuando Sinatra se rió, todos rieron; y Rickles señaló a Bishop: «Joey Bishop mira todo el tiempo a Frank para ver qué es gracioso».

---

* *Did you ever see a Jew jitsu?*, jugando con el término de las artes marciales «jiu-jitsu». El segundo juego es con la palabra matzo, el pan ácimo que comen los judíos en Pascua. *(N. del T.)*

Al rato, cuando Rickles se echó sus cuantos chistes de judíos, Dean Martin se puso de pie y le gritó: «Eh, siempre hablas de los judíos, nunca de los italianos», y Rickles lo interrumpió: «¿De qué nos sirven los italianos?... Como mucho para espantar las moscas del pescado».

Sinatra rió, todos rieron, y Rickles siguió en esta vena durante casi una hora, hasta que al fin Sinatra se levantó y dijo:

—Ya está bien, anda, acaba de una vez. Tengo que irme.

—¡Cállate y siéntate! —le replicó Rickles—. Yo he tenido que oírte cantar.

—¿Con quién crees que estás hablando? —le contestó Sinatra a voz en cuello.

—Con Dick Haymes —dijo Rickles, y Sinatra rió nuevamente.

Entonces Dean Martin procedió a derramarse en la cabeza una botella de whisky y, con el esmoquin empapado, se puso a darle golpes a la mesa.

—Quién hubiera pensado que la borrachera puede hacer una estrella —dijo Rickles.

Pero Martin gritaba:

—Eh, quiero echar un discurso.

—Cállate.

—No. Don, quiero decirte —insistía Dean Martin—... que creo que eres un gran artista.

—Bueno..., gracias, Dean —le dijo Rickles complacido.

—Pero no te atengas a lo que digo —dijo Martin, desplomándose en su asiento—: estoy borracho.

—Eso te lo creo —dijo Rickles.

A las 4 a.m. Frank Sinatra sacó a su grupo del Sahara, algunos con los vasos de whisky en la mano, bebiendo sorbos en la acera y en el automóvil. De vuelta en The Sands, entraron al casino. Seguía repleto de gente, las ruletas giraban, los jugadores de dados daban gritos al fondo.

Frank Sinatra, con un vasito de bourbon en la mano izquierda, se abrió paso entre la multitud. A diferencia de algunos de sus acompañantes, todavía estaba impecablemente planchado, con la pajarita del esmoquin en perfecto equilibrio, los zapatos sin mancha. Nunca se le ve perder la compostura, nunca baja la guardia del todo, no importa cuánto haya bebido ni cuánto lleve sin dormir. Nunca hace eses, como Dean Martin, ni jamás baila en los pasillos de los teatros ni salta sobre las mesas, como Sammy Davis.

Una parte de Sinatra, no importa dónde esté, siempre está ausente. Siempre hay una parte suya, si bien pequeña a veces, que sigue siendo *Il Padrone.* Incluso ahora, al asentar el vasito de licor puro en la mesa de *blackjack,* de cara al crupier, Sinatra lo hacía desde cierta distancia, sin inclinarse sobre la mesa. Metiéndose la mano por debajo del esmoquin sacó del pantalón un fajo grueso pero *limpio* de billetes. Desprendió con cuidado un billete de cien dólares y lo puso en el fieltro verde. El crupier le repartió dos cartas. Sinatra pidió una tercera, se pasó, perdió los cien.

Sin mudar de expresión, Sinatra sacó otro billete de cien dólares. Lo perdió. Puso enseguida el tercero y lo perdió. Luego puso dos billetes de cien en la mesa y los perdió. Al cabo, tras apostar el sexto billete de cien dólares y perderlo, Sinatra se apartó de la mesa, señaló al hombre y dijo:

—Buen crupier.

El corro que se había congregado a su alrededor se abrió ahora para dejarle paso. Pero una mujer se le interpuso, entregándole un papel para que lo autografiara. Él se lo firmó y además le dio las gracias.

En la parte de atrás del espacioso comedor de The Sands había una mesa larga reservada para Sinatra. El comedor estaba más bien vacío a esas horas, con unas dos docenas de personas ocupándolo, entre ellas una mesa de cuatro jovencitas solas cerca de la de Sinatra. Al otro lado del salón, en otra mesa larga, había siete hombres sentados codo a codo contra la pared, dos de ellos con anteojos oscuros, todos comiendo en silencio, sin cruzar palabra, sentados nada más, comiendo, sin perderse nada.

Después de acomodarse y tomar otras cuantas copas, el grupo de Sinatra pidió algo de comer. La mesa era más o menos del mismo tamaño que la que le reservan cuando visita la taberna de Jilly en Nueva York; y las personas que ocupaban esta mesa en Las Vegas eran muchas de las mismas que a menudo se dejan ver allí con Sinatra, o en un restaurante en California, o Italia, o Nueva Jersey, o dondequiera que él esté. Cuando Sinatra se sienta a cenar, sus amigos de confianza están cerca; y no importa dónde esté, no importa lo elegante que sea el lugar, algo del barrio se trasluce porque Sinatra, por lejos que haya llegado, tiene aún algo de muchacho del barrio; sólo que ahora puede llevar consigo el barrio.

En cierto modo, esta ocasión cuasi familiar en una mesa reservada en un sitio abierto al público es lo más parecido que ahora tiene Sinatra a una vida en familia. Quizás, tras tener un hogar y abandonarlo, él prefiera mantener las distancias; aunque no parecería ser propiamente así, dado el cariño con que habla de la familia, el estrecho contacto que mantiene con su primera mujer y su recomendación de que no tome ninguna decisión sin consultársela. Se muestra siempre diligente por colocar sus muebles y otros recuerdos de sí mismo en la casa de ella, o la de su hija Nancy; y también sostiene relaciones cordiales con Ava Gardner. Cuando él estuvo rodando *El coronel Von Ryan* en Italia pasaron un tiempo juntos, perseguidos dondequiera que fueran por los *paparazzi*. En aquella ocasión hubo noticia de que los *paparazzi* le habían hecho a Sinatra una oferta colectiva de 16.000 dólares para que posara con Ava Gardner; y se dice que Sinatra hizo una contraoferta de 32.000 si le dejaban romperle un brazo y una pierna a uno de ellos.

Aunque a Sinatra le encanta estar completamente a solas en casa para poder leer y meditar sin interrupciones, hay ocasiones en las que descubre que pasará la noche solo, y *no* por elección. Puede llamar a media docena de mujeres y por un motivo u otro ninguna está disponible. Así que llama a su *valet,* George Jacobs.

—Esta noche vendré a cenar a casa, George.

—¿Cuántos van a ser?

—Tan sólo yo —dice Sinatra—. Quiero algo ligero. No tengo mucha hambre.

George Jacobs es un hombre de treinta y seis años, divorciado dos veces, parecido a Billy Eckstine. Ha viajado por todo el mundo con Sinatra y le es muy leal. Jacobs vive en un cómodo piso de soltero cerca de Sunset Boulevard, a la vuelta de la esquina de Whiskey à Go Go, y en la ciudad es conocido por la colección de retozonas chicas californianas cuya amistad cultiva, unas cuantas de las cuales, él lo reconoce, se le acercaron al principio por su relación con Frank Sinatra.

Cuando Sinatra llega, Jacobs le sirve la cena en el comedor. Luego Sinatra le informa que puede irse a casa. Si, en una noche de ésas, Sinatra llegara a pedirle a Jacobs que se quede un poco más o que jueguen unas manos de póquer, él lo haría gustoso. Pero Sinatra nunca se lo pide.

Ésta era su segunda noche en Las Vegas, y Frank Sinatra estuvo con sus amigos en el comedor de The Sands hasta las 8 a.m. Durmió casi todo el día, voló luego a Los Ángeles y al día siguiente por la mañana conducía su cochecito de golf por los estudios de la Paramount Pictures. Tenía programado para terminar dos escenas con la rubia y sensual Virna Lisi en la película *Asalto a la Reina.* Mientras maniobraba el pequeño vehículo calle arriba entre dos grandes estudios, divisó a Steve Rossi, quien, con su compañero de comedia Marty Allen, rodaba una película en un estudio contiguo con Nancy Sinatra.

—¡Eh, italiano —le gritó a Rossi—, deja de besar a Nancy!

—Es parte de la película, Frank —dijo Rossi, mirando hacia atrás mientras seguía andando.

—¿En el garaje?

—Es mi sangre latina, Frank.

—Bueno, pues serénate —dijo Sinatra, guiñándole el ojo, antes de doblar con su cochecito de golf por una esquina y aparcarlo frente a un edificio grande y gris dentro del cual se iban a filmar las escenas de *Asalto a la Reina*.

—¿Dónde está el director gordinflón? —saludó Sinatra, entrando a zancadas en el estudio, que estaba repleto de asistentes técnicos y actores agrupados en torno a las cámaras.

El director, Jack Donohue, un hombre voluminoso que ha trabajado con Sinatra durante veintidós años en diversas producciones, ha tenido dolores de cabeza por esta película. Le habían recortado el guión, los actores se habían impacientado y Sinatra se había aburrido. Pero ahora sólo faltaban dos escenas: una corta que sería rodada en la piscina y una más larga y apasionada entre Frank Sinatra y Virna Lisi que sería rodada en una playa artificial.

La escena de la piscina, que dramatiza la situación cuando Sinatra y sus compinches de secuestro fracasan en el intento de saquear el *Queen Mary*, salió rápido y bien. Cuando Sinatra se vio obligado a quedarse con el agua hasta el cuello durante unos minutos, dijo:

—Movámonos, compañeros..., esta agua está fría y yo acabo de salir de un resfriado.

Así que los equipos de cámaras se le acercaron, Virna Lisi se puso a chapotear en el agua junto a Sinatra y Jack Donohue les gritó a los asistentes que manejaban los ventiladores: «¡Hagan las olas!», y otro hombre dio la orden: «¡Agiten!», y Sinatra empezó a cantar: *Agitate in rhythm**, pero hizo silencio cuando las cámaras empezaron a rodar.

En la siguiente escena Frank Sinatra estaba en la playa simulando que miraba las estrellas y Virna Lisi debía acer-

---

* «Agiten en ritmo», remedando la famosa canción de G. Gershwin *Fascinating Rhythm. (N. del T.)*

cársele, lanzarle cerca uno de sus zapatos para avisarle de su presencia y luego sentarse a su lado y prepararse para una sesión apasionada. Antes de comenzar, la señorita Lisi amagó con tirarle el zapato a la figura de Sinatra, que se extendía boca arriba en la playa. Ya iba a lanzarlo cuando Sinatra alzó la voz:

—Me pegas en el pájaro y me voy a casa.

Virna Lisi, que poco inglés entiende y con seguridad nada del especial vocabulario de Sinatra, puso cara de incomprensión, pero todos rieron tras las cámaras. Entonces le arrojó el zapato. Éste dio vueltas en el aire, aterrizó en el estómago.

—Bueno, dio unos diez centímetros más arriba —anunció él.

Otra vez ella quedó desconcertada con las risas tras las cámaras.

Luego Jack Donohue les hizo ensayar sus papeles, y Sinatra, todavía muy entonado con el viaje a Las Vegas y ansioso de ver rodar las cámaras, dijo: «Intentémoslo». Donohue, aunque dudaba de que Sinatra y Lisi supieran bien sus papeles, dio el visto bueno, y el asistente de la claqueta anunció: «419, toma 1», y Virna Lisi se acercó con el zapato y se lo arrojó a Frank, tendido en la playa. Le cayó junto al muslo, y la ceja derecha de Sinatra se alzó casi de manera imperceptible, pero el personal captó el mensaje y sonrieron todos.

—¿Qué te dicen esta noche las estrellas? —preguntó la señorita Lisi, recitando su primera línea mientras se sentaba en la playa al lado de Sinatra.

—Las estrellas me dicen esta noche que soy un idiota —dijo Sinatra—, un idiota chapado en oro por haberme enredado en esto.

—Corten —gritó Donohue. Había sombras de micrófonos en la arena, y Virna Lisi no se había sentado donde debía estar, cerca de Sinatra.

—419, toma 2 —dijo el asistente de la claqueta.

La señorita Lisi se aproximó de nuevo, le lanzó el zapato y esta vez falló por poco. Sinatra suspiró apenas y ella le preguntó:

—¿Qué te dicen esta noche las estrellas?

—Las estrellas me dicen esta noche que soy un idiota —dijo Sinatra—, un idiota chapado en oro por haberme enredado en esto.

Entonces, según el guión, Sinatra debía continuar: «¿Sabes en qué nos estamos metiendo? En cuanto pongamos pie en el *Queen Mary*, quedaremos fichados». Pero Sinatra, que a menudo improvisa, recitó:

—¿Sabes en qué nos estamos metiendo? En cuanto pongamos pie en ese maldito barco...

—No, no —interrumpió Donohue, sacudiendo la cabeza—. No creo que eso esté bien.

Las cámaras pararon, hubo risas y Sinatra alzó la cara desde su posición en la arena como si lo hubieran cortado injustamente.

—No veo por qué eso no pueda servir... —empezó a decir, pero Richard Conte gritó detrás de una cámara:

—Eso no lo proyectarían en Londres.

Donohue se pasó la mano por el escaso pelo gris y dijo, aunque sin verdadero enfado:

—Saben, la escena iba bastante bien hasta que alguien la estropeó.

—*Yeah* —asintió el camarógrafo, Billy Daniels, sacando la cabeza por detrás de la cámara—, la toma era bastante buena...

—Cuida tus palabras —interrumpió Sinatra.

Entonces Sinatra, que tiene el don de ideárselas para no repetir una escena, sugirió una manera de usar lo filmado y regrabar después la parte defectuosa. Hubo aprobación. Las cámaras volvieron a rodar, Virna Lisi se inclinó sobre Sinatra en la arena y él la atrajo hacia sí para estrecharla. La cámara se acercó entonces para hacer un primer plano de sus caras y estuvo zumbando durante varios segundos, pero Sinatra y Lisi no dejaron de besarse; seguían simplemente tendidos en la arena, envueltos en un mutuo abrazo... y la pierna izquierda de Virna Lisi empezó a levantarse levemente. Todos en el estudio ahora miraban en silencio, no se oía una palabra, hasta que Donohue dijo:

—Si algún día terminan, háganmelo saber. Se me está acabando la película.

Entonces la señorita Lisi se puso de pie, se alisó el traje blanco, se peinó hacia atrás su pelo rubio y se retocó el lápiz de labios, que se había corrido. Sinatra se puso de pie con una sonrisita y se dirigió al camerino.

Al pasar frente a un hombre mayor que cuidaba una cámara, Sinatra le preguntó:

—¿Cómo va tu Bell and Howell?*

—Está muy bien, Frank —dijo el hombre, sonriendo.

—Qué bien.

En su camerino Sinatra fue recibido por un diseñador de automóviles que traía los planos del nuevo modelo hecho por encargo para reemplazar el Ghia de 25.000 dólares que Sinatra venía conduciendo durante los últimos años. Lo esperaban también su secretario, Tom Conroy, con un saco repleto de cartas de admiradores, incluyendo una del alcalde de Nueva York, John Lindsay; y Bill Miller, el pianista de Sinatra, que venía a ensayar algunas de las canciones que debían grabar al final de la tarde para el nuevo álbum, *Moonlight Sinatra*.

Aunque a Sinatra no le importa exagerar la nota un poco en el estudio de cine, es sumamente serio con las sesiones de grabación de un disco. Como le explicaba a un escritor británico, Robin Douglas-Home: «Cuando te pones a cantar en ese disco, estás tú solo y nadie más que tú. Si sale malo y te trae críticas, tú cargas con la culpa y nadie más. Si es bueno, también es por ti. Con una película nunca es así: hay productores y guionistas, y cientos de hombres en sus oficinas y la cosa se te escapa de las manos. Con un disco tú lo eres *todo*».

* La marca de la filmadora. (*N. del T.*)

But now the days are short
I'm in the autumn of the year
And now I think of my life
As vintage wine
From fine old kegs. *

No importa ya qué canción canta, ni quién escribió la letra: son *sus* palabras, *sus* sentimientos, los capítulos de la novela lírica que componen su vida.

Life is a beautiful thing
As long as I hold the string. **

Cuando Frank Sinatra llega al estudio, parece saltar del coche bailando para cruzar la acera y atravesar la puerta; y sin dilaciones, chasqueando los dedos, se sitúa frente a la orquesta en un cuarto íntimo, hermético, y muy pronto domina a cada hombre, cada instrumento, cada onda sonora. Algunos de los músicos lo han acompañado durante veinticinco años, han envejecido oyéndolo cantar *You Make Me Feel So Young*.

Cuando su voz se conecta, como esta noche, Sinatra entra en éxtasis, la sala se electriza, la excitación se extiende a la orquesta y se deja sentir en la cabina de control, donde una docena de hombres, amigos de Sinatra, lo saludan con la mano detrás de la ventana. Uno de ellos es el *pitcher* de los Dodgers, Don Drysdale («*Hey, Big D.* —lo saluda Sinatra—, *hey, baby!*»); otro es el golfista profesional Bo Wininger. También hay un número de mujeres bonitas de pie en la cabina detrás de los ingenieros, mujeres que le sonríen a Sinatra y mueven suavemente sus cuerpos al son acariciante de la música.

---

* *Pero ahora los días son cortos / estoy en el otoño del año / y ahora pienso en mi vida / como vino añejo / de viejas y magníficas barricas.*
** *La vida es hermosa / con tal que yo sujete la cuerda.*

Will this be moon love
Nothing but moon love
Will you be gone when the dawn
Comes stealing through.*

Cuando acaba, ponen la grabación que hay en la cinta; y Nancy Sinatra, que acaba de entrar, se une a su padre al pie de la orquesta para oír la reproducción. Escuchan en silencio, todos los ojos puestos en ellos, el rey y la princesa; y cuando la música termina, suenan aplausos en la cabina de control. Nancy sonríe y su padre chasquea los dedos y dice, sacudiendo un pie:

—¡*Ooba-deeba-boobe-do!*

Entonces llama a uno de sus hombres:

—Eh, Sarge, ¿crees que me podría tomar media tacita de café?

Sarge Weiss, que estaba oyendo la música, se levanta lentamente.

—No quería despertarte, Sarge —le dice Sinatra, con una sonrisa.

Sarge regresa con el café y Sinatra lo mira, lo olfatea y anuncia:

—Pensaba que él iba a ser bueno conmigo, pero miren: ¡café *de verdad*!

Hay más sonrisas y ya la orquesta se prepara para el siguiente número. Y una hora después todo ha terminado.

Los músicos guardan los instrumentos en los estuches, toman sus abrigos y empiezan a desfilar por la salida, dándole las buenas noches a Sinatra. Él los conoce a todos por el nombre, sabe mucho de su vida personal, desde sus días de solteros hasta sus divorcios, con todos sus altibajos, tal como ellos saben de la de él. Cuando un trompa, un italiano bajito llamado Vincent DeRosa, que ha tocado con Si-

---

* *¿Será éste un amor ilusorio, / tan sólo un amor ilusorio? / ¿Te habrás marchado cuando la aurora / entre a hurtadillas?*

natra desde los días del *Hit Parade* radiofónico de los cigarrillos Lucky Strike, pasaba por un lado, Sinatra alargó el brazo
y lo detuvo por un momento.

—Vicenzo —le dijo Sinatra—, ¿cómo está tu nenita?

—Está muy bien, Frank.

—Oh, ya no es una *nenita* —se corrigió Sinatra—:
ahora debe de ser una niña grande.

—Sí, ahora va a la universidad. A la USC*.

—Fantástico.

—También, Frank, creo yo, tiene un poquito de talento como cantante.

Sinatra calló por un instante y luego dijo:

—Sí, pero más le conviene educarse primero, Vicenzo.

Vincent DeRosa asintió:

—Sí, Frank —y agregó—: Bien, buenas noches,
Frank.

—Buenas noches, Vicenzo.

Cuando todos los músicos se marcharon, Sinatra salió de la sala de grabación y se unió a sus amigos en el corredor. Pensaba salir a tomarse unos tragos con Drysdale, Wininger y otros pocos, pero primero fue al otro extremo del
corredor, a despedirse de Nancy, que había ido por su abrigo
y tenía planeado irse a casa conduciendo su propio coche.

Después de besarla en la mejilla Sinatra corrió a reunirse con sus amigos en la puerta. Pero antes de que Nancy
pudiera salir del estudio, uno de los hombres de Sinatra, Al
Silvani, un antiguo mánager de boxeo profesional, se le
unió.

—¿Ya estás lista para salir, Nancy?

—Oh, gracias, Al —dijo ella—, pero estaré bien.

—Órdenes de papi —dijo Silvani, alzando las palmas de las manos.

Sólo cuando Nancy le señaló a dos amigos suyos que
la iban a escoltar a casa, y sólo después de que Silvani los
identificó como amigos, el hombre se marchó.

___
* University of Southern California. *(N. del T.)*

El resto del mes fue soleado y cálido. La sesión de grabación había salido de maravilla, la película estaba terminada, los programas de televisión habían quedado atrás, y ahora Sinatra iba en su Ghia rumbo a su oficina para empezar a coordinar sus más recientes proyectos. En los próximos meses tenía una presentación en The Sands, una nueva película de espías titulada *Atrapado* que sería filmada en Inglaterra y la grabación de un par de álbumes. Y dentro de una semana cumpliría cincuenta años.

Life is a beautiful thing
   As long as I hold the string
I'd be a silly so-and-so
   *If I should ever let go.**

Frank Sinatra detuvo el coche. El semáforo estaba en rojo. Los peatones cruzaban rápido frente al parabrisas, pero, como de costumbre, uno no lo hizo. Se trataba de una chica veinteañera. Se quedó en la acera sin quitarle los ojos de encima. Él podía verla por el rabillo del ojo izquierdo, y sabía, porque eso le pasa casi a diario, que ella estaba pensando: *Se parece a él, pero ¿será?*

Justo antes de que cambiara el semáforo Sinatra se volvió hacia ella y la miró a los ojos, esperando la reacción que él sabía se iba a producir. Se produjo, y él le sonrió. Ella le sonrió y él se perdió de vista.

---

* *La vida es hermosa / con tal que yo sujete la cuerda. / Y yo sería un tonto / si llegara a soltarla.*

El perdedor

Al pie de una montaña al norte del estado de Nueva York, a casi cien kilómetros de Manhattan, queda la sede abandonada de un club campestre con un salón de baile lleno de polvo, los taburetes del bar patas arriba y el piano sin afinar; y los únicos sonidos que se oyen por las noches en los alrededores provienen de la casona blanca que hay detrás: los ruidos metálicos de los cubos de la basura que derriban los mapaches, zorrillos y gatos monteses que bajan de las lomas a hacer sus incursiones nocturnas.

La casona también parece desierta; pero algunas veces, cuando los animales arman un estruendo, se enciende adentro una lucecita, una ventana se abre y una botella de Coca-Cola vuela en la oscuridad y se estrella contra los cubos. Pero la mayoría de veces permanecen tranquilos hasta el amanecer, cuando la puerta trasera de la casa blanca se abre de golpe y un negro de espalda ancha aparece vestido con una sudadera gris y una toalla blanca colgada del cuello.

Baja corriendo los escalones, cruza rápido por los cubos de la basura y sigue al trote por un camino de tierra, dejando atrás el club campestre con rumbo hacia la autopista. Por momentos se detiene en el camino y arroja una descarga de golpes contra imaginarios contrincantes, marcando cada golpe corto con bruscos jadeos de la respiración —*jeee, jeee, jeee*—; y al fin, cuando llega a la autopista, dobla por ella y no tarda en perderse cuesta arriba.

A esas horas de la mañana hay camiones de las granjas cercanas en la vía, y los conductores saludan con la mano al corredor. Ya más entrada la mañana hay otros motoristas que lo ven, y algunos se detienen de improviso al borde de la vía y le preguntan:

—Oye, ¿no eres Floyd Patterson?

—No —responde Floyd Patterson—. Soy su hermano Raymond.

Los automovilistas siguen su camino; pero hace poco un hombre que iba a pie, un tipo desarreglado que parecía haber pasado la noche al aire libre, trastabillaba por la vía detrás del corredor al tiempo que gritaba:

—¡Eh, Floyd Patterson!

—No, soy su hermano Raymond.

—No me vas a decir *a mí* que no eres Floyd Patterson. Yo sé cómo es Floyd Patterson.

—*Okay* —le dijo Patterson, encogiéndose de hombros—, si quieres que sea Floyd Patterson, seré Floyd Patterson.

—Entonces dame tu autógrafo —dijo el hombre, entregándole un trozo de papel arrugado y un lápiz.

El otro lo firmó: «Raymond Patterson».

Una hora después Floyd Patterson corría de regreso por el camino de tierra hacia la casa blanca, con la toalla sobre la cabeza para absorber el sudor de la frente. Vive solo en un apartamento de dos habitaciones en la parte trasera de la casa y ha estado allí en una reclusión casi total desde que Sonny Liston lo noqueó por segunda vez.

En la habitación más pequeña hay una cama grande que él mismo se hace, varios álbumes de música que rara vez toca, un teléfono que rara vez suena. La habitación más grande tiene una cocina a un lado, y al otro, contigua a un sofá, hay una chimenea en la que cuelgan para secarse pantalones de boxeo y camisetas, y una fotografía suya de cuando era campeón, y también un televisor. El aparato permanece encendido, excepto cuando Patterson duerme, o cuando entrena al otro lado del camino en la sede del club (el improvisado cuadrilátero está instalado en la que fuera la pista de baile), o cuando, en un raro momento de dolorosa honestidad, le revela a un visitante cómo es eso de ser el perdedor.

—Ah, daría cualquier cosa por poder trabajar con Liston, por boxear con él en un lugar donde nadie nos viera y ver si puedo pasar de tres minutos con él —decía Patterson, limpiándose la cara con la toalla, paseándose despacio delante del sofá—. Yo sé que puedo hacer más... Oh, no estoy hablando de una repetición. ¿Quién pagaría un centavo por otra pelea Patterson-Liston? Sé que yo no... Todo lo que quiero es pasar del primer asalto.

Y agregaba:

—No tienes idea de cómo es en el primer asalto. Estás ahí con todo ese gentío alrededor y esas cámaras y el mundo entero pendiente, y todo ese ajetreo, esa emoción, y el himno nacional y el país entero esperando que ganes, hasta el presidente. ¿Y sabes qué hace todo eso? Te ciega, simplemente te ciega. Y entonces suena la campana y te vas contra Liston y él se te deja venir y ni siquiera te das cuenta de que hay un árbitro en el ring.

»Después no puedes recordar mucho de lo que sigue, porque no quieres... Sólo te acuerdas de que de pronto te estás levantando y el árbitro te dice "¿Estás bien?" y tú le dices "*Claro* que estoy bien" y él dice "¿Cómo te llamas?". Y tú le dices "Patterson".

»Y de repente, con todo el griterío a tu alrededor, estás otra vez en la lona y sabes que tienes que levantarte, pero estás más que grogui y el árbitro te empuja hacia atrás y tu entrenador está ahí con una toalla, y la gente se levanta y tus ojos no enfocan directamente a nadie..., estás como flotando.

»No es una mala sensación cuando te noquean —decía—. Es una *buena* sensación, en realidad. No duele, es tan sólo un mareo muy agudo. No ves ángeles ni estrellitas: estás en una nube agradable. Cuando Liston me asentó el guante en Nevada sentí durante cuatro o cinco segundos que todo el público presente estaba ahí en el cuadrilátero conmigo, que me rodeaban como una familia, y tú sientes afecto por todo el público presente cuando te noquean. Sientes que todos se encariñan contigo. Y quieres estirarte para besar a todo el mundo, hombres y mujeres, y después de la pelea con Liston alguien me contó que yo en efecto le lancé un beso desde el *ring* al público. Yo no me acuerdo. Pero creo que es verdad porque eso es lo que sientes durante cuatro o cinco minutos después del nocaut.

»Pero luego —proseguía Patterson, sin dejar de pasearse—, esa plácida sensación te abandona. Caes en la cuenta de dónde estás y qué haces ahí y lo que te acaba de pasar. Y lo que sigue es una herida, una herida confusa, no una herida física, es una herida combinada con rabia; es la herida de qué va a pensar la gente; es la herida de que estoy avergonzado de mi propia aptitud..., y lo único que quieres es una trampa en mitad de la lona..., una trampa que se abra y te caigas por ella y aterrices en tu propio camerino en lugar de tener que salir del *ring* y dar la cara ante toda esa gente. Lo peor de perder es tener que salir caminando del *ring* y dar la cara ante esa gente.

Entonces Patterson se aproximó a la estufa y puso a hervir el agua para el té. Permaneció en silencio por un momento. A través de las paredes se podían oír las voces y los pasos de los *sparrings* y el entrenador que viven en la parte delantera de la casa. Pronto irían al club a preparar las cosas por si a Patterson le daba por practicar. Tenía programado viajar en dos días a Estocolmo para un combate contra un italiano de apellido Amonti, la primera aparición de Patterson en el cuadrilátero desde la última pelea contra Liston.

Después esperaba concertar una pelea en Londres contra Henry Cooper. Luego, si se restablecía su confianza y reaccionaban sus reflejos, Patterson tenía planeado volver a escalar posiciones en su país, desafiando a los contendientes principales, peleando con frecuencia, sin esperar tanto entre combates como había hecho cuando fue un campeón de esos que pagan impuestos del 90 por ciento.

Su mujer, para quien encuentra poco tiempo, y casi todos sus amigos piensan que debería retirarse. Le recalcan que no le hace falta el dinero. Hasta él reconoce que, por las solas inversiones de unos ingresos brutos de ocho millones de dólares, debería recibir rentas anuales de unos 35.000 dólares durante los siguientes veinticinco años. Pero Patterson, que tiene sólo veintinueve años y apenas un rasguño, se niega a creer que esté acabado. No puede evitar pensar que fue algo más que Liston lo que lo destruyó: una fuerza extraña, psicológica, tuvo también que ver; y a menos que pueda comprender cabalmente qué fue y aprender a manejarlo en el cuadrilátero, no sería capaz de vivir en paz en ningún sitio, salvo al pie de esa montaña. Ni será capaz nunca de desechar las patillas y el bigote falsos que, desde que Johansson lo venció en 1959, lleva consigo en un pequeño portafolios a cada pelea, de modo que se pueda escabullir lejos del estadio dado el caso de perder.

—A menudo me pregunto qué sentirán los otros boxeadores y qué les pasará por la cabeza cuando pierden —decía Patterson, poniendo en la mesa las tazas de té—. He deseado muchísimo conversar con otro boxeador acerca de esto, comparar pensamientos, a ver si él siente algunas de las cosas que yo he sentido. ¿Pero con quién puedes conversar? La mayoría de los boxeadores no charla mucho que digamos. Y yo ni siquiera puedo mirar a los ojos al otro boxeador cuando nos pesan, por alguna razón.

»Cuando nos pesamos Liston y yo los comentaristas deportivos se dieron cuenta de eso y dijeron que yo dejaba ver el miedo. Pero eso no es así. No puedo mirar a los ojos a ningún boxeador porque..., bueno, una vez sí miré a uno a los ojos. Fue hace mucho, mucho tiempo. En ese entonces yo debía de estar con los amateurs. Y cuando miré a mi contendiente vi que tenía una cara tan simpática..., y entonces él me *miró* a mí... y me *sonrió*... ¡y *yo* le sonreí! Fue raro, muy raro. Cuando un tipo es capaz de mirar al otro y sonreír de ese modo, no creo que tengan nada que hacer peleándose.

»No recuerdo qué pasó en esa pelea ni recuerdo cómo se llamaba el tipo. Sólo recuerdo que desde entonces no he vuelto a mirar a los ojos a ningún boxeador.

El teléfono sonó en la alcoba. Patterson se levantó a contestar. Era su mujer, Sandra. Así que él se excusó, cerrando tras de sí la puerta de la alcoba.

Sandra Patterson y sus cuatro hijos viven en una residencia de cien mil dólares en un vecindario blanco de clase media alta en Scarsdale, Nueva York. Floyd Patterson se siente incómodo en esa casa rodeada de césped podado y atestada de muebles, y desde que perdió la pelea con Liston ha preferido vivir a tiempo completo en su campamento, que los niños llaman ahora «la casa de papá». Los hijos, la mayor de los cuales es una niña llamada Jeannie de siete años cumplidos, no saben con precisión cómo se gana la vida su padre. Pero Jeannie, que vio la última pelea Liston-Patterson por circuito cerrado de televisión, aceptó la explicación de que su padre participa en una suerte de juego donde los hombres se turnan derribándose: él ya tuvo su turno tirándolos al suelo y ahora les toca a ellos.

La puerta de la alcoba volvió a abrirse y Floyd Patterson salió sacudiendo la cabeza, muy enojado y nervioso.

—Hoy no voy a entrenar —dijo—. Voy a volar a Scarsdale. Esos muchachitos se están metiendo otra vez con Jeannie. Es la única negra del colegio y los más grandes la hacen pasar un mal rato, y entre los hombres hay unos que la molestan y le alzan el vestido todo el tiempo. Ayer llegó a casa llorando, así que hoy voy a bajar allí y pienso esperar afuera del colegio a que esos chicos salgan y...

—¿Qué edad tienen? —se le preguntó.

—Adolescentes —dijo—. Con edad suficiente para recibir un gancho de izquierda.

Patterson telefoneó a Ted Hanson, su amigo piloto, que se hospeda en el campamento y le ayuda con las relaciones públicas, amén de haberle enseñado a volar. En cinco minutos Hanson, un hombre blanco y delgado, con un corte al cepillo y anteojos, golpeaba en la puerta; y diez minutos después viajaban ambos en el coche que Patterson conducía casi con imprudencia temeraria por los estrechos y tortuosos caminos rurales hacia el aeropuerto, a unos diez kilómetros del campamento.

—Sandra tiene miedo de que yo arme un lío; le preocupa lo que les pueda hacer a esos chicos. ¡No quiere problemas! —exclamó Patterson, esquivando un barranco y apretando el acelerador—. ¡Le falta firmeza! Tiene miedo..., y tenía miedo de contarme lo de ese tendero que la enamora. Ha tardado mucho tiempo para contarme del tipo que cuando viene a reparar el lavaplatos le dice *baby*. Todos saben que yo estoy lejos tanto tiempo... Y el tipo del lavaplatos ya ha estado en mi casa como cuatro, cinco veces en este mes. El aparato se descompone todas las semanas. Me imagino que él lo arregla para que se descomponga todas las semanas. La última vez le tenía preparada una trampa. Esperé cuarenta y cinco minutos a que viniera, pero él no apareció. Yo lo iba a agarrar y le iba a decir: «¿Cómo te sentirías si a *tu* mujer yo le dijera *baby*? Te darían ganas de darme un puñetazo en la nariz, ¿no? Bueno, pues eso voy a hacer... si le vuelves a decir *baby*. Llámala señora Patterson, o Sandra, si la conoces. Pero no la conoces, así que llámala señora Patterson». Y yo le dije a Sandra que esos hombres, esa clase de blancos, lo único que quieren es pasar un buen rato con las mujeres de color. Nunca se casarían con una mujer de color, sólo quieren pasar un buen rato.

Ahora entraban al estacionamiento del aeropuerto. Al frente, atada con una cuerda a la pista de césped, estaba la avioneta Cessna verde de un solo motor que Patterson compró y aprendió a pilotar antes de la segunda pelea con Liston. Patterson siempre tuvo miedo de volar, un miedo que comparte o heredó de su mánager, Cus D'Amato, quien hasta el día de hoy rehúsa volar.

D'Amato, que se encargó de entrenar a Patterson desde que el púgil tenía diecisiete o dieciocho años y ejerció una enorme influencia en su psique, es un hombre extraño pero fascinante, de sesenta y dos años, adicto a la vida espartana y la abnegación, y presa de miedos y sospechas: evita los trenes subterráneos por miedo a que alguien lo empuje sobre los rieles; no se ha casado nunca; nunca da la dirección de su casa.

—Tengo que confundir a los enemigos —explicaba una vez D'Amato—. Cuando los tengo confundidos puedo trabajar con mis boxeadores. Lo que no quiero yo en la vida, no señor, es una sensación de seguridad. En el momento en que una persona se siente segura, los sentidos se le embotan... y empieza a morirse. Tampoco quiero muchos placeres en la vida: creo que cuantos más placeres obtienes de la vida, más miedo tienes de la muerte.

Hasta hace pocos años D'Amato hablaba casi siempre por Patterson y manejaba las cosas como un *padrone* italiano. Hasta que Patterson, el hijo crecido, se rebeló contra la imagen paterna. Cuando perdió con Sonny Liston la primera vez (combate que D'Amato le había instado a Patterson que aplazara), Patterson tomó lecciones de aviación. Y antes de la segunda pelea contra Liston ya Patterson había vencido el miedo a las alturas, era amo de los controles, estaba lleno de renovada confianza... y sabía además que, si llegaba a perder, al menos era dueño de un vehículo que podía sacarlo de la ciudad, volando.

Pero no lo sacó. Después de la pelea la pequeña Cessna, sobrecargada de equipaje, se recalentó a ciento cincuenta kilómetros de Las Vegas. Sin más remedio que volverse, Patterson y su compañero piloto se comunicaron con el campo de aviación y contrataron el alquiler de un avión más grande. Cuando aterrizaron, la terminal aérea de Las Vegas estaba llena de personas que dejaban la ciudad después de la pelea. Patterson se escondió en las sombras detrás del hangar. Su barba iba metida en la maleta. Pero nadie lo vio.

Luego el piloto llevó él solo la Cessna de Patterson de regreso a Nueva York, y Patterson viajó en el avión más grande que habían alquilado. En ese vuelo lo acompañaba Hanson, un amistoso nativo de Nevada, de cuarenta y dos años, divorciado tres veces, que había sido fumigador aéreo, barman y bailarín de cabaret. Después fue instructor de pilotos en Las Vegas y allí conoció a Patterson. Trabaron una muy buena amistad. Y cuando Patterson le pidió a Hanson que le ayudara a pilotar el avión de alquiler a Nueva York, Hanson no lo dudó, aunque esa noche tenía una leve resaca, debida en parte a su depresión por el triunfo de Liston y en parte a que un borracho lo había golpeado después de discutir con él por unos comentarios desagradables que éste había hecho sobre la pelea. No obstante, a bordo del avión Ted Hanson se despabiló completamente. Tuvo que hacerlo, porque cuando volaban a velocidad de crucero a tres mil metros de altura, la mente de Floyd Patterson empezó a vagar por momentos de regreso al *ring*. Entonces el avión quedaba a la deriva y Hanson exclamaba: «¡Floyd, Floyd! ¿Qué tal si recobramos el rumbo?»; y entonces Patterson alzaba la cabeza de un tirón y clavaba los ojos en los controles. Y todo iba bien por un rato. Hasta que otra vez regresaba al estadio, reviviendo la pelea, sin poder creer que había sucedido de verdad.

Y yo no dejaba de pensar, cuando salí volando de Las Vegas esa noche, en todos esos meses de entrenamiento antes de la pelea, toda esa práctica en carretera, todos esos sparrings, todos esos meses lejos de Sandra... Pensaba en esa vez en el campamento cuando quería quedarme despierto hasta las once y cuarto de la noche para ver una película en el Late Show. *Pero no lo hice porque al día siguiente tenía que salir a entrenar.*

Y pensaba en lo bien que me sentía antes de la pelea, acostado en la mesa en el vestuario. Me acuerdo que pensé: «Tienes un excelente estado físico, tienes un excelente estado mental, ¿pero de verdad estás furioso?». Pero te dices: «Aho-

ra mismo no es importante enfurecerse, no pienses en eso ahora; está en juego una pelea por el campeonato, y eso ya es suficiente, ¿y quién sabe?, a lo mejor te enfureces apenas suene la campana...».

De modo que te quedas tendido ahí, tratando de echarte un sueñecito... Pero te quedas en una zona intermedia, medio dormido, y de vez en cuando te interrumpen las voces afuera en el pasillo, algún tipo que grita: ¡Hey, Jack! o ¡Hey, Al! o «¡Hey, que suban al ring los "cuatro-rounds"!». Y oyes eso y piensas: «No te esperan todavía», así que te quedas echado ahí... cavilando: «¿Dónde estaré mañana? ¿Dónde estaré dentro de tres horas?». Ah, piensas toda clase de cosas, algunas que no tienen que ver en absoluto con la pelea... Te preguntas si le pagaste a tu suegra todas esas estampillas que ella compró hace un año... y te acuerdas de esa vez a las dos de la mañana cuando Sandra se tropezó en las escaleras trayéndole el biberón al bebé... y entonces te ofuscas y te dices: «¿Para qué pienso en esas cosas?»... y tratas de dormir... pero la puerta se abre y alguien le dice a alguien más: «Hey, ¿alguien va a ir al vestuario de Liston a ver cómo lo vendan?».

Y ahí te das cuenta de que ya es hora de alistarse... Abres los ojos. Te bajas de la mesa. Te pones los guantes, te relajas. Entonces entra el entrenador de Liston. Te mira; te sonríe. Te toca las vendas y después te dice: «Buena suerte, Floyd», y tú piensas: «Él no tenía que decirte eso; debe de ser un buen tipo»...

Y entonces sales, y es un paseo largo, siempre un paseo largo, y piensas: «¿Qué seré yo cuando vuelva por aquí?». Entonces trepas al cuadrilátero. Atisbas a Billy Eckstine al pie del ring inclinándose para hablar con alguien y ves a los reporteros..., algunos te caen bien, otros no... y suena al fin el himno nacional y las cámaras empiezan a rodar y suena la campana...

¿Cómo pudo pasar dos veces lo mismo? ¿Cómo? Eso es lo que yo no dejaba de pensar después del nocaut... ¿Engañé a esa gente todos estos años?... ¿Fui campeón alguna vez?... Y entonces te conducen fuera del ring... y otra vez pasillo *arriba, entre toda esa gente, y lo único que quieres es llegar al vestuario, rápido... pero el problema fue que en Las Vegas doblaron por donde no era y cuando llegamos al final del pasillo no había ningún vestuario... y tuvimos que caminar todo el trecho de vuelta, frente a la misma gente, y ellos seguramente pensarían: «Patterson no solamente está noqueado, sino que ni siquiera puede dar con el vestuario»...*

En el vestuario me entró un dolor de cabeza. Liston no me hirió físicamente —a los pocos días yo no sentía sino un tirón en el nervio de un diente—, no fue nada como otras peleas que he tenido: como ésa con Dick Wagner en el 53 cuando él me dio una paliza tan dura que estuve orinando sangre durante varios días. Después de la pelea contra Liston me fui derecho al baño, cerré la puerta y me puse a mirarme en el espejo. Me miraba y me preguntaba: «¿Qué pasó?», hasta que empezaron a pegarle a la puerta y me decían: «Sal ya, Floyd, sal ya. La prensa está aquí. Cus D'Amato está aquí, sal ya, Floyd».

De modo que salí, y me hacían preguntas, pero qué les vas a decir. Tú estás pensando en todos esos meses de entrenamiento, toda esa preparación, todas esas privaciones; y piensas: «No tenía que haber corrido ese kilómetro de más, no tenía que haber entrenado con el sparring *aquel día, pude haberme quedado despierto esa noche en el campamento viendo el* Late Show..., *podría haber peleado esta noche sin ningún estado físico...*

—Floyd, Floyd —le decía Hanson—, retomemos el rumbo.

Patterson volvía a despabilarse bruscamente de su ensoñación, volvía a concentrarse y recobraba el control del vuelo. Después de hacer escala en Nuevo México y Ohio, Floyd Patterson y Ted Hanson posaron el pequeño aeroplano en la pista de aterrizaje cercana al campamento de boxeo. La Cessna verde que había traído el otro piloto ya se encontraba allí, anclada al césped en el punto exacto en que se hallaba ahora, cinco meses después, cuando Floyd Patterson pensaba pilotarla hacia la que quizás sería otra pelea..., esta vez con unos colegiales de Scarsdale que le alzaban el vestido a su niña.

Patterson y Ted Hanson desataron la avioneta y Patterson fue por un trapo y limpió los insectos espachurrados en el parabrisas. Caminó luego a la parte de atrás de la nave, inspeccionó la cola, revisó debajo del fuselaje y miró con cuidado entre el ala y los alerones para asegurarse de que todos los tornillos estuvieran bien apretados. Parecía sospechar algo. D'Amato lo habría felicitado.

—Si alguien se quiere deshacer de ti —explicó Patterson—, le basta con quitar estos tornillitos de aquí. Después, cuando te preparas para el aterrizaje, los alerones se desprenden y tú te estrellas.

Entonces Patterson se subió a la cabina y encendió el motor. En cuestión de minutos, con Hanson a su lado, aceleraba la avioneta sobre el campo de hierba, se elevaba sobre el matorral y planeaba alto sobre las suaves colinas y los árboles. Fue un bonito despegue.

Como el vuelo tardaba apenas cuarenta minutos hasta el aeropuerto de Westchester, donde Sandra Patterson los estaría esperando en un coche, Floyd Patterson pilotó todo el tiempo. Fue un viaje sin contratiempos, hasta que, al salir de una nube, se metieron de repente en la humareda espesa y quieta de un incendio forestal. Sin visibilidad, Patterson tuvo que valerse de los instrumentos. Y en ese preciso momento una mosca que zumbaba al fondo de la cabina voló adelante y se posó en el tablero de instrumentos frente a él. La miró enfurecido, la dejó trepar lentamente por el parabrisas y acabó por lanzarle una rápida palmada para aplastarla contra el vidrio. Erró el golpe. La mosca pasó zumbando sana y salva junto a la oreja de Patterson, rebotó en la parte de atrás de la cabina, empezó a dar vueltas.

—El humo no va a durar —le aseguró Hanson—. Puedes enderezarla.

Patterson enderezó la avioneta.

Voló cómodamente por unos momentos. Hasta que la mosca volvió al frente, le zigzagueó a Patterson en la cara, se posó en el tablero y procedió a reptar por él. Patterson la miró, torciendo la vista. Al fin le descargó un veloz manotazo de derecha. Falló.

Diez minutos más tarde, con los nervios todavía de punta, Patterson comenzó el descenso. Levantó el micrófono de la radio: «Torre de Westchester..., Cessna 2729 uniforme..., tres millas noroeste..., tomando tierra en uno-seis con el último...», y al fin, tras un aterrizaje fácil, saltó rápidamente de la cabina y enfiló hacia la camioneta de su mujer fuera de la terminal.

Pero a mitad de camino un hombre bajito que fumaba un cigarro se giró a mirar a Patterson, lo saludó con la mano y lo llamó:

—Oiga, perdóneme, pero ¿usted no es..., no es... Sonny Liston?

Patterson se detuvo. Desconcertado, le clavó la mirada al hombrecito. No estaba seguro de si era un chiste o un insulto y realmente no sabía qué hacer.

—¿No es usted Sonny Liston? —repitió el hombre con toda seriedad.

—No —le dijo Patterson, acelerando el paso—, soy su hermano.

Cuando llegó al vehículo de la señora Patterson, le preguntó:

—¿Cuánto falta para que los dejen salir del colegio?

—Unos quince minutos —dijo ella encendiendo el motor, y añadió—: ¡Ay, Floyd!, debí contárselo a la Hermana, no debí...

—*Tú* se lo cuentas a la Hermana; yo se lo cuento a los chicos.

La señora Patterson condujo a toda marcha hasta Scarsdale, mientras Patterson meneaba la cabeza y le decía a Ted Hanson, que iba atrás:

—De veras que no entiendo a esos chicos del colegio. Es un colegio religioso y están pidiendo 20.000 dólares por un vitral... y así y todo hay algunos que mantienen estos prejuicios raciales, y la mayoría son judíos, cuando están en las mismas que nosotros y...

—Ay, Floyd —exclamó su mujer—, Floyd, yo tengo que llevarme bien con la gente de aquí... Tú no estás aquí, tú no vives aquí, yo...

Llegaron al colegio cuando la campana empezaba a sonar. Era una edificación moderna en lo alto de una cuesta, y en el prado había una estatua de un santo, y a sus espaldas una gran cruz blanca.

—Allí está Jeannie —dijo la señora Patterson.

—Rápido, llámala que venga —dijo Patterson.

—¡Jeannie! Ven aquí, linda.

La pequeña, que llevaba la gorra y el delantal azules del colegio y apretaba unos libros contra el pecho, corrió por el sendero hacia la camioneta.

—Jeannie —le dijo Floyd Patterson, bajando la ventanilla—, señálame a los muchachos que te alzaron el vestido.

Jeannie se dio la vuelta y observó los grupos de alumnos que bajaban por el sendero. Al fin señaló a un jovencito alto, delgado y de pelo ensortijado que caminaba con otros cuatro chicos, todos entre los doce y los catorce años de edad.

—Oye —lo llamó Patterson—, ¿te puedo hablar un minuto?

Los cinco chicos se arrimaron al coche. Miraban a Patterson directo a los ojos. No parecía intimidarlos en lo más mínimo.

—¿Eres el que le ha estado levantando la falda a mi hija? —le preguntó Patterson al que había sido señalado.

—Nones —dijo el muchacho, como al descuido.

—¿Nones? —repitió Patterson, cogido por sorpresa por la respuesta.

—No fue él, míster —dijo otro de los chicos—. A lo mejor fue el hermanito de él.

Patterson miró a Jeannie. Pero ella estaba muda, vacilante. Los cinco chicos seguían ahí, esperando a que Patterson hiciera algo.

—Bueno, eh... ¿dónde está tu hermanito? —preguntó Patterson.

—¡Hey, niño! —llamó uno de los chicos—. Ven aquí.

Un niño se acercó. Parecía su hermano mayor; tenía pecas en la naricita respingona, ojos azules y pelo negro rizado, y mientras se aproximaba a la camioneta parecía que tampoco a él lo intimidaba Patterson.

—¿Has estado levantándole el vestido a mi hija?

—Nones —dijo el chico.

—¡*Nones!* —repitió Patterson, frustrado.

—Nones, no se la levanté. Yo apenas se la toqué un poquito.

Los otros chicos aguardaban junto al coche, mirando desde arriba a Patterson, y ya otros estudiantes se agolpaban tras ellos, y Patterson alcanzaba a ver a varios progenitores blancos de pie junto a sus coches aparcados. Se cohibió, comenzó a tamborilear nerviosamente los dedos en el tablero. No podía alzar la voz sin hacer una escena desagradable, pero tampoco podía retirarse sin dignidad, de tal modo que suavizó la voz y dijo finalmente:

—Mira, niño, quiero que dejes de hacer eso. No se lo voy a contar a tu madre..., eso te metería en problemas... pero no lo vuelvas a hacer, *okay?*

—*Okay.*

Los muchachos se dieron la vuelta en calma y se alejaron en grupo calle arriba.

Sandra Patterson no decía nada. Jeannie abrió la portezuela, se sentó al frente junto a su padre, sacó un papelito azul que una monja le había dado y alargó la mano para entregárselo a la señora Patterson. Pero Floyd Patterson se lo arrebató. Lo leyó. Hizo luego una pausa, bajó el papel y declaró en voz baja, arrastrando las palabras: «No aprobó religión...».

Patterson quería largarse ya mismo de Scarsdale. Quería regresar al campamento. Después de una parada en la casa de Patterson en Scarsdale para recoger a Floyd Patterson Jr., que tiene tres años, la señora Patterson los condujo de vuelta al aeropuerto. Jeannie y Floyd Jr. se sentaron en la parte de atrás de la avioneta y la señora Patterson condujo sola la camioneta hasta el campamento, con intenciones de regresar a Scarsdale con los niños esa misma noche.

Eran las cuatro de la tarde cuando Floyd Patterson regresó al campamento, y las sombras se alargaban en la sede del club, y la maleza invadía la cancha de tenis, y no había ningún coche aparcado a las puertas de la casona blanca. Todo estaba desierto y silencioso; era el campamento de un perdedor.

Los niños corrieron a jugar dentro del club. Patterson caminó despacio hacia su apartamento, donde iba a cambiarse para entrenar.

—¿Y qué iba a hacer yo con esos escolares? —preguntó—. ¿Qué les puedes hacer a unos chicos de esa edad?

Parecía seguir molesto: el desparpajo de los chicos, el saber que había en cierto modo fracasado, la probabilidad de que si esos mismos chicos hubieran provocado a alguien de la familia de Liston, el patio del colegio estaría cubierto de miembros corporales.

Si bien Patterson y Liston son productos de barriada, y aunque ambos empezaron de ladrones, a Patterson lo habían amansado en una escuela especial con la ayuda de una dulce solterona negra. Más tarde se convirtió al catolicismo y aprendió a no odiar. Más tarde aún *se* compró un diccionario, y añadió a su vocabulario palabras tales como «vicisitud» y «enigma». Y cuando recuperó el campeonato venciendo a Johansson, se convirtió en la Gran Esperanza Negra de la Liga Urbana[*].

Demostró no sólo que era posible elevarse lejos de la barriada negra y triunfar como deportista, sino también con-

---

[*] Movimiento comunitario que busca el reconocimiento y la inserción de los afroamericanos desposeídos en la vida social y económica de Estados Unidos. *(N. del T.)*

vertirse en un ciudadano inteligente, sensible y cumplidor de la ley. Al demostrarlo, sin embargo, y enorgullecerse de ello, Patterson pareció perder algo de sí mismo. Perdió algo de las ganas, de la ira..., y mientras subía los escalones de su apartamento decía:

—Me convertí en el bueno... Cuando Liston conquistó el título, yo esperaba que se volviera también un tipo bueno. Eso me habría quitado a mí la responsabilidad y a lo mejor yo podría haber hecho un poco más el malo. Pero eso no pasó... Está bien ser el bueno cuando estás ganando. Pero si pierdes no es bueno ser el bueno.

Patterson se quitó la camisa y los pantalones y, poniendo a un lado unos libros que había sobre la cómoda, depositó el reloj, los gemelos y un clip con billetes.

—¿Lees mucho? —se le preguntó.

—No —dijo—. En realidad, ¿sabes que no he terminado un libro en toda mi vida? No sé por qué, pero me parece que ningún escritor de hoy tiene nada para mí. Quiero decir, ninguno ha sentido más hondo de lo que yo he sentido y no tengo nada que aprender de ellos. Aunque se me hace que Baldwin* es distinto a los demás. ¿Qué anda haciendo Baldwin en estos días?

—Está escribiendo una obra de teatro. Parece que Anthony Quinn va a tener un papel en ella.

—¿Quinn? —preguntó Patterson.

—Sí.

—Yo no le gusto a Quinn.

—¿Por qué?

—Lo leí o lo oí en algún lado. Citaban a Quinn diciendo que mi pelea contra Liston había sido una vergüenza y que él lo podría haber hecho mejor. La gente dice eso con frecuencia: ¡que *ellos* lo podrían hacer mejor! Pues bueno, yo creo que si *ellos* tuvieran que boxear, *ellos* no aguantarían ni

---

* James Baldwin (1924-1987), escritor negro estadounidense que se hizo famoso a mediados del siglo XX por sus novelas sobre temas de identidad sexual y personal, y sus ensayos sobre la lucha por los derechos civiles en ese país. (N. del T.)

siquiera la experiencia de esperar al día de la pelea. Pasarían en vela toda la noche anterior y estarían bebiendo o tomando drogas. Probablemente les daría un ataque al corazón. Estoy seguro de que si yo subiera al *ring* con Anthony Quinn sería capaz de rendirlo sin siquiera tocarlo. No haría más que presionarlo; le seguiría los pasos; me pegaría a él. No lo tocaría, pero lo cansaría hasta tirarlo al suelo. Pero Anthony Quinn ya está viejo, ¿no?

—Cuarentón.

—Bueno, de todos modos —dijo Patterson—, volviendo a Baldwin, parece ser un tipo tremendo. Lo he visto en la televisión y, antes de la pelea con Liston en Chicago, me visitó en mi campamento. Te topas a Baldwin en la calle y dices: «¿Quién será este pobre vago?»... Parece cualquiera; y esa misma impresión es la que *yo* le doy a la gente cuando no me conocen. Pero creo que Baldwin y yo tenemos mucho en común y algún día me gustaría poder sentarme con él a conversar un buen rato.

Después de ponerse el pantalón corto y la sudadera, Patterson se agachó para atarse los cordones, y de un cajón de la cómoda sacó luego una camiseta que tenía estampada la palabra *Deauville*. Tiene varias con el mismo nombre. Las trata con cuidado. Son recuerdos del punto cumbre de su vida. Son del hotel Deauville en Miami Beach, donde entrenó para el tercer combate contra Ingemar Johansson en marzo de 1961.

Nunca fue Floyd Patterson más popular, más admirado, que durante ese invierno. Había visitado al presidente Kennedy; su mánager le había obsequiado una corona enjoyada de 35.000 dólares; los comentaristas deportivos le concedían su grandeza..., y nadie tenía idea de que poseía, en secreto, unos bigotes falsos y unas gafas oscuras que pensaba ponerse para salir de Miami Beach si llegaba a perder ese tercer combate con Johansson.

Fue tras haber perdido por nocaut con Johansson en su primer encuentro cuando Patterson, profundamente deprimido, tan humillado que tuvo que esconderse durante varios meses en un remoto paradero de Connecticut, decidió que no sería capaz de dar otra vez la cara ante el público si llegaba a perder. De modo que se compró unas patillas falsas y un bigote y se propuso usarlos para salir del vestuario después de una derrota. También se había propuesto que, al salir del vestuario, se quedaría por un momento entre el gentío y quizás hasta protestaría en voz alta por el combate. Luego se escurriría en la noche sin ser descubierto, hasta el automóvil que estaría aguardándolo.

Aunque resultó innecesario llevar el disfraz a la segunda y tercera peleas contra Johansson, o al subsiguiente combate en Toronto contra un peso pesado poco conocido llamado Tom McNeeley, Patterson lo llevó consigo de todas formas. Y, tras la primera pelea contra Liston, no sólo lo llevó puesto durante su viaje de treinta horas en automóvil desde Chicago hasta Nueva York, sino que se lo puso en el avión que lo llevó a España.

—Con la facha con que subí a ese avión nunca me hubieran reconocido —dijo—. Tenía puesta una barba, un bigote, gafas y sombrero; y también cojeaba, para parecer más viejo. Estaba solo, me daba igual en qué avión me embarcaba; simplemente miré arriba y vi ese letrero en la terminal que decía «Madrid», así que compré el billete y subí a ese vuelo.

»Cuando llegué a Madrid me registré en un hotel con el nombre de "Aaron Watson". Me quedé en Madrid como cinco o seis días. De día vagaba por las partes más pobres de la ciudad, cojeando, mirando a la gente, y la gente seguro se quedaba mirándome y pensaba que debía de estar loco viendo la lentitud con la que me movía y mi facha. Comía en el cuarto del hotel. Aunque una vez fui a un restaurante y pedí sopa. Detesto la sopa. Pero pensé que eso sería lo que pediría un viejo. Así que me la tomé. Y a la semana de estar así empecé a pensar de veras que yo era otra persona. Empecé a creerlo. Y de vez en cuando es agradable ser otra persona.

Patterson no quiso entrar en detalles sobre cómo hizo para registrarse con un nombre que no correspondía al de su pasaporte. Se limitó a explicar:

—Con dinero puedes hacer cualquier cosa.

Luego, paseándose lentamente por la habitación, con su bata de seda negra sobre la sudadera, Patterson dijo:

—Estarás preguntándote qué lleva a un hombre a hacer ese tipo de cosas. Y bien, yo también me lo pregunto. Y la respuesta es que no lo sé... pero creo que dentro de mí, dentro de todo ser humano, hay cierta debilidad. Es una debilidad que resulta más evidente cuando estás solo. Y me he dado cuenta de que parte de la explicación de que haga las cosas que hago (ah, cómo me cuesta dominar esta expresión: que *yo mismo* hago) es porque..., es porque... soy un cobarde.

Se detuvo. Se quedó quieto en el centro del cuarto, pensando en lo que acababa de decir, acaso preguntándose si había debido decirlo.

—Soy un cobarde —repitió al cabo, en voz baja—. Mi boxeo poco tiene que ver con este hecho, de todos modos. Quiero decir que puedes ser boxeador, de los que ganan, y seguir siendo un cobarde. Probablemente fui un cobarde la noche en que le quité otra vez el campeonato a Ingemar. Y me acuerdo de otra noche, hace mucho, cuando estaba con los amateurs, boxeando contra ese hombre grandote, tremendo, llamado Julius Griffin. Yo pesaba apenas 70 kilos. Estaba petrificado. Lo más que pude hacer fue atravesar el cuadrilátero. Entonces se vino hacia mí y se me pegó muy cerca... y de ahí en adelante no sé nada. No tengo idea de qué sucedió. Lo único que sé es que lo vi en el suelo. Y más tarde alguien dijo: «Hombre, nunca vi nada así. Simplemente saltaste en el aire y le lanzaste treinta golpes diferentes».

—¿Cuándo fue la primera vez que pensaste que eras un cobarde? —se le preguntó.

—Después de la primera pelea contra Ingemar.

—¿Cómo ve uno esa cobardía de la que hablas?

—La ves cuando un boxeador pierde. Ingemar, por ejemplo, no es un cobarde. Cuando perdió el tercer encuentro en Miami asistió más tarde a una fiesta en el Fountainebleau. Si yo hubiera perdido no habría sido capaz de ir a esa fiesta. Y no entiendo cómo hizo para ir.

—¿Será un cobarde Liston?

—Eso está por verse —dijo Patterson—. Ya veremos cómo es cuando alguien lo derrote, cómo lo recibe. Es fácil hacer cualquier cosa en la victoria. En la derrota es donde el hombre se revela. En la derrota no puedo dar la cara ante la gente. No tengo fuerzas para decirle a alguien: «Hice todo lo posible, lo siento, etcétera».

—¿Ya no le queda odio?

—Sólo he odiado a un boxeador —dijo Patterson—: A Ingemar en la segunda pelea. Había estado odiándolo durante todo un año antes de eso..., no porque me hubiera ganado en la primera pelea, sino por lo que hizo después. Fue por todo ese jactarse en público y que hiciera alarde de su derechazo en la televisión, su derechazo atronador, su «truuueno y relámpago». Y yo en mi casa viéndolo en la tele y *odiándolo*. Es un sentimiento desdichado, el odio. Cuando un hombre odia no puede estar tranquilo. Y durante un año entero lo odié, porque después de que él me lo quitó todo, de despojarme de todo lo que yo era, *me lo echaba en cara*. En la noche del segundo combate, en el vestuario, no veía la hora de subir al *ring*. Cuando él se retrasó un poquito en subir al *ring*, pensé: «Me hace esperar, trata de perturbarme... Está bien: ya le pondré la mano encima».

—¿Por qué no pudiste odiar a Liston en la segunda pelea?

Patterson lo pensó por un momento antes de decir:

—Mira, si Sonny Liston entrara en este cuarto ahora y me diera una palmada en la cara, entonces ahí sí verías una pelea. Verías la pelea de tu vida porque, en ese caso, habría un principio en juego. Se me olvidaría que él es un ser humano. Se me olvidaría que yo soy un ser humano. Y pelearía como corresponde.

—¿No será, Floyd, que cometiste un error al volverte profesional?

—¿Qué quieres decir?

—Bueno, dices que eres un cobarde; dices que tienes poca capacidad para odiar; y pareció que perdías el temple contra esos colegiales de Scarsdale esta tarde. ¿No crees que estabas mejor hecho para otro tipo de trabajo? Como trabajador social o...

—¿Me preguntas por qué sigo boxeando?

—Sí.

—Bueno —dijo, sin irritarse por la pregunta—, en primer lugar, amo el boxeo. El boxeo ha sido bueno conmigo. Y yo igualmente podría hacerte la misma pregunta: «¿Por qué escribes?» o «¿Te jubilas de escribir cada vez que escribes un cuento malo?». Si me pregunto, para empezar, si debí haber sido boxeador, bueno, veamos cómo te lo explico... Mira, digamos que has estado en un cuarto vacío días y días sin comer... y de pronto te sacan de ese cuarto y te ponen en otro donde la comida cuelga por todas partes... y lo primero que alcanzas, eso te comes. Cuando tienes hambre no eres exigente; así que yo elegí lo que tenía más cerca. Y eso era el boxeo. Un día simplemente me dio por entrar a un gimnasio y boxeé con un chico. Y le gané. Entonces boxeé con otro. Le gané también. Después seguí boxeando. Y ganando. Y me dije: «¡Aquí hay por fin algo que puedes hacer!».

»Oye, yo no era ningún sádico —se apresuró a añadir—. Pero me gustaba golpear individuos porque era lo único que sabía hacer. Y fuera o no el boxeo un deporte, quería hacer de él un deporte porque era algo en lo que yo podía triunfar. ¿Y cuáles eran los requisitos? Sacrificio. Eso era todo. A alguien venido de la sección de Bedford-Stuyvesant de Brooklyn el sacrificio le resulta fácil. Así que seguí boxeando y un día me convertí en el campeón de los pesos pesados, y conocí personas como usted. Y usted se pregunta cómo hago para sacrificarme, cómo puedo privarme de tanto. No se da cuenta de dónde vengo, eso es todo. No entiende dónde estaba yo cuando me embarqué en esto.

»En esos días, cuando yo tenía ocho años, todo lo que yo conseguía... era robado. Robaba para sobrevivir, y sobrevivía, pero parece que me odiaba a mí mismo. Mi madre me contó que yo solía señalarle una fotografía mía colgada en la pared y le decía: "¡No me gusta ese niño!". Un día mi madre encontró tres equis grandes hechas con un clavo o algo sobre la fotografía mía. No recuerdo haber hecho eso. Pero sí recuerdo que me sentía como un parásito en la casa. Recuerdo lo fatal que me sentía cuando mi padre, que era estibador, llegaba a casa tan cansado, que mientras mi madre le preparaba la comida se quedaba dormido en la mesa. Yo siempre le quitaba los zapatos y le limpiaba los pies. Ése era mi trabajo. Y me sentía muy mal estando ahí, sin ir al colegio, sin hacer nada, mirando apenas a mi padre cuando llegaba a casa. Y los viernes por la noche era aún peor. Él llegaba con el salario y ponía hasta el último centavo en la mesa para que mi madre pudiera comprar comida para todos los hijos. Yo nunca quería estar presente para ver eso. Corría a esconderme. Hasta que decidí irme de la casa y ponerme a robar... y eso hice. Y nunca iba a casa si no llevaba algo que hubiera hurtado. Recuerdo que una vez me introduje en una tienda de ropa femenina y robé todo un bulto de vestidos, a las dos de la madrugada, y mírame ahí, semejante chiquillo que escalaba un muro con todos esos vestidos, pensando que eran todos de la misma talla, la talla de mi madre, y pensando que los policías no se iban a fijar en mí andando por la calle con todos esos vestidos apilados sobre la cabeza. Se fijaron, claro... Fui al hogar juvenil.

Los hijos de Floyd Patterson, que habían estado jugando afuera todo el tiempo por los lados del club, se inquietaron, empezaron a llamarlo, y Jeannie se puso a golpear a la puerta. Así que Patterson recogió el maletín de cuero donde tenía sus guantes, su protector de boca y la cinta adhesiva, y recorrió el sendero con los niños hacia la sede del club.

Encendió los interruptores que había detrás del escenario, junto al piano. Rayos de color ámbar atravesaron el recinto mal iluminado y bañaron el *ring*. Caminó luego a un lado de la sala, por fuera del *ring*. Se quitó la bata, restregó los pies en el polvo de colofonia, saltó un poco a la cuerda y empezó a boxear con su propia sombra frente al espejo manchado de salpicaduras, lanzando combinaciones rápidas de izquierda, derecha, izquierda, derecha, cada directo seguido de un *jeeeh, jeeeh, jeeeh*. Luego, poniéndose los guantes, pasó al saco de arena en el extremo opuesto, y pronto la sala reverberaba al ritmo de sus golpes contra el zarandeado saco: ¡ratatat, *téteta*, ratatat, *téteta*, ratatat, *téteta*, ratatat, *téteta*!

Los niños, sentados en las sillas de cuero rosa que habían trasladado del bar hasta el borde del *ring*, lo miraban alelados, encogiéndose a veces ante sus puñetazos contra el saco forrado en cuero.

Y así probablemente lo recordarían años después: una figura oscura, solitaria y reluciente que lanza golpes en un rincón de un sitio abandonado al pie de una montaña donde antes venía la gente a divertirse..., hasta que el club pasó de moda, la pintura empezó a descascarillarse y se permitió el ingreso a los negros.

Mientras Floyd Patterson seguía sacudiendo con golpes de izquierda y de derecha, sus guantes un borrón pardo contra el saco, su hija se escabulló de la silla en silencio y se perdió detrás del *ring* en la sala siguiente. Allí, después de la barra y pasando una docena de mesas redondas, estaba el escenario. La niña subió al tablado, se cuadró frente a un micrófono apagado hacía mucho tiempo, y proclamó, imitando al presentador de un cuadrilátero: «¡Daaamas y caballeros..., les presentamos esta noche...».

Miró a su alrededor, perdida. Entonces, al descubrir que su hermanito la había seguido, lo llamó con un ademán al escenario y volvió a empezar: «¡Daaamas y caballeros..., les presentamos esta noche a... *Floyd Patterson*!».

El golpeteo contra el saco cesó súbitamente en la otra sala. Hubo un momento de silencio. Hasta que Jeannie, todavía pegada al micrófono y mirando a su hermanito abajo, lo llamó:

—¡Floydie, sube aquí!

—No —dijo él.

—¡Ay, sube aquí!

—¡No! —gritó el otro.

Desde la otra sala llegó entonces la voz de Floyd Patterson:

—Basta ya... En un minuto os llevaré a dar un paseo.

Reanudó los golpes, ratatat, *téteta,* y los niños regresaron a su lado. Pero Jeannie intervino para preguntarle:

—Papi, ¿cómo es que estás sudando?

—Me cayó agua encima —dijo él, sin dejar de golpear.

—Papi —le preguntó Floyd Jr.—, ¿cómo es que antes escupiste agua en el suelo?

—Para sacármela de la boca.

Iba a pasar al saco de arena más pesado cuando el sonido de la camioneta de la señora Patterson se alcanzó a oír por la carretera.

Pronto estuvo ella en el apartamento de Patterson, aseando un poco, abullonando las almohadas, lavando las tazas de té olvidadas en el fregadero. Una hora más tarde la familia cenaba reunida. Estuvieron juntos dos horas más; después, a las diez de la noche, la señora Patterson lavó y secó los platos y sacó la basura hasta el cubo... en donde reposaría hasta que los mapaches y zorrillos le echaran garra.

Y al fin, tras ayudarles a los niños con los abrigos y acompañarlos a la camioneta y darle un beso de despedida a su marido, la señora Patterson arrancó por el camino de tierra hacia la autopista. Patterson se despidió con la mano una vez y se quedó un momento viendo perderse las luces traseras; y luego se dio la vuelta y caminó despacio hacia la casa.

La temporada silenciosa de un héroe

> —Me gustaría llevar al gran DiMaggio a pescar —dijo
> el viejo—. Dicen que su padre era pescador. Quizás fue
> tan pobre como nosotros, y así comprendería.
> ERNEST HEMINGWAY, *El viejo y el mar*

No comenzaba del todo la primavera, la temporada silenciosa que antecede a la faena del salmón, y los viejos pescadores de San Francisco se dedicaban a pintar las barcas o reparar las redes a lo largo del muelle, o sentados al sol conversaban en voz baja, viendo el ir y venir de los turistas, y sonreían, ahora mismo, cuando una linda chica se detenía a tomarles una foto. Tenía unos veinticinco años, buena salud y ojos azules, llevaba un suéter rojo de cuello alto y tenía un pelo rubio, largo y suelto que se echó hacia atrás varias veces antes de hacer clic con la cámara. Los pescadores la miraban y hacían comentarios, fascinados, pero ella no entendía porque hablaba un dialecto siciliano; ni tampoco reparaba en el hombre erguido, alto, de pelo entrecano y traje oscuro que la miraba desde una gran ventana saledíza en el segundo piso del restaurante DiMaggio's, que tiene vista al muelle.

La estuvo viendo hasta que ella se fue, perdiéndose entre una nueva multitud de turistas que acababan de bajar la cuesta en el tranvía de cable. Entonces volvió a tomar asiento en la mesa del restaurante, a terminar su té y encender otro cigarrillo, el quinto en la última media hora. Eran las once y media de la mañana. No había más mesas ocupadas y los únicos ruidos provenían del bar, donde un vendedor de licores se reía de algo que había dicho el jefe de camareros. Pero ya el vendedor, maletín bajo el brazo, se dirigía hacia la puerta, deteniéndose un instante para asomarse al comedor y llamar: «Te veo después, Joe». Joe DiMaggio se dio la vuelta y despidió con la mano al vendedor. Y volvió a reinar el silencio en el recinto.

De cincuenta y un años, DiMaggio era un hombre de aspecto muy distinguido, que envejecía con la misma gracia con que había jugado en el campo de béisbol, con trajes de corte impecable, las uñas arregladas y un cuerpo de un metro ochenta y nueve centímetros a todas luces tan esbelto y hábil como cuando posó para el retrato suyo que cuelga en el restaurante y lo muestra en el estadio de los Yankees en un *swing* de tobillos contra un lanzamiento hecho hace veinte años. El pelo gris le escaseaba en la coronilla, pero sólo un poco; tenía la cara arrugada en los lugares apropiados, y su expresión, antaño triste y atormentada como la de un matador, exhibía hoy por hoy más reposo, aunque, como en ese momento, esté tenso, fume sin parar y se pasee a ratos de un lado a otro mirando por la ventana a la gente allá abajo. Entre la multitud había un hombre que no deseaba ver.

El hombre había conocido a DiMaggio en Nueva York. Esta semana había venido a San Francisco y lo había telefoneado varias veces, pero ninguna de sus llamadas había tenido respuesta porque DiMaggio sospechaba que el hombre, que decía hacer una investigación para algún vago proyecto sociológico, lo que en realidad quería era hurgar en su vida privada y la de su ex mujer, Marilyn Monroe. DiMaggio jamás lo habría tolerado. El recuerdo de su muerte todavía le resulta muy doloroso, y aun así, porque él se lo guarda, hay personas que no se dan cuenta. Una noche en un *nightclub* una mujer con unas copas de más se le acercó a la mesa, y como él no le pidió que se le uniera, le espetó:

—Está bien, me figuro que *no soy* Marilyn Monroe.

Él ignoró el comentario. Pero cuando ella volvió a decirlo, le contestó, dominando a duras penas la ira:

—No. Ojalá fueras ella, pero no lo eres.

Suavizando el tono de la voz, ella le preguntó:

—¿Estoy diciendo algo malo?

—Ya lo hiciste —dijo él—. Ahora, por favor, ¿quieres dejarme en paz?

Sus amigos del muelle, que lo entienden, tienen mucho cuidado cuando tratan de él con extraños, pues saben que si éstos llegaran a revelar involuntariamente una confidencia, él, en lugar de acusarlos, no volvería a hablarles nunca. Esto se debe a un sentido del decoro nada incongruente en un hombre que de igual forma, tras el fallecimiento de Marilyn Monroe, ordenó que hubiera flores frescas en su tumba «siempre».

Los pescadores más viejos que conocen a DiMaggio de toda la vida lo recuerdan como el niñito que ayudaba a limpiar la barca de su padre y como el joven que se escabullía para usar un remo partido a manera de bate en los solares vecinos. Su padre, un hombre bajo y bigotudo al que apodaban Zio Pepe, se enfurecía y lo llamaba *lagnuso*, perezoso, *meschino*, inútil, pero en 1936 Zio Pepe estuvo entre quienes vitoreaban a Joe DiMaggio cuando regresó a San Francisco después de su primera temporada con los Yankees de Nueva York y los pescadores lo llevaron en hombros por el muelle.

Los pescadores también recuerdan cuando, tras retirarse en 1951, DiMaggio trajo a su segunda esposa, Marilyn, a vivir cerca del muelle, y a veces los veían temprano en la mañana pescando en la barca de DiMaggio, el *Yankee Clipper*, ahora apaciblemente atracada en el puerto deportivo, y cuando por las tardes se sentaban a charlar en el embarcadero. También tenían discusiones, lo sabían los pescadores, y una noche vieron salir corriendo a Marilyn, histérica, llorando sin parar, por la calle que salía del muelle, y a Joe siguiéndola. Pero los pescadores fingieron no haber visto nada; no era asunto suyo. Sabían que Joe quería que ella se quedara en San Francisco y evitara todo contacto con los tiburones de Hollywood, pero en ese entonces ella estaba confundida y se debatía interiormente («Era una niña», decían), y hasta el día de hoy DiMaggio aborrece Los Ángeles y a muchos de sus habitantes. Ya no habla con su antiguo amigo Frank Sinatra, que trabó amistad con Marilyn en sus años postreros, y también es frío con Dean Martin y Peter Lawford y la ex mujer de este último, Pat, que una vez dio una fiesta en la que presentó a Marilyn Monroe a Robert Kennedy, y ambos bailaron sin parar aquella noche, le contaron a Joe, que no lo tomó a bien. Él fue muy posesivo con ella en ese año, dicen sus amigos cercanos, porque Marilyn y él tenían pensado volver a casarse. Pero no hubo tiempo porque ella murió, y DiMaggio vetó la presencia de los Lawford y Sinatra y muchas personas de Hollywood en los funerales. Cuando el abogado de Marilyn Monroe protestó porque DiMaggio tenía excluidos a los amigos de ella, DiMaggio respondió fríamente:

—Si esos amigos no la hubieran convencido de que se quedara en Hollywood, aún estaría viva.

Joe DiMaggio ahora pasa casi todo el año en San Francisco, y todos los días los turistas, al notar el apellido en el restaurante, preguntan a los del muelle si alguna vez lo ven. Oh, sí, dicen ellos, lo ven casi todos los días; esta mañana no lo han visto todavía, añaden, pero ya llegará dentro de poco. Así que los turistas continúan paseándose por los embarcaderos, frente a los vendedores de cangrejos, bajo los círculos que trazan las gaviotas, más allá de los puestos de *fish'n'chips,* deteniéndose a veces a mirar un navío de gran calado que surca rumbo al puente Golden Gate, el cual, para su consternación, está pintado de rojo*. Visitan luego el museo de cera, donde hay una figura de tamaño natural de Joe DiMaggio con su uniforme, y cruzan la calle y pagan 25 centavos para divisar por los telescopios metálicos la isla de Alcatraz, que ya no es una cárcel federal. Al fin regresan a preguntarles a los hombres de mar si Joe DiMaggio se ha dejado ver. Aún no, dicen ellos, aunque allá ven su Impala azul aparcado junto al restaurante. En ocasiones los turistas entran al restaurante y piden el almuerzo y lo encuentran sentado tranquilamente en un rincón firmando autógrafos

---

* Golden Gate; es decir, Puerta Dorada. *(N. del T.)*

y mostrándose sumamente cortés con todo el mundo. Otras veces, como en esta mañana específica que eligió el hombre de Nueva York para hacer su visita, DiMaggio estaba tenso y receloso.

Cuando el hombre entró al restaurante por los escalones laterales que dan al comedor, vio a DiMaggio de pie junto a la ventana, hablando con un anciano *maître* llamado Charles Friscia. Para no aproximarse y acaso pecar de entrometido, el hombre le pidió a uno de los sobrinos de DiMaggio que lo anunciara. Cuando DiMaggio recibió el mensaje se dio la vuelta en el acto, dejó en el sitio a Friscia y desapareció por una salida que lleva a la cocina.

Atónito, perplejo, el visitante se quedó plantado en el *hall*. En un momento Friscia se hizo presente y el hombre le preguntó:

—¿Joe se marchó?

—¿Qué Joe? —replicó Friscia.

—¡Joe DiMaggio!

—No lo he visto —dijo Friscia.

—¿Que no lo ha *visto*? ¡Si estaba de pie junto a usted hace un segundo!

—Ése no era yo —dijo Friscia.

—Estaban juntos. Yo lo vi. En el comedor.

—Usted debe de estar equivocado —le dijo Friscia, en tono suave, serio—. Ése no era yo.

—Tiene que estar bromeando —dijo el hombre, enfadado, largándose del sitio.

Pero antes de que llegara a su coche, el sobrino de DiMaggio le dio alcance y le dijo:

—Joe lo quiere ver.

Regresó, creyendo que DiMaggio iba a estar esperándolo. Le entregaron, en cambio, un teléfono. La voz era potente y grave y tan tensa que se atropellaba: «Está violando mis derechos; yo no le pedí que viniera; supongo que usted tiene un abogado; tiene que tener un abogado; ¡consígase su abogado!».

—Vine en son de amistad —lo interrumpió el hombre.

—Eso no viene al caso —dijo DiMaggio—. Tengo mi intimidad; no quiero que la invada; más le vale contratar un abogado —y, tras una pausa, añadió—: ¿Está ahí mi sobrino?

No estaba.

—Entonces espéreme donde está.

Al momento DiMaggio apareció, alto y con el rostro encendido, muy derecho y hermosamente vestido con un traje oscuro y una camisa blanca con corbata de seda gris y unos relucientes gemelos de plata. Avanzó a zancadas hasta el hombre y le entregó un sobre de correo aéreo, cerrado, que el hombre le había enviado de Nueva York.

—Tome —le dijo DiMaggio—. Esto es suyo.

DiMaggio procedió a tomar asiento en una mesita. Sin decir nada encendió un cigarrillo y se puso a esperar, con las piernas cruzadas, la cabeza echada hacia atrás como para hacer visible la intrincada construcción de su nariz, con esa punta fina y aguda sobre los grandes orificios nasales y esos huesecillos diminutos entramados sobre el caballete: una gran nariz.

—Mire —dijo DiMaggio, más calmado—, yo no me meto en la vida de los otros. Y no espero que ellos se metan en la mía. Hay cosas de mi vida, cosas personales, que me niego a ventilar. Y aunque les preguntara a mis hermanos, no podrían decirle nada sobre ellas porque no las conocen. ¡Hay cosas mías, tantas, que ellos simplemente desconocen!

—No quiero causarle problemas —dijo el otro—. Creo que usted es un gran hombre y...

—Yo no soy grande —lo interrumpió DiMaggio—. No soy grande —repitió bajando la voz—. Soy simplemente un hombre que trata de arreglárselas.

Entonces, como cayendo en la cuenta de que él mismo invadía su propia intimidad, se levantó bruscamente. Miró su reloj.

—Llego tarde —dijo, de nuevo en tono muy formal—. Llego diez minutos tarde. *Usted* me está retrasando.

El hombre se marchó del restaurante. Cruzó la calle y caminó hasta el muelle, donde por un momento miró a los pescadores, que tiraban las redes y tomaban el sol con semblantes tranquilos y contentos. Después, cuando se volvía hacia el aparcamiento, un Impala azul frenó a su lado y Joe DiMaggio se asomó por la ventanilla y le preguntó, con una voz muy amable:

—¿Tiene un automóvil?

—Sí —respondió el hombre.

—Oh —le dijo DiMaggio—, yo lo habría llevado.

Joe DiMaggio no nació en San Francisco sino en Martínez, un pueblecito de pescadores a cuarenta kilómetros al nordeste del Golden Gate. Zio Pepe se afincó allí después de abandonar la Isola delle Femmine, una pequeña isla frente a Palermo en donde los DiMaggio habían sido pescadores durante varias generaciones. Pero en 1915, al tener noticia de las más propicias aguas del muelle de San Francisco, Zio Pepe se marchó de Martínez, apiñando en la barca el mobiliario y la familia, incluido Joe, que tenía un año de edad.

San Francisco era plácido y pintoresco cuando llegaron los DiMaggio, pero en el muelle había un trasfondo competitivo y de lucha por el poder. Al amanecer las barcas zarpaban hacia el punto donde la bahía se encuentra con el océano y el mar se embravece; más tarde los hombres corrían de regreso con sus redadas, con la esperanza de alcanzar tierra antes que sus compañeros y venderlas mientras podían. En ocasiones había hasta veinte o treinta barcas tratando de acceder al mismo tiempo al canal de regreso a la costa, y el pescador tenía que conocer cada escollo en el agua y luego cada maña de regateo en tierra, pues los comerciantes y los restauradores confrontaban a un pescador contra el otro, manteniendo así bajos los precios. Más adelante los pescadores se avisparon, se organizaron, y fijaron la máxima cantidad que cada uno podía atrapar, pero nunca faltaban quienes, al igual que los peces, no aprendían nunca; así que a veces había crismas rotas, redes acuchilladas, gasolina rociada en los pescados, flores de advertencia al pie de alguna puerta.

Pero esos días tocaban a su fin cuando llegó Zio Pepe, quien esperaba que sus cinco hijos varones lo sucedieran como pescadores, cosa que los dos mayores, Tom y Michael, hicieron; sin embargo el tercero, Vincent, quería ser cantante. De joven cantaba con tan magnífica potencia que atrajo la atención del gran banquero A. P. Giannini, y hubo planes para enviarlo a Italia a recibir clases particulares con miras a la ópera. Pero en casa de los DiMaggio nunca se decidieron y Vince nunca partió, y en cambio entró a jugar al béisbol con los Seals de San Francisco, y los cronistas deportivos escribían mal su apellido.

Ponían *De*Maggio hasta que Joe, por recomendación de Vince, se unió al equipo y fue la sensación, seguido después por el hermano menor, Dominic, que era también sobresaliente. Los tres jugaron en las grandes ligas, y a ciertos reporteros les gusta decir que Joe era el mejor bateador, Dom el mejor jardinero y Vince el mejor cantante; y Casey Stengel dijo una vez:

—Vince es el único jugador que yo haya visto al que lo eliminan tres veces en un partido y no se avergüenza. Entra al club silbando. Todos sentían pena por él, pero Vince siempre creía que lo estaba haciendo bien.

Después de dejar el béisbol Vince trabajó de barman, luego de lechero y ahora es carpintero. Vive a sesenta y cinco kilómetros al norte de San Francisco en una casa que él construyó en parte, ha estado felizmente casado desde hace treinta y cuatro años, tiene cuatro nietos y en el armario uno de los trajes hechos a medida de Joe que nunca ha arreglado para que le sirva, y cuando le preguntan si envidia a Joe siempre responde: «No, tal vez a Joe le gustaría tener lo que yo tengo. Él no lo reconocería, pero bien pudiera querer lo que yo tengo». El hermano al que Vince más admiraba era Michael, «un hombretón llano, un soñador, un pescador que deseaba cosas pero no las quería recibir de Joe ni trabajar con él en el restaurante. Quería una barca más grande pero quería ganársela él solo. Nunca la consiguió». En 1953, a los cuarenta y cuatro años de edad, Michael cayó de su embarcación y se ahogó.

Desde que Zio Pepe murió, a los setenta y siete años, en 1949, Tom, a los sesenta y dos años y siendo el mayor de los hombres (dos de sus cuatro hermanas son mayores), se ha convertido en la cabeza nominal de la familia y en el administrador del restaurante que abrió en 1937 con el nombre de Joe DiMaggio's Grotto. Después Joe vendió su participación y ahora Tom es copropietario con Dominic. De todos los hermanos, Dominic, a quien llamaban el «Pequeño Profesor» cuando jugaba con los Red Sox de Boston, es el que más éxito tiene en los negocios. Vive en un elegante barrio residencial de Boston con su mujer y sus tres hijos y es presidente de una firma que elabora materiales para protectores de fibra, y con la que ganó 3,5 millones de dólares el año pasado.

Joe DiMaggio vive con una hermana viuda, Marie, en una casa de piedra color canela en una tranquila calle residencial no lejos del Muelle de los Pescadores. Compró la casa hace casi treinta años para sus padres, y cuando ellos murieron vivió allí con Marilyn Monroe. Ahora está bajo el cuidado de Marie, una delgada y hermosa mujer de ojos oscuros que tiene un apartamento en el segundo piso, Joe en el tercero. Hay algunas placas y trofeos de béisbol en el recibidor junto a la alcoba de DiMaggio, y en el tocador hay fotografías de Marilyn Monroe, y en la sala del piso de abajo hay un pequeño retrato pintado de ella que a DiMaggio le gusta mucho: deja ver sólo el rostro y los hombros, y ella tiene puesta una pamela de ala muy amplia, y en sus labios hay un sonrisa suave y dulce, con el aire de inocente curiosidad con que él la veía a ella y como quería que los demás la vieran: una chica sencilla, «una chica cariñosa y de gran corazón —como una vez la describiera—, de la que todos abusaron».

Las fotografías publicitarias que resaltaban su *sex appeal* a menudo lo ofendían, y un momento memorable para Billy Wilder, que la dirigió en *La tentación vive arriba,* ocurrió cuando descubrió a DiMaggio entre la multitud reunida en la Avenida Lexington de Nueva York para curiosear la escena en la que a Marilyn, de pie en una rejilla del metro para refrescarse, una repentina ráfaga de viento le levanta la falda muy arriba. «¿Qué demonios pasa aquí?», oyeron que DiMaggio exclamaba entre el gentío, y recordaba Wilder, «jamás olvidaré la cara de muerte que puso Joe».

En ese entonces él tenía treinta y nueve años, y ella, veintisiete. Se habían casado en enero de ese año, 1954, no obstante la disparidad de temperamentos y de tiempos: él estaba cansado de la publicidad, y en ésta ella florecía. Él no podía con la impuntualidad; ella siempre llegaba tarde. En su luna de miel en Tokio un general estadounidense se les presentó y le preguntó a ella si querría, como gesto patriótico, visitar a las tropas que libraban la guerra en Corea. Ella miró a Joe.

—Es tu luna de miel —le dijo él, encogiéndose de hombros—. Ve si quieres.

Ella realizó diez presentaciones ante cien mil soldados, y cuando estuvo de regreso le dijo:

—¡Fue tan maravilloso, Joe! Nunca oíste semejante ovación.

—Sí que la oí —le dijo él.

Al otro lado del retrato de la sala, en la mesa de centro enfrente del sofá, hay un humidificador de plata que le obsequiaron sus compañeros de los Yankees por los días en que era el hombre más célebre de Norteamérica, cuando la orquesta de Les Brown grabó un *hit* que sonaba día y noche en la radio:

From Coast to Coast, that's all you hear
Of Joe the One-Man-Show
He's glorified the horsehide sphere,
Jolting Joe DiMaggio...
Joe... Joe... DiMaggio... we
*Want you on our side.**

Corría el año de 1941, y todo comenzó para Joe Di-Maggio a mediados de mayo, cuando los Yankees habían perdido cuatro partidos seguidos, siete de los últimos nueve, y ocupaban la cuarta posición, cinco partidos y medio detrás de los punteros, los Indians de Cleveland. El 15 de mayo DiMaggio bateó apenas un sencillo en la primera entrada en un partido que Nueva York perdió con Chicago 13-1. Difícilmente alcanzaba un promedio de bateo de .300 y había decepcionado enormemente a las multitudes que lo habían visto terminar con un promedio de .352 el año anterior y de .381 en 1939.

Conectó un *hit* en el partido siguiente, y otro en el siguiente, y en el siguiente otro más. El 24 de mayo, con los Yankees perdiendo 6-5 con Boston, DiMaggio entró con corredores en segunda y tercera y con un sencillo los llevó a *home plate,* ganando el partido y extendiendo su racha bateadora a diez victorias. Pero esa racha pasaba mayormente inadvertida. Ni siquiera DiMaggio se daba cuenta, hasta que llegó a los veintinueve partidos a mediados de junio. Entonces los periódicos empezaron a ponerle drama, el público se entusiasmó, le enviaban toda suerte de amuletos para la buena suerte, y Di-Maggio seguía conectando *hits* y los locutores radiofónicos interrumpían los programas para dar la noticia, y otra vez sonaba la canción: *Joe... Joe... DiMaggio... we want you on our side.*

A veces DiMaggio pasaba sin un *hit* en las primeras tres veces al bate; subía la tensión, parecía que el partido iba

---

* *De costa a costa, sólo se oye hablar / de Joe, el hombre espectáculo. / Él glorificó la pelota de cuero de caballo /, el electrizante Joe DiMaggio... / Joe, Joe DiMaggio, te queremos del lado nuestro.*

a terminar sin que tuviera otra oportunidad; pero siempre la conseguía, y entonces bateaba un imparable contra la valla del campo izquierdo o entre las piernas del *pitcher* o entre el salto simultáneo de dos *infielders*. En el partido número cuarenta y uno, el primero de dos seguidos entre los mismos equipos, en Washington, DiMaggio igualó un récord de la Liga Americana establecido por George Sisler en 1922. Pero antes de comenzar el segundo partido un espectador se coló en el campo y fue hasta el banquillo de los Yankees y hurtó el bate favorito de DiMaggio. En el segundo partido, empuñando otro bate, DiMaggio bateó dos de línea y un elevado para sendos *outs*. Pero en la séptima entrada, tomando prestado un viejo bate suyo que usaba un compañero de equipo, conectó un sencillo y batió el récord de Sisler, quedando apenas a tres partidos de romper el récord de cuarenta y cuatro de las ligas mayores establecido en 1897 por Willie Keeler cuando jugaba para el Baltimore en los tiempos en que era una franquicia de la Liga Nacional.

Los periódicos hicieron un llamamiento por el bate perdido. Un hombre de Newark confesó el delito y lo devolvió presentando excusas. Y el 2 de julio, en el estadio de los Yankees, DiMaggio bateó un jonrón hasta las tribunas del campo izquierdo. Había roto el récord.

También bateó imparables en los once partidos siguientes, pero sólo el 17 de julio... en Cleveland, en un partido nocturno presenciado por 67.468 espectadores, vino a fallar ante dos lanzadores, Al Smith y Jim Bagby Jr., aunque el héroe del Cleveland fue en realidad el tercera base, Ken Keltner, que en la primera entrada se abalanzó a la derecha para hacer una espectacular parada, con el brazo cruzado, de un batazo de DiMaggio, y con el lanzamiento desde la línea de *foul* detrás de tercera base consiguió sacarlo. En la cuarta entrada DiMaggio recibió una base por bolas. Pero en la séptima volvió a enviarle un batazo a Keltner, que otra vez lo paró y volvió a sacarlo. DiMaggio bateó duro contra el *shortstop* en la octava entrada, y la bola rebotó de modo extraño, pero Lou Boudreau la atrapó a la altura del hombro y la lanzó al segunda base para iniciar un doble *play*, y la racha de DiMaggio se vio interrumpida a los cincuenta y seis partidos. No obstante, los Yankees de Nueva York iban en camino de ganar el campeonato por diecisiete partidos, así como la Serie Mundial, de modo que en agosto, en la *suite* de un hotel de Washington, los jugadores dieron una fiesta sorpresa para DiMaggio y brindaron por él con champaña y le obsequiaron el humidificador de plata Tiffany que reposa ahora en la sala de su casa en San Francisco.

Marie estaba en la cocina preparando té y tostadas cuando DiMaggio bajó a desayunar. Él tenía despeinado el pelo gris, pero, como lo llevaba corto, no se veía desgreñado. Dio los buenos días a Marie, tomó asiento y bostezó. Encendió un cigarrillo. Llevaba una bata de baño de lana azul sobre el pijama. Eran las ocho de la mañana. Hoy tenía muchas cosas para hacer y parecía alegre. Tenía una reunión con el presidente de Continental Television Inc., una gran cadena de tiendas de aparatos de televisión en California, de la cual es socio y vicepresidente; más tarde tenía una cita para jugar al golf, luego debía asistir a un gran banquete y, si no se prolongaba demasiado y él no quedaba muy cansado, a lo mejor salía con alguien.

Echando mano del diario matutino, sin saltar a la página de deportes, DiMaggio leyó las noticias en primera plana, los revuelos populares del 66: habían derrocado a Kwame Nkrumah en Ghana; los estudiantes quemaban sus carnés de reclutamiento (DiMaggio meneó la cabeza); la epidemia de gripe se extendía por todo el estado de California. Luego pasó las páginas hasta las columnas de chismes, agradecido de no aparecer en ellas hoy: no hacía mucho habían sacado una nota sobre sus salidas con una «azafata electrizante» y también lo habían visto cenando con Dori Lane, la «bailarina frenética» que oficiaba en una jaula de cristal en el *night-club*

Whiskey à Go Go... y por último buscó la página deportiva y leyó un artículo sobre por qué Mickey Mantle quizás nunca iba a recobrar su condición física después de la lesión.

Había ocurrido tan rápidamente, la baja de Mantle, o así pareció: él había sucedido a DiMaggio como DiMaggio había sucedido a Ruth, pero ahora no había ningún gran bateador joven en ciernes y la dirección de los Yankees, al borde de la desesperación, había persuadido a Mantle a salir del retiro; y el 18 de septiembre de 1965 le celebraron un «día» en Nueva York durante el cual recibió varios miles de dólares en obsequios: un automóvil, dos caballos de silla, viajes pagados a Roma, Nassau, Puerto Rico; y DiMaggio había volado a Nueva York para hacer la presentación ante 50.000 espectadores. Había sido un día dramático, poco menos que una fiesta de guardar para los creyentes que atestaban las graderías desde temprano para presenciar la canonización de un nuevo santo del estadio. El cardenal Spellman formaba parte del comité organizador, el presidente Johnson envió un telegrama, el alcalde de Nueva York hizo la proclamación oficial del día, una orquesta se reunió en el jardín central frente al trío de monumentos a Ruth, Gehrig y Huggins; y en las tribunas altas, inflándose con la brisa del otoño incipiente, había pancartas que decían: «No te Vayas, Mick», «Queremos al Mick»*.

Las pancartas eran izadas por cientos de jovencitos cuyos sueños con tanta frecuencia había realizado Mantle, pero en las gradas también había hombres mayores, panzudos y medio calvos ya, en cuyas mentes maduras DiMaggio seguía vívido e invencible; y entre ellos algunos recordaban cómo hacía un mes, en una exhibición antes de un partido en el Día de los Veteranos en el estadio de los Yankees, DiMaggio había bateado un pelotazo hasta los asientos del campo izquierdo, y miles de personas habían saltado en pie al mismo tiempo, aclamándolo alborozadas: el gran DiMaggio había vuelto; otra vez eran jóvenes; era ayer.

---

* *Mick* es también un término peyorativo para designar a los irlandeses. (*N. del T.*)

Pero en este soleado día de septiembre en el estadio, en el día consagrado a Mickey Mantle, DiMaggio no llevaba el número 5 en la espalda, ni una gorra negra que le cubriera las canas: llevaba un traje negro, camisa blanca y corbata azul, y aguardaba de pie en el extremo del banquillo de los Yankees la presentación que iba a hacer de él Red Barber, quien se había cuadrado cerca del *home plate* frente a un micrófono metálico. En el jardín, los Royal Canadians de Guy Lombardo tocaban música suave y relajante; y por el espacioso césped, entre la zona de las reservas y el diamante, transitaban lentamente dos carretillas impulsadas por empleados de mantenimiento con decenas y decenas de aparatosos obsequios para Mantle: un salami de dos metros de largo y cuarenta y cinco kilos de peso marca Hebrew National, un rifle Winchester, un abrigo de visón para la señora de Mantle, una bolsa de golf marca Wilson, un motor fuera borda Mercury de 95 caballos, una máquina de coser Necchi portátil, provisiones para un año de chocolatinas Chunky Candy. DiMaggio fumaba un cigarrillo, pero lo tapaba con las manos como si no quisiera ser pillado en el acto por los adolescentes que alcanzaban a asomarse desde arriba al foso del banquillo. De pronto, dando un paso adelante, DiMaggio estiró el cuello y miró a lo alto. No alcanzó a ver nada que no fueran las altísimas tribunas verdes atestadas de público, que parecían tener dos kilómetros de altura y estar en movimiento, y no divisó las nubes ni el cielo azul, sino un cielo de rostros. Hasta que el presentador pronunció su nombre: *¡Joe DiMaggio!*, y sonó al punto una explosión de ovaciones cada vez más estruendosa, retumbando en aquel gran desfiladero de acero, y DiMaggio aplastó el cigarrillo y escaló los peldaños del foso hasta el suave césped verde, con el sonido tronando en sus oídos: casi podía sentir el viento, la respiración de cincuenta mil pulmones sobre él, cien mil ojos que observaban hasta el último de sus gestos, y por un brevísimo momento cerró los ojos mientras avanzaba.

Entonces vio en el camino a la madre de Mickey Mantle, una mujer sonriente y ya mayor que llevaba una orquídea, y con cuidado la tomó del codo, conduciéndola hacia el micrófono junto a los dirigentes que estaban formados en el diamante. Luego se puso firme, muy derecho y sin ninguna expresión, mientras la aclamación amainaba y el público se acomodaba.

Mantle seguía en el banquillo, de uniforme, de pie, con una pierna apoyada en el peldaño superior; a ambos lados suyos se habían organizado los demás Yankees, quienes después de la ceremonia jugarían contra los Tigers de Detroit. Fue entonces cuando bajó al foso, sonriendo, el senador Robert Kennedy, acompañado de dos jóvenes asistentes de buena estatura, pelo ensortijado y ojos azules, pecas de Fordham*. Jim Farley fue el primero en ver desde el campo al senador, y murmuró, lo bastante alto como para que otros lo oyeran: «¿Quién demonios invitó a *ése*?».

Toots Shor y otros miembros del comité que estaban cerca volvieron la vista al foso, al igual que Joe DiMaggio, cuya mirada despedía un destello frío, aunque no dijo nada. Kennedy recorrió el banquillo de arriba abajo estrechando las manos de los Yankees, pero no salió al campo de juego.

—Senador —le dijo el mánager de los Yankees, Johnny Keane—, ¿por qué no toma asiento?

Kennedy se negó rápidamente con un gesto, sonriendo. Se quedó de pie, y entonces uno de los Yankees se aproximó y le pidió ayuda para sacar a unos parientes de Cuba, y Kennedy llamó a uno de sus ayudantes para que anotara los detalles en una libreta.

La ceremonia proseguía en el diamante. Los obsequios para Mantle continuaban apilándose: una motocicleta Mobilette, un vagón barbacoa Sooner Schooner, provisiones para un año de café Chock Full O'Nuts. Provisiones para un año de goma de mascar Topps; y los jugadores de los Yankees observaban todo, y entre ellos Maris, que se veía alicaído.

---

* Fordham University es una institución controlada por los jesuitas, con sede en Nueva York y patrocinada por la familia Kennedy. *(N. del T.)*

—¡Eh, Rog! —le gritó un tipo con una grabadora, Murray Olderman—. Me gustaría grabarte treinta segundos.

Enfadado, Maris soltó una palabrota al tiempo que sacudía la cabeza.

—Nos llevará apenas un segundo —dijo Olderman.

—¿Por qué no se lo pides a Richardson? Él habla mejor que yo...

—Sí, pero el hecho de que tú lo digas...

Maris soltó otra maldición. Pero acabó yendo, y en la entrevista dijo que Mantle era el mejor jugador de sus tiempos, un gran competidor, un gran bateador.

Quince minutos después, de pie frente al micrófono en el *home plate*, DiMaggio se dirigía a la multitud diciendo: «Me enorgullece presentar al hombre que me sucedió como jardinero central en 1951»; y de todos los puntos del estadio bajaron los vítores, los silbidos, los aplausos. Mantle pasó adelante. Con su mujer e hijos posó para los fotógrafos que se arrodillaban enfrente. A continuación dio las gracias al público con un breve discurso y, dándose media vuelta, les dio la mano a los dirigentes que lo seguían de cerca. Entre ellos estaba ahora Robert Kennedy, que hacía cinco minutos había sido descubierto en el banquillo por Red Barber y había sido llamado y presentado. Kennedy posó con Mantle para un fotógrafo, luego estrechó las manos de los hijos de Mantle y las de Toots Shor y James Farley y otros más. DiMaggio lo vio venir recorriendo la hilera hacia donde él estaba, y en el último segundo retrocedió, como si nada, y prácticamente nadie se dio cuenta, y Kennedy tampoco pareció darse cuenta, tan sólo siguió de largo, estrechando más manos.

Al terminar el té, dejando a un lado el periódico, DiMaggio subió a vestirse, y no tardó en despedirse de Marie y arrancar hacia su cita en el centro de San Francisco con los socios en el negocio de ventas de televisores. Si bien no es un millonario, DiMaggio ha invertido sabiamente y siempre ha tenido, desde su retiro del béisbol, puestos ejecutivos con grandes compañías que le han pagado bien. También fue uno de los organizadores del Banco Nacional del Pescador de San Francisco el año pasado, y aunque éste nunca se hizo realidad, DiMaggio dio prueba de una agudeza que impresionó a esos hombres de negocios que pensaban en él sólo en términos de béisbol. Ha recibido ofertas para dirigir equipos de béisbol de las grandes ligas, pero las ha rechazado siempre diciendo: «Ya bastante me cuesta atender mis propios problemas, para ahora asumir las responsabilidades de veinticinco beisbolistas».

De modo que su único contacto con el béisbol en estos días, si se excluyen sus apariciones públicas, es su trabajo gratuito como entrenador de bateo todas las primaveras en la Florida con los Yankees de Nueva York, viaje que realizaría nuevamente el domingo siguiente, dentro de tres días, si es que logra llevar a cabo la para él siempre temida responsabilidad de hacer las maletas, tarea que no hace más fácil el hecho de que últimamente le ha dado por mantener su ropa en dos lugares diferentes: algunas prendas cuelgan en el armario de su casa, otras cuelgan en el cuarto trasero de un bar llamado Reno's.

Reno's es un bar mal iluminado en el centro de San Francisco. En la pared hay un retrato de DiMaggio dando un batazo, junto a retratos de otras estrellas del deporte, y la clientela está compuesta principalmente por miembros del mundillo deportivo y periodistas, gente que conoce bastante bien a DiMaggio y entre quienes él habla libremente sobre una gran variedad de temas y se relaja como en muy pocos sitios. El propietario del bar es Reno Barsocchini, un hombre de espalda ancha, fornido, de cincuenta y un años, pelo ondulado y canoso, que empezó como violinista en la taberna de Dago Mary hace treinta y cinco años. Después llegó a ser barman allá y en otros sitios, entre ellos el restaurante DiMaggio's, y hoy es quizás el amigo más íntimo de Joe DiMaggio. Fue el padrino de la boda DiMaggio-Monroe en

1954, y cuando éstos se separaron nueve meses después en Los Ángeles, Reno acudió presuroso a ayudar a DiMaggio con las maletas y llevarlo en coche de regreso a San Francisco. Reno jamás olvidará ese día.

Centenares de personas se habían congregado alrededor de la residencia de Beverly Hills que DiMaggio y Marilyn tenían alquilada, y había fotógrafos encaramados en los árboles vigilando las ventanas, y otros aguardaban en el césped y detrás de los rosales a la espera de fotografiar a cualquiera que saliera de la casa. Los periódicos de la fecha hacían los juegos de palabras obligados y los columnistas de Hollywood, para quienes DiMaggio nunca fue un ídolo ni un buen anfitrión, citaban episodios de incompatibilidad; y Oscar Levant dijo que eso demostraba que nadie podía triunfar a la vez en dos pasatiempos nacionales. Cuando Reno Barsocchini llegó, tuvo que abrirse paso a empujones entre el gentío y luego golpear en la puerta durante varios minutos antes de poder entrar. Marilyn Monroe estaba arriba acostada; Joe DiMaggio estaba abajo con las maletas, tenso y pálido, y con los ojos inyectados de sangre.

Reno sacó el equipaje y los palos de golf hasta el coche de DiMaggio, y cuando éste salía de la casa los reporteros se le vinieron encima disparando los flashes.

—¿Adónde vas? —le gritaban.

—Voy por tierra a San Francisco —dijo él, apurando el paso.

—¿Vas a tener tu casa allí?

—Allí *tengo* mi casa y siempre la he tenido.

—¿Vas a volver?

DiMaggio se dio la vuelta por un momento y miró arriba, a la casa.

—No —dijo—, nunca voy a volver.

Salvo por un corto altercado sobre el que no quiere hablar, Reno Barsocchini ha sido desde entonces el compañero de confianza de DiMaggio, a quien acompaña cada vez que puede al campo de golf o a ir de fiesta, o si no esperándolo en el bar con otros hombres de mediana edad. A veces pueden esperarlo durante horas, esperando y sabiendo que cuando llegue puede querer estar a solas. Pero no parece importarles, viven eternamente embelesados por él, atraídos por su mística: es como Greta Garbo en varón. Saben que puede ser cálido y fiel si están atentos a sus deseos, y saben también que jamás pueden llegar tarde a una cita con él. Uno que no podía encontrar estacionamiento llegó media hora tarde y DiMaggio dejó de hablarle durante tres meses. Saben también, cuando cenan con DiMaggio, que él suele preferir la compañía masculina y en ocasiones una o dos mujeres jóvenes, pero nunca esposas: las esposas chismorrean, las esposas se quejan, las mujeres son un lío, y el hombre que quiere intimar con Joe debe dejar a su mujer en casa.

Cuando DiMaggio hace su entrada en el bar de Reno los hombres alzan la mano y pronuncian su nombre, y Reno Barsocchini sonríe y anuncia: «¡Ahí está el *Clíper*!», porque *Clíper Yanqui* era el apodo de sus años en el béisbol.

—Eh, Clíper, Clíper —le había dicho Reno hacía dos noches—, dónde andabas, Clíper... Clíper, ¿qué te parece un trago?

DiMaggio rehusó la oferta de un trago, y a cambio pidió una tetera, pues prefiere el té por encima de todas las demás bebidas, salvo si va a acudir a una cita, cuando se pasa al vodka.

—Eh, Joe —le preguntó un cronista deportivo que investigaba para un artículo sobre el golf—, ¿por qué será que un golfista, cuando se empieza a poner viejo, lo primero que pierde es su toque para el *putt*? Como Snead y Hogan, que todavía pueden darle bien a una pelota en un *tee*, pero en los *greens* desperdician los golpes.

—Es por la presión de los años —dijo DiMaggio, girando sobre su taburete en la barra—. Con la edad te llegan los nervios. Les pasa a los golfistas; le pasa a cualquiera que tenga más de cincuenta años. Ya no se arriesgan como antes. El golfista más joven, en los *greens*, golpea mejor sus *putts*. El más viejo empieza a vacilar. Duda un poco. Temblequea. A la hora de arriesgarse, el más joven, incluso cuando conduce un coche, se atreve a cosas que el más viejo no.

—Hablando de arriesgarse —dijo otro, uno del corro que rodeaba a DiMaggio—, ¿no viste anoche aquí a un tipo de muletas?

—Sí, tenía la pierna enyesada —dijo un tercero—. Esquiando.

—Yo nunca esquiaría —dijo DiMaggio—. Los que esquían seguro que lo hacen para impresionar a una mujer. Ves a esos tipos, algunos de cuarenta, cincuenta años, poniéndose los esquís. Y después los ves todos vendados, con las piernas fracturadas...

—Pero el esquí es un deporte muy sexy, Joe. Todas las prendas, los pantalones apretados, la chimenea en el refugio de esquiadores, la alfombra de piel de oso... Jesús, nadie va allá a esquiar. Tan sólo van a enfriarse para poder calentarse después.

—A lo mejor tienes razón —dijo DiMaggio—. Podrías convencerme.

—¿Quieres un trago, Clíper? —le preguntó Reno.

DiMaggio lo pensó por un instante y dijo:

—Está bien: el primer trago de la noche.

Era ya mediodía, un día cálido y soleado. La junta de negocios de DiMaggio con los comerciantes de televisores había salido bien: le había hecho una propuesta concreta a George Shahood, presidente de Continental Television Inc., para que rebajara los precios de los televisores a color y aumentara así el volumen de ventas, y Shahood había accedido a hacer el ensayo. Después DiMaggio había llamado al bar de Reno a ver si tenían algún recado para él y ahora iba de pasajero en el automóvil de Lefty O'Doul, recorriendo el Muelle de los Pescadores con dirección al puente Golden Gate y con destino a un campo de golf cincuenta kilómetros al norte. Lefty O'Doul fue uno de los grandes bateadores de la Liga Nacional a comienzos de los años treinta, y dirigió después a los Seals de San Francisco cuando DiMaggio era la estrella más luminosa. Aunque O'Doul tiene sesenta y nueve años, dieciocho más que DiMaggio, así y todo posee mucha energía y ánimo, es un bebedor de aguante y muy bullicioso, con una panza grande y ojos de tenorio; y cuando DiMaggio, mientras corrían por la autopista rumbo al club de golf, atisbaba una linda rubia al volante de un coche cercano y exclamaba: «¡Mira qué tomate!», O'Doul daba un brusco viraje de cabeza, apartaba la vista de la vía y gritaba: «¡Dónde, *dónde*?». El juego de golf de O'Doul ha decaído (solía tener un hándicap de dos), pero todavía promedia por los ochenta golpes, al igual que DiMaggio.

Los golpes largos de DiMaggio van de las 250 a las 280 yardas cuando no los manda por las nubes, y sus *putts* son buenos, pero lo distrae una espalda estropeada que por un lado le duele y por otro le impide hacer un *swing* completo. En el primer hoyo, esperando en el *tee* de salida, DiMaggio se recostó a observar a cuatro universitarios que hacían sus *swings* con toda desenvoltura.

—¡Ah —dijo con un suspiro—, quién tuviera sus espaldas!

DiMaggio y O'Doul recorrieron el campo de golf en compañía de Ernie Nevers, la antigua estrella del fútbol americano, y dos hermanos que están en el negocio hotelero y de distribución de películas. Se desplazaban rápido por las colinas verdes en cochecitos de golf eléctricos, y el juego de DiMaggio fue excepcionalmente bueno en los nueve primeros hoyos. Pero luego pareció distraerse, acaso por cansancio, acaso reaccionando a una conversación de hacía unos minutos. Uno de los distribuidores estaba encomiando la película *Boeing, Boeing,* protagonizada por Tony Curtis y Jerry Lewis, y le preguntó a DiMaggio si la había visto.

—No —respondió DiMaggio, y añadió rápidamente—, no he visto una película desde hace ocho años.

DiMaggio desvió varias pelotas, estaba en el limbo. Sacó un hierro 9 y ensayó un golpe corto de aproximación. Pero O'Doul le hizo perder la concentración al recordarle que mantuviera cerrada la cara del palo. DiMaggio le pegó a la pelota. Ésta rebotó en ángulo y bajó brincando como un conejo por el herbazal hasta un estanque. DiMaggio rara vez manifiesta una emoción en el campo de golf, pero esta vez, sin decir palabra, agarró el hierro 9 y lo lanzó por los aires. El palo fue a parar a un árbol y allá se quedó.

—Bueno —dijo O'Doul con desenfado—, hasta ahí llegó ese juego de palos.

DiMaggio caminó hasta el árbol. Por fortuna el palo se había deslizado hasta la rama más baja y DiMaggio pudo estirarse desde el cochecito de golf y recuperarlo.

—Cada vez que me dan un consejo —murmuró para sí DiMaggio, meneando lentamente la cabeza mientras caminaba hacia el estanque—, le pego un talonazo.

Más tarde, duchados y vestidos, DiMaggio y los demás salieron para un banquete a unos quince kilómetros del campo de golf. Les habían dicho que iba a ser una cena elegante, pero al llegar vieron que era más bien como una feria rural: había unos granjeros reunidos afuera de una estructura grande con trazas de granero, un candidato a *sheriff* distribuía folletos en la puerta principal y un coro de señoras poco agraciadas cantaba adentro *You Are My Sunshine*.

—¿Cómo nos dejamos meter en esto? —preguntó entre dientes DiMaggio, mientras se aproximaban a la edificación.

—O'Doul —dijo uno de los hombres—. Es culpa de él. El maldito de O'Doul no puede rechazar *nada*.

—Vete al infierno —le dijo O'Doul.

DiMaggio, O'Doul y Ernie Nevers se vieron pronto rodeados de un montón de gente, y la mujer que dirigía el coro corrió hasta ellos y exclamó:

—¡Oh, señor DiMaggio, es un verdadero placer tenerlo con nosotros!

—Es un placer estar aquí, señora —dijo él con sonrisa forzada.

—Qué lástima que no llegaran un momentito antes: nos habrían oído cantar.

—Ah, pero si las oí —dijo él—, y lo disfruté mucho.

—Qué bien, qué bien —dijo ella—. ¿Y cómo están sus hermanos Dom y Vic?

—Muy bien. Dom vive cerca de Boston. Vince está en Pittsburgh.

—¡Anda, si aquí está Joe, hola! —cortó el hilo un hombre que olía a vino, dándole palmaditas en la espalda a DiMaggio y palpándole el brazo—. ¿Quién ganará este año, Joe?

—Pues no tengo idea —dijo DiMaggio.

—¿Qué tal los Giants?

—Vaya uno a saber.

—Bueno, no podemos descartar a los Dodgers —dijo el hombre.

—Claro que no —dijo DiMaggio.

—No con esos lanzamientos.

—Los lanzamientos sí que importan —dijo DiMaggio.

Dondequiera que vaya las preguntas parecen ser las mismas, como si tuviera el don especial de predecir el futuro y sus nuevos héroes, y dondequiera que vaya, igualmente, hombres ya mayores lo toman de la mano y le palpan el brazo y vaticinan que todavía podría salir al campo y conectar un batazo, y la sonrisa en el rostro de DiMaggio es auténtica. Él se esfuerza por lucir como entonces: hace dieta, toma baños de vapor, se cuida; y no falta el tipo fofo en el vestuario del club de golf que todavía lo mira a hurtadillas cuando sale de la ducha y repara en los firmes músculos de su pecho, el estómago plano, las piernas largas y vigorosas. Tiene el cuerpo de un joven, muy pálido y lampiño; su rostro, sin embargo, es moreno y arrugado, tostado por el sol de tantas temporadas. Eso sí, su estampa impresiona siempre en banquetes como el presente: todo un *inmortal,* como lo llamaban los redactores deportivos; y a este tenor han escrito sobre él y otros como él, rara vez indicando que semejantes héroes pudieran ser propensos a los males de los meros mortales: la juerga, la bebida, las intrigas. Insinuar esto sería acabar con el mito, decepcionaría a los menores, enfurecería a los ricos dueños de los clubes de béisbol, para los cuales el deporte es un negocio con ánimo de lucro en cuya persecución ellos canjean la carne de los jugadores mediocres con la misma despreocupación con que los chicos intercambian los cromos de jugadores que vienen en la goma de mascar. Así, el héroe del béisbol siempre tiene que representar su papel, tiene que sustentar el mito, y nadie lo hace mejor que Joe DiMaggio: nadie tiene más paciencia cuando vejetes ebrios lo agarran del brazo y le preguntan: «¿Quién ganará este año, Joe?».

Dos horas después, terminados la cena y los discursos, DiMaggio se desploma en el coche de O'Doul camino de regreso a San Francisco. Se enderezó, sin embargo, cuando O'Doul paró en una estación de gasolina en la que había una bonita pelirroja sentada en una banqueta, con las piernas cruzadas, limándose las uñas. Tenía unos veintidós años, llevaba una falda negra estrecha y una blusa blanca todavía más estrecha.

—Mira *eso* —dijo DiMaggio.

—*Yeah* —dijo O'Doul.

O'Doul desvió la mirada cuando se acercó un joven y abrió el tanque de la gasolina y se puso a limpiar el parabrisas. El joven llevaba un uniforme blanco lleno de grasa que tenía impreso en la parte delantera el nombre «Burt». DiMaggio no dejó de mirar a la chica, pero ella no se distraía de sus uñas. Finalmente miró a Burt, que no lo reconoció. Cuando se llenó el tanque, O'Doul pagó y se puso en marcha. Burt volvió con su chica. DiMaggio se repantigó en el asiento delantero y no volvió a abrir los ojos hasta que llegaron a San Francisco.

—Vayamos donde Reno —dijo DiMaggio.

—No, tengo que ir a ver a mi vieja —respondió O'Doul.

Así que dejó a DiMaggio a la puerta del bar, y al momento se escuchó la voz de Reno anunciando entre el humo del salón:

—¡Eh, ahí está el Clíper!

Los hombres lo saludaron con la mano y lo convidaron a un trago. DiMaggio pidió un vodka y se sentó en la barra durante una hora, hablando con la media docena de hombres que le hacían corro. Una joven rubia que estaba con unos amigos al otro lado de la barra se acercó, y alguien se la presentó a DiMaggio. Él la invitó a un trago y le ofreció un cigarrillo. Al fin encendió un fósforo y se lo aproximó. La mano le temblaba.

—¿Soy yo el que está temblando? —preguntó él.

—Debe de ser —dijo la rubia—. Yo estoy tranquila.

Dos noches después, tras recoger su ropa en el cuarto trasero de Reno, DiMaggio se embarcó en un jet. Durmió atravesado en tres asientos y descendió por la escalerilla cuando el sol empezaba a salir en Miami. Recogió el equipaje y los palos de golf, los puso en el maletero del coche con chófer que lo esperaba y en menos de una hora entraba en Fort Lauderdale por las calles bordeadas de palmeras hacia el hotel Yankee Clipper.

—Es como si me hubiera pasado toda la vida viajando —dijo, entornando los ojos para mirar el sol a través del parabrisas—. Nunca me siento asentado en un solo lugar.

Al llegar al Yankee Clipper DiMaggio tomó la *suite* más grande. La gente apuraba el paso en el vestíbulo para darle la mano, pedirle el autógrafo, decirle: «Joe, estás estupendo». Y al día siguiente temprano, y durante las treinta mañanas siguientes, DiMaggio llegó puntual al estadio de béisbol, llevando el uniforme con el famoso 5, y los turistas que ocupaban las soleadas graderías aplaudían cada vez que hacía su aparición en el campo de juego, y después contemplaban con nostalgia cuando alzaba un bate y jugaba *pepper game** con los yankees más jóvenes, algunos de los cuales ni siquiera habían nacido cuando, este verano hará veinticinco años, conectó la pelota en cincuenta y seis partidos seguidos y se convirtió en el hombre más querido de Norteamérica.

Pero los espectadores más jóvenes en el campo de Fort Lauderdale, y también los cronistas deportivos, mostraban más interés por Mantle y Maris, y casi a diario enviaban noticias de cómo se sentían Mantle y Maris, qué hacían, qué decían, aunque hicieran y dijeran muy poco, aparte de pasearse por el campo y fruncir el ceño cuando los fotógrafos les pedían otra instantánea y los periodistas les preguntaban cómo se sentían.

Después de una semana así, llegó el gran día: Mantle y Maris iban a batear; y una docena de reporteros rodeaba la gran jaula de bateo situada del otro lado de la valla del jardín izquierdo. La estructura estaba totalmente encerrada en alambre, por lo que ninguna pelota podía desplazarse más de diez o doce metros sin quedar atrapada en las mallas. Así y todo, Mantle y Maris iban a estar golpeando, y eso, en primavera, es noticia.

Mantle pasó primero. Llevaba guantes negros para protegerse de ampollas. Golpeaba por la derecha los lanzamientos de un entrenador llamado Vern Benson, y en un instante ya bateaba duro, disparando pelotas de poca altura contra las redes, rematando con unos *ahhs ahhs* que exhalaba con la boca abierta.

Al poco tiempo Mantle, para no excederse el primer día, dejó caer el bate en la tierra y salió de la jaula de bateo. Roger Maris entró. Recogió el bate de Mantle.

—Esto debe de pesar un kilo —dijo Maris.

Arrojó el bate contra el suelo, salió de la jaula y fue hasta el banquillo al otro lado del campo a buscar otro bate más ligero.

---

* Un tipo de calentamiento en béisbol. *(N. del T.)*

DiMaggio, que estaba con los cronistas deportivos detrás de la jaula, se dio la vuelta cuando Vern Benson lo llamó desde adentro.

—Joe, ¿quieres batear algunas?

—Ni soñarlo —dijo DiMaggio.

—Vamos, Joe —dijo Benson.

Los reporteros esperaban en silencio. Entonces DiMaggio caminó a paso lento hasta la jaula y levantó el bate de Mantle. Se puso en posición sobre la placa, pero evidentemente no era la clásica postura de DiMaggio: asía el bate como a cinco centímetros de la perilla, no tenía los pies tan separados y, cuando le pegó al primer lanzamiento de Benson, bateando un *foul,* no hubo ese feroz remate de jugada: el bate borroso no describió todo el círculo como un bólido, el número 5 no se estiró de lado a lado en sus anchas espaldas.

DiMaggio bateó *foul* el segundo lanzamiento de Benson, pero conectó de lleno el tercero, el cuarto, el quinto. Se limitaba a darle fácilmente la pelota, sin reventarla, y Benson le gritó:

—No sabía que fueras un bateador de agarre corto.

—Lo soy ahora —dijo DiMaggio, preparándose para otro lanzamiento.

Conectó otros tres con suficiente contundencia y al siguiente bateo se escuchó un ruido sordo.

—¡Ohhh! —exclamó DiMaggio, dejando caer el bate, los dedos magullados—. Estaba esperando ése.

Salió de la jaula de bateo frotándose las manos. Los reporteros lo observaban. Nadie decía nada. Hasta que DiMaggio le dijo a uno de ellos, no con enojo ni tristeza, sino como un simple hecho que se enuncia:

—Hubo una época en que nadie me podía sacar de allí.

Peter O'Toole en el viejo terruño

Todos los niños de la clase habían sacado el lápiz y dibujaban caballos por orden de la monja. Mejor dicho, todos menos un niñito que había terminado y estaba ocioso en el pupitre.

—Bueno —dijo la monja, mirando el caballito del niño—, ¿por qué no le dibujas algo más, una silla o algo así?

A los pocos minutos regresó a ver qué había dibujado. Súbitamente se puso colorada. El caballo ahora tenía un pene y orinaba en la hierba.

Frenética, la monja empezó a azotarlo con sus manos. Otras monjas se acercaron corriendo y también la emprendieron a golpes contra él, derribándolo al suelo, sin prestar atención a sus sollozos atónitos:

—Pero si, pero si... yo apenas dibujaba lo que he visto... ¡apenas lo que he visto!

—¡Oh, esas brujas! —decía Peter O'Toole a sus treinta y un años, sintiendo la ponzoña después de tanto tiempo—. ¡Esas pájaras viejas, muertas de hambre, solteronas, con esas manos marchitas, asexuadas! ¡Dios mío, cómo odiaba a esas monjas!

Echó hacia atrás la cabeza, bebió el resto de su whisky escocés y le pidió otro a la azafata. Peter O'Toole viajaba en un avión que hacía una hora había salido de Londres, donde desde hace tiempo vive desterrado, con rumbo a Irlanda, su país natal. El avión transportaba hombres de negocios e irlandesas de mejillas sonrosadas, así como un puñado de sacerdotes, uno de los cuales sostenía un cigarrillo con lo que parecía ser un par de pinzas largas y delgadas..., se supone que para no tocar tabaco con dedos que después elevarían el Santo Sacramento.

Sin reparar en el sacerdote, O'Toole sonrió a la azafata cuando le trajo el otro vaso. Era una rubia menuda, colorada y robusta, con un ceñido uniforme de paño verde.

—Ah, míRale el culo —dijo en voz baja O'Toole, meneando la cabeza, alzando los ojos con aprobación—. Ese culo está cubierto de paño elaborado en Connemara, donde yo nací... Los culos más bonitos del mundo, los de Irlanda. Las irlandesas todavía cargan el agua en la cabeza y sacan en vilo a sus maridos de la taberna, y esas cosas son lo mejor del mundo para moldear una buena figura.

Dio un sorbo a su escocés y miró por la ventanilla. El avión iba en descenso, y entre las nubes divisó la tersa y verde campiña, las granjas blancas, las suaves colinas de los arrabales de Dublín, y dijo sentir, como a menudo sienten los irlandeses que regresan, una mezcla de tristeza y alegría. Se entristecen de ver nuevamente lo que los obligó a partir, y sienten también un poco de culpa por haberse ido, aunque saben que nunca habrían podido realizar sus sueños en medio de esa pobreza y esa asfixiante rigidez. Pero se alegran de que la belleza de Irlanda luzca imperecedera, la misma de su niñez, por lo que cada viaje de regreso a Irlanda es un feliz reencuentro con la juventud.

Si bien Peter O'Toole sigue siendo un irlandés desarraigado por elección, de cuando en cuando abandona Londres y regresa a Irlanda a echarse unos tragos, apostar a los caballos en el hipódromo de Punchestown en las afueras de Dublín y pasar unas horas meditando en soledad. Últimamente había tenido muy poco tiempo para la meditación privada, había pasado esos dos años extenuantes en el desierto rodando *Lawrence de Arabia*, había protagonizado luego *Baal* de Bertolt Brecht en un teatro londinense, después había aparecido junto a Richard Burton en la película *Becket*, y más adelante protagonizaría *Lord Jim*, además de otras películas.

Ahora, por primera vez en su vida, ganaba mucho dinero. Acababa de adquirir una casa de diecinueve habitaciones en Londres y por fin podía darse el lujo de comprar cuadros de Jack B. Yeats. Pero O'Toole no se sentía más satisfecho ni más seguro ahora que cuando era un famélico estudiante de teatro que vivía en una barcaza, barcaza que naufragó una noche en que llegaron demasiadas personas a una fiesta.

Todavía podía desquiciarse o ponerse autodestructivo, y los psiquiatras no habían servido de nada. Sólo sabía que en su interior, borboteando en la fragua de su alma, había confusión y conflicto, y a ambas cosas probablemente debía su talento, su rebelión, su destierro, su culpa. Todo ello se relacionaba de algún modo con Irlanda y la Iglesia; con que hubiera destruido tantos coches, a tal punto que le habían quitado el permiso; con sus marchas en los desfiles contra la Bomba, con su obsesión por Lawrence de Arabia, con su odio a los policías, al alambre de púas y a las chicas que se afeitan las axilas; con que fuese un esteta, un apostador a los caballos, un antiguo monaguillo, un bebedor que ahora vaga de noche por las calles comprando el mismo libro («Mi vida está invadida de ejemplares de *Moby Dick*») y leyendo el mismo sermón en ese libro («y si obedecemos a Dios tenemos que desobedecernos a nosotros mismos»); con ser dulce, generoso, sensible, pero receloso («Estás hablando con el hijo de un corredor de apuestas irlandés: ¡no podrías estafarme!»); con la devoción por su mujer, la lealtad con sus amigos, la gran preocupación por la visión incierta de su hija de tres años, que ahora usa unas gafas muy gruesas («¡Papi, Papi! ¡Me rompí los ojos!» «No llores, Kate, no llores: te compraremos un par nuevo»); con el genio dramático que conmueve igualmente cuando hace pantomima o representa a Hamlet; con una rabia que puede ser repentina («¿Por qué habría de contarle a *usted* la verdad? Quién se cree, ¿Bertrand Russell?»), con una rabia que se amaina pronto («Mira, te lo diría si supiera por qué, pero no lo sé, simplemente no lo sé...»); y con las hasta ahora aún no manifiestas contradicciones de este Peter O'Toole que en este preciso momento estaba a punto de aterrizar en Irlanda..., donde nació hace treinta y un años..., donde bebería la próxima copa.

Dos sacudidas, y el avión tomó tierra sin incidentes, corrió por el cemento y dio al fin un giro para dirigirse hacia la terminal aérea de Dublín. Se abrió la portezuela y un tropel de reporteros y fotógrafos se agolpó, con las bombillas de los flashes listas, y ya empezaban a quemarlas cuando Peter O'Toole, un hombre flaco y larguirucho de un metro noventa y dos centímetros, que llevaba una chaqueta de pana verde, corbatín verde y medias verdes (únicamente usa medias verdes, hasta con un esmoquin), bajó la escalerilla sonriendo y saludando bajo el sol. Posó para las cámaras, concedió una entrevista radiofónica, los invitó a todos a un trago. Se reía y confraternizaba; se mostraba encantador y zalamero; exhibía su personaje público, su personaje aeroportuario.

Al fin subió a la limusina que lo llevaría a la ciudad; y en breve recorría las estrechas y tortuosas carreteras que pasan delante de las granjas, de las cabras y las vacas y los verdes, muy verdes campos que se extienden millas de distancia.

—Tierra encantadora —dijo O'Toole, dejando escapar un suspiro—. ¡Dios, puedes quererla! Pero no puedes vivir en ella. Es algo que asusta. Mi padre, que vive en Inglaterra, no quiere volver a poner un pie en Irlanda. Pero le dices una palabra en contra de Irlanda y se pone como un energúmeno.

»¡Ay, Irlanda —prosiguió O'Toole— es la marrana que devora a sus propias crías! Mencióname un solo artista irlandés que haya creado aquí, ¡uno solo! Dios mío, Jack Yeats no pudo vender un cuadro en este país, y con *tanto talento* que hay..., ay, *daddy*... ¿Sabes cuál es el mayor producto de exportación de Irlanda? Los hombres. Hombres. Shaw, Joyce, Synge, no se pudieron quedar aquí. O'Casey no se pudo quedar. ¿Por qué? Porque O'Casey predica la Doctrina de la Alegría, *daddy*, es por eso... Ah, los irlandeses conocen la desesperación, ¡*por Dios que la conocen*! Son dostoyevskianos al respecto. Pero la alegría, amor querido, ¡en esta tierra!...

Ay, reverendo padre —continuó O'Toole, con golpes de pecho—, perdóneme padre porque me tiré a la señora Rafferty... Diez avemarías, hijo, cuatro padrenuestros... Pero, padre, padre, no disfruté tirándome a la señora Rafferty... Qué bien, hijo, *qué bien*...

»Irlanda —volvió a decir O'Toole—: puedes amarla... pero no vivir en ella.

Ya llegaba al hotel. Éste quedaba cerca del río Liffey, no lejos de la torre que Joyce describe en el *Ulises*. O'Toole se tomó un whisky en el bar. Parecía muy callado y melancólico, muy diferente a como había estado en el aeropuerto.

«Los celtas son en el fondo unos profundos pesimistas», dijo Peter O'Toole, despachándose el escocés. Parte de su propio pesimismo, añadió, proviene de su lugar natal, Connemara, «la parte más agreste de Irlanda, comarca de hambrunas, tierra sin horizontes»..., esa tierra que Jack Ycats retrata tan bien en sus rostros irlandeses, rostros que le recuerdan mucho a O'Toole a su padre, que tiene setenta y cinco años: Patrick O'Toole, antiguo corredor de apuestas, gallardo caballero, alto y muy delgado, como Peter; que no tuvo muy buena suerte en el hipódromo, como Peter; y la gente del barrio allá en Connemara meneaba la cabeza por la mujer de Patty O'Toole, Constance («una santa»), y decían: «Ay, ¿qué haría Patty sin Connie?».

—Cuando mi padre volvía a casa después de un buen día en las carreras —dijo Peter O'Toole, recostado en la barra—, toda la habitación se iluminaba: el país de las hadas. Pero cuando perdía, se hacía la oscuridad. En nuestra casa siempre estábamos de velorio... o de boda.

Más adelante, siendo niño aún, Peter O'Toole viajó fuera de Irlanda. Su padre, para estar más cerca de los hipódromos agrupados en el distrito industrial del norte de Inglaterra, trasladó a la familia a Leeds, a un arrabal de casuchas de dos habitaciones arriba y una abajo.

—Mi primer recuerdo de niño en Leeds es haberme perdido —dijo Peter O'Toole, tomando otro trago—. Me acuerdo que vagué por la ciudad... recuerdo haber visto a un hombre que pintaba de *verde* un poste de teléfonos... Y recuerdo que se fue y dejó las brochas y sus cosas en el sitio... Y recuerdo que acabé de pintar por él el poste... Y recuerdo que me llevaron a la comisaría... Y recuerdo que me alcé para ver la recepción, toda de porcelana blanca, blanca como la mano de una monja, y recuerdo que vi a un enorme, a un jodido cochino mirándome desde allá arriba.

A los trece años Peter O'Toole dejó el colegio y estuvo trabajando durante un tiempo en un depósito y allí aprendió a romper una cuerda sin tijeras, habilidad que todavía conserva, y después de eso trabajó de mensajero y asistente de fotógrafo en el diario *Yorkshire Evening News,* empleo que le gustaba muchísimo hasta que se le ocurrió que los periodistas con frecuencia se quedan al borde de la vida registrando las hazañas de los hombres famosos y rara vez se hacen ellos famosos, y él tenía muchas ganas de volverse famoso, dijo. A los dieciocho años había anotado en su libreta las líneas que serían su credo, y ahora, en aquel bar de Dublín, retrepándose en el taburete de la barra, las recitó en voz alta:

> *Opto por no ser un hombre común..., es mi derecho ser singular, si puedo... Busco la oportunidad, no la seguridad... Quiero correr el riesgo intencionado; soñar y construir, fracasar y triunfar..., negarme a cambiar el incentivo por un nimio subsidio... Prefiero los retos de la vida a la existencia asegurada, la emoción de realizar una ambición a la calma sosa de la utopía.**

Cuando acabó lo aplaudieron dos borrachos que estaban al otro extremo de la barra, y O'Toole los convidó, y se convidó, a otra copa.

---

* Del estadista estadounidense Dean Alfange. *(N. del A.)*

Su carrera de actor comenzó, según dijo, después de su servicio en la marina y un año de estudio en la Real Academia de Arte Dramático. Uno de sus primeros papeles fue con la Compañía del Old Vic de Bristol, donde hacía de campesino georgiano en una obra de Chéjov.

—Yo debía irrumpir rudamente en escena y decir: «Doctor Ostroff, llegaron los caballos» y hacer mutis —dijo O'Toole—, pero eso no iba *conmigo*. Decidí que ese campesino georgiano era en realidad ¡Stalin! Así que lo representé con una leve cojera, como la de Stalin, y me maquillé para quedar como Stalin... y cuando salí al escenario, ardiendo de resentimiento contra la aristocracia, pude oír el silencio que se hizo entre el público. Entonces le clavé los ojos al doctor Ostroff... y dije: «Doctor Caballo, llegaron los ostroffs».

Durante los siguientes tres años con la Old Vic de Bristol representó setenta y tres papeles, incluido el de Hamlet, pero hasta que consiguió el papel en cine de *Lawrence de Arabia* nadie oyó hablar de Peter O'Toole, dijo Peter O'Toole con voz recia.

—¡*Lawrence!* —prorrumpió O'Toole, tomándose su escocés—. Me obsesioné con ese hombre y eso estuvo mal. El verdadero artista debería ser capaz de saltar a un balde de mierda y salir oliendo a violetas, pero yo me pasé dos años y tres meses pensando *únicamente* en Lawrence, y era él, y así fue día tras día, día tras día, y eso me hizo daño, en lo personal, y mató mi actuación después.

»Después de Lawrence, como sabes, hice *Baal*, y un amigo íntimo vino después del ensayo general y me dijo: "¿Qué te pasa, Peter, *qué* te pasa?". Le pregunté qué demonios quería decir y él respondió: "¡No hay *entrega*!". Cristo santo, sus palabras me llenaron de pánico. ¡Ah, qué mala actuación! Miraba al suelo... No lograba entonar otra vez la voz... Era blandengue, difuso... Más adelante me dije: "Estás metido en un lío", *daddy*, y lo sentía en los jodidos dedos de los pies. Quedé en bancarrota emocional después de la película.

»En un programa de la BBC, en el show de Harry Craig..., ¡ese hijo de... escarbó demasiado hondo!... Dije que después de *Lawrence* tenía miedo de haber quedado mutilado. Que rodar durante tanto tiempo, dos años y tres meses, y tener toda la responsabilidad de la actuación pero nada del control... Cristo santo, en una escena de la película vi un primer plano de mi cara de cuando yo tenía veintisiete años, y luego, a los ocho segundos, había otro primer plano mío ¡de cuando ya tenía veintinueve! ¡Ocho condenados segundos y se me han ido dos años de mi vida!

»Ay, cómo duele ver todo eso en la pantalla, solidificado, embalsamado —dijo, fijando la vista en la hilera de botellas de enfrente—. Cuando una cosa se solidifica deja de estar viva. Es por eso que amo el teatro. Es el "Arte del Instante". Estoy enamorado de lo efímero y odio lo permanente. Actuar es hacer carne las palabras, y me encanta la actuación clásica porque..., porque tienes que tener el alcance vocal de un cantante de ópera..., el movimiento de un bailarín de ballet..., tienes que poder *actuar*... Es convertir todo tu cuerpo en un instrumento musical que tú mismo tocas..., es mucho más que conductismo, que es lo que te dan en las películas... Jesús, ¿qué *son* las películas, si a eso vamos? Unas jodidas fotografías en movimiento, eso es todo. ¡Pero el teatro! Ah, allí obtienes la *transitoriedad* que adoro. Es algo así como un reflejo de la vida. Es..., es... como construir una estatua de nieve.

Peter O'Toole miró su reloj. Procedió a pagarle al cantinero y saludó con la mano a los dos borrachines de la barra. Era la una y cuarto de la tarde: hora de arrancar para el hipódromo.

El chófer, un hombre regordete y callado que estuvo dormitando en el vestíbulo del hotel todo ese tiempo, se despertó cuando oyó salir cantando del bar a Peter O'Toole, y se incorporó de un salto cuando O'Toole le anunció alegremente, con una leve inclinación:

—A las carreras, mi buen hombre.

En el coche, camino de Punchestown, O'Toole, que estaba animado pero de ninguna manera borracho, rememoró la dicha que de niño lo invadía cuando su padre lo llevaba al hipódromo. A veces, dijo O'Toole, su padre hacía un mal cálculo de probabilidades en su taquilla de apuestas o perdía tanto en una apuesta personal que le faltaba efectivo para pagarles a los ganadores. Así que apenas terminaba la carrera, pero antes de que los clientes pudieran abalanzarse sobre la cabina de Apuestas O'Toole, Patrick O'Toole tomaba de la mano a Peter y le decía: «¡Vamos, hijo, larguémonos!», y ambos se escabullían entre los arbustos y desaparecían en un dos por tres del hipódromo, y no podían volver al sitio durante bastante tiempo.

La tribuna de Punchestown estaba atestada de público cuando el chófer de O'Toole enfiló hacia la sede del club. Había también largas colas esperando conseguir una entrada, personas bien vestidas con trajes y gorras de *tweed*, o sombreros tiroleses con pluma. Detrás de la gente estaba el corral, un corral de hierba suave y muy verde en el que los caballos corrían de un lado a otro, dando vueltas, girando, hinchando los ollares. Y detrás del corral, armando un alboroto, había hileras y más hileras de corredores de apuestas, todos ellos hombres entrados en años, de gorra, de pie en sus puestos de madera pintados de colores vivos, todos ellos voceando los pronósticos y sacudiendo al viento unas hojitas de papel.

Peter O'Toole los observó en silencio por un momento. Se oyó de pronto la voz de una mujer que saludaba: «Peeeter, Peeeter, Peeeter O'Toole, ¿cómo estás?».

O'Toole reconoció a una mujer de la sociedad dublinesa, una mujer bien formada, de unos cuarenta años, cuyo marido tenía purasangres y un montón de acciones de la cervecería Guinness.

O'Toole sonrió y la tomó de la mano un instante, y ella le dijo:

—Oh, cada día estás mejor, Peeeter, mejor aún que sobre esos jodidos camellos árabes. ¿No quisieras venir a nues-

tro remolque detrás del club, a tomarte unas copas con nosotros, querido?

O'Toole respondió que sí, pero que primero tenía
que hacer una apuesta.

Apostó cinco libras por un caballo en la primera carrera, pero antes de que el caballo saltara el último seto el jinete
había rodado por tierra. O'Toole perdió asimismo las siguientes cinco carreras, y el licor también empezaba a afectarlo. Entre carreras había hecho un alto en el tráiler de los Guinness,
una gran furgoneta blanca llena de caballeros ricos y champaña
y elegantes irlandesas que se le arrimaban, lo llamaban «Peeeter» y le decían que debía visitar Irlanda con más frecuencia; y,
mientras sonreía y las rodeaba con sus largos brazos, se descu-
bría a veces recostándose en ellas como punto de apoyo.

Justo antes de la última carrera O'Toole se escurrió
hacia el aire fresco y el sol y apostó diez libras por un caballo
del cual no sabía nada; luego, en lugar de ir a la furgoneta de
los Guinness, se recostó sobre la barandilla de la pista, con los
enrojecidos ojos azules fijos en la hilera de caballos formados
en la salida. Sonó la campana y el caballo de O'Toole, un
gran ejemplar zaino castrado, cogió la delantera, tomó la
curva, arrojando al aire pedazos de césped, siguió a la cabeza,
saltó un seto, embistió adelante y saltó otro seto todavía con
una ventaja de dos cuerpos. Ahora Peter O'Toole empezó a
despertarse; y segundos más tarde sacudía el puño al aire,
entre brincos y hurras, mientras el caballo cruzaba la meta...
y seguía al galope, el jinete empinado en los estribos, un cómodo vencedor.

—¡Peeeter, Peeeter, ganaste! —se oyó que exclama-
ban desde la furgoneta.

—Peeeter, querido, tomémonos un trago.

Pero Peter O'Toole no estaba interesado en un trago.
Corrió inmediatamente a la taquilla, antes de que el corredor se le escapara. O'Toole cobró su dinero.

Después de las carreras, con la puesta del sol y el repentino enfriamiento del aire, O'Toole decidió escurrir el

bulto a las fiestas de Dublín. Pidió al chófer que lo llevara en cambio a Glendalough, un paraje silencioso, bello y casi desierto a lo largo de un lago entre dos pequeñas montañas a las afueras de Dublín, no lejos de donde estaban enterrados los primeros O'Toole, y por donde él, de niño, solía dar largas caminatas.

Hacia las cinco y media de la tarde el conductor maniobraba el gran automóvil por las estrechas vías de tierra al pie de la montaña, hasta que se detuvo, no habiendo más camino. O'Toole se apeó, se alzó el cuello de la chaqueta de pana verde y empezó a subir por la montaña con cierta torpeza, pues aún estaba algo aturdido por la bebida.

—¡Cristo santo, qué colores! —gritó, y su voz retumbó por el valle—. ¡Mira esos árboles, esos árboles jóvenes: están *corriendo,* por Dios bendito, no están sembrados ahí... y son tan sensuales, como vello púbico..., y ese *lago,* no hay peces en ese lago! Y no cantan los pájaros; es tan silencioso, no hay pájaros que canten en Glendalough porque no hay peces... para que ellos les canten.

Entonces se tumbó en la ladera y reclinó la cabeza contra la hierba. Alzó luego las manos al aire y preguntó: «¿Ves eso? ¿Ves esa mano derecha?». Mostraba un lado y otro de su mano derecha y decía: «Mira esas cicatrices, *daddy*», y tenía como cuarenta o cincuenta pequeñas cicatrices en la palma de la mano derecha y también en los nudillos, y el meñique deformado.

—No sé si eso tendrá algún significado, *daddy,* pero... *soy un zurdo al que obligaron a ser diestro...* Ah, cómo me golpeaban los nudillos cuando usaba la izquierda, esas monjas, y tal vez, tal vez acaso, era por eso por lo que detestaba tanto el colegio.

Toda la vida, dijo, su mano derecha había sido una especie de arma violenta. La había estrellado contra vidrios, contra el cemento, contra otras personas.

—Pero mira la *izquierda* —dijo, levantándola—. No tiene una sola cicatriz. Larga y suave como un lirio.

Hizo una pausa y añadió al fin:

—¿Sabes? Puedo escribir perfectamente al revés, escritura de espejo... Mira —y sacó su billete de avión y con un bolígrafo escribió su nombre:

Peter O'Toole

Se echó a reír. Por último, poniéndose de pie y sacudiéndose la chaqueta y los pantalones verdes, bajó tambaleándose hacia el automóvil; y comenzó a dejar atrás el inquietante silencio del lago, los árboles corredores y aquella isla de blancas y marchitas monjas.

Voguelandia

Cada mañana, en los días hábiles, una serie de mujeres relamidas y a prueba de arrugas, que se tratan de «querida» y «encanto» y son capaces de hablar en letra cursiva y maldecir en francés, entran al edificio Graybar en Manhattan, ascienden al piso diecinueve y se deslizan enfrente de los escritorios de *Vogue*, una revista que desde tiempo atrás ha sido el símbolo supremo de la sofisticación para cualquier norteamericana que alguna vez soñara con ser ataviada por Balenciaga, calzada por Roger Vivier, peinada por Kenneth, o con la libertad de poder columpiarse en el Arco del Triunfo en ropa interior y un abrigo de visón.

Desde los tiempos de Safo nadie había levantado tanto fervor en torno a las mujeres como la plana editorial de *Vogue*. Prácticamente en cada número nos presentan diosas despampanantes que a todas luces se hacen más perfectas, más imponentes, a cada vuelta de hoja. A veces la modelo de *Vogue* salta a través de la página arropada en seda color moca, otras pilota un velero con tajamar de teca por las Antillas Menores, o se empina, con estatura Dior, frente a la torre Eiffel, entre atrevidos Renault que le pasan zumbando (mas nunca la atropellan), posando en medio de la calle, con una pierna levantada, la boca abierta, los dientes relucientes, dos gendarmes guiñando los ojos al fondo, todo París enamorado de ella y su traje de cóctel de *mousseline de soie*.

En otras ocasiones la modelo de *Vogue* viste de «negro siempre-a-la-moda» en el puente de Queensboro, mientras un gato blanco le trepa por la espalda, gato que ella seguramente deja en casa cuando toma el jet a Puerto Rico para su almuerzo con Casals mientras desde las lomas la contemplan las mujeres nativas con sus niños desnudos..., mujeres que le sonríen, que le admiran su falda de seda de tusor («cosechada en Nantucket»), que la adoran cuando clava sus tacones de aguja por el campo de golf de nueve hoyos incrustado en el antiguo fuerte de El Morro.

Mientras que esas maniquíes de *Vogue* son meramente estupendas, las damas de sociedad retratadas para la revista son ricas, bellas, infatigables, vivaces, vitales, brillantes, ingeniosas, participan en más comités que un miembro del Congreso, saben más de aviones que Wolfgang Langewiesche, medran en el aire campestre pero están igualmente cómodas en los elegantes salones de juego de Cannes. Nunca envejecen ni se marchitan ni sufren de caspa, y son también (en las palabras zalameras de la cuadrilla de redactores de pies de foto de *Vogue*) «divertidas», «exquisitas», «delicadas», «geniales» y «deslumbrantes».

En un número de *Vogue,* valga el ejemplo, la señora de Loel Guinness, fotografiada en vísperas de alzar vuelo de Lausana a Palm Beach, fue descrita como «vivaz, vital, divertida». Y en otro número la señora de Colombus O'Donnell poseía una «chispa rápida y divertida». La reina Sirikit de Tailandia era «divertida, exquisita» y la condesa de Dalkeith era «encantadora» y tan refulgente como Lady Caroline Somerset, quien por su parte ostentaba una «delicada belleza de luz de luna». La señora de Murray Vanderbilt, que el año pasado era «una morena estilizada, con una mirada directa y cautivadora y risa suave y franca», es este año «una belleza impulsada por un fuerte propósito», el propósito de volar a París a hacerse retratar un martes por el «desenfadado, disoluto» Kees van Dongen y regresar por aire a Nueva York esa misma noche, «invirtiendo», en palabras de *Vogue,* «tan sólo 23 horas y 45 minutos».

Dado el excepcional caso de que una mujer celebrada por *Vogue* no sea una «rara belleza» (si, por ejemplo, raya en la fealdad), entonces se dice que es «culta» o dueña de un «bagaje intelectual», o que recuerda a la heroína de alguna novela exquisita y vivaz. Madame Helene Rochas «tiene un parecido con la heroína de una novela de Stendhal». Y si *Vogue* llega a mencionar a una fémina del tipo no-*Vogue,* como Ingrid Bergman, que gasta poco dinero en la industria de los cosméticos, se le atribuye una nariz «bastante generosa».

Las narices de las heroínas de *Vogue* suelen ser largas y finas, como son las narices de muchas editoras de *Vogue:* narices que se pueden empinar en presencia de sus por lo general más bajitas, más jóvenes y menos sofisticadas parientes por el lado de Condé Nast, casa que también edita la revista *Glamour,* ubicada igualmente en el piso diecinueve del edificio Graybar. Habitualmente es muy sencillo distinguir a las empleadas de ambas publicaciones, ya que las *jeunes filles* de *Glamour,* además de poseer un nutrido contingente de narices que *Vogue* tacharía de «acuciosas, respingadas», también son dadas a llevar blusas camiseras y hebillas redondas de colegiala, a sonreír en el ascensor y a saludar diciendo «¡hola!». Una dama de *Vogue* describía a las empleadas de *Glamour* como «esa gentecilla vivaracha, que saludan diciendo hola».

Un día hace unos cuantos años una cándida y recién admitida secretaria de *Vogue* entró dando brinquitos y con un paquete a la oficina de una editora, y le dijo: «¡Hola!». Ante lo cual se dice que la editora se frunció de arriba abajo y se animó a espetarle: «¡Aquí no decimos *eso*!».

—Desde luego que todas en *Glamour* esperan escalar en el trabajo hasta la plantilla de adustas vigilantes de *Vogue* —dice la escritora Eve Marriam, antigua jefa de redacción de *Glamour*—. Pero eso rara vez ocurre. En *Vogue* se tienen que cuidar. La ascendida puede emplear la palabra «linda» en lugar de «airosa»; podría hablar de ofrecer una «fiesta» en lugar de una «cena»; o aconsejar un abrigo de gamuza «para ir de *weekend* con la pandilla de las camionetas» en lugar de «para su casa campestre». O podría hablar de ir a una joyería y no a una *bijouterie.* La mayor torpeza consistiría en referirse a una «ganga» en lugar de una «inversión» o una «buena jugada». O hablar de un «traje de ceremonia» como (de sólo pensarlo te dan escalofríos) un «vestido formal».

Basta con salir del ascensor y entrar en el piso diecinueve para experimentar la repentina sensación de estar *en Vogue*. El suelo es negro con estrellas incrustadas y la espaciosa antesala está distinguidamente decorada con una «delicada, divertida» recepcionista con acento británico..., quizás conforme a la política de la revista de escribir muchas palabras con la ortografía británica.

Detrás de la recepcionista hay un pasillo curvo que lleva a las oficinas de la redacción de *Vogue*. La primera, la de la Editora de Belleza, huele a polvos y pomadas, productos rejuvenecedores y demás fuentes de la juventud. Más allá, doblando una segunda curva, hay media docena de oficinas de otras editoras y, dividiéndolas, está el amplio y bullicioso Salón de Modas. De nueve a cinco el Salón de Modas y las oficinas que lo rodean retumban con las efusivas y estridentes voces de cincuenta mujeres, el repicar incesante de los teléfonos, las borrosas imágenes de siluetas estilizadas que pasan como exhalaciones, taconeando con *élan*. En un rincón la Editora de Géneros y Tejidos pellizca con desgana unas muestras de seda; en otro, cerca de una ventana, la Editora de Calzado averigua qué viene en materia de zapatos «flamantes»; en otro más, la Gestora de Modelos escarba en un archivador que contiene información sumamente secreta sobre las modelos, como cuáles de ellas están dispuestas a posar para anuncios de corsetería, cuáles tienen las mejores piernas, cuáles tienen los dedos como garras (ideales para modelar guantes) y cuáles tienen las manos pequeñas y bonitas (ideales para hacer que las costosas botellitas de perfume se vean grandes).

De las cercanas oficinas de una editora llamada Carol Phillips («una belleza delicada, divertida, de nítido perfil») llegan las refinadas risitas y acotaciones de otras rectoras del buen gusto que se plantan, en jarras, delante del escritorio de la señora Phillips. De modo inevitable su charla se entremezcla con los diálogos que resuenan por el corredor, por momentos dificultando en grado sumo la plena concentración del barón De Gunzburg, un antiguo redactor de modas, en el crucigrama del *London Times* que un mensajero le trae todas las mañanas de los quioscos de publicaciones extranjeras que hay en Times Square. El barón, apodado «Nick-*kee*» por las damas de *Vogue,* y que escribe sus sietes al estilo europeo, 7, bailaba antaño con una compañía de ballet y actuó una vez en una película alemana titulada *El vampiro.* (En el filme representaba a un poeta que pasa dos semanas en un ataúd antes de tener ocasión de matar al vampiro; hoy en día el barón casi nunca va sin una corbata negra, y se dice que un día en que tomó un ascensor en la Séptima Avenida sin especificar a qué piso iba, fue transportado enseguida al piso de un sastre que hace uniformes para empresarios de pompas fúnebres.)

Por encima del barón, en una de las pocas oficinas que ocupa *Vogue* en el vigésimo piso, la Editora de Especiales, Allene Talmey, a quien el editor jefe Frank Crowninshield describiera una vez como «un suflé de palancas», discute su famosa columna *La gente está hablando de...,* una colección de tópicos sobre los cuales ella y otras editoras de *Vogue* están hablando y sobre los cuales piensan que *todo el mundo* debería estar hablando. Escribe:

LA GENTE ESTÁ HABLANDO DE... *la presente necesidad que hay de la palabra griega batología, en el sentido de charla excesiva o repetición innecesaria de palabras, según el uso que le da san Mateo (6:7)...*

LA GENTE ESTÁ HABLANDO DE... *los regalos de bautizo que recibió la hija del gran director austriaco Herbert von Karajan...*

LA GENTE ESTÁ HABLANDO DE... *el sepak takrow, un juego bello para ver...*

LA GENTE ESTÁ HABLANDO DE... *colibríes...*

LA GENTE ESTÁ HABLANDO DE... *la mitad oriental del planeta.*

Si bien algunos críticos de *Vogue* sostienen que la política literaria de la revista se puede resumir así: «En caso de duda, reimprímase a Colette», hay que abonarle a *Vogue* el que haya publicado obras de excelentes autores, entre ellos Marianne Moore, Jacques Barzun, Rebecca West y Allene Talmey. Con todo, un antiguo editor de arte de *Vogue*, el inimitable doctor Mehemet Femy Agha, dijo en una ocasión: «Aunque Allene es maravillosa, muchas veces le he dicho que es como una pianista en un burdel. Puede ser muy buena pianista, pero nadie acude allí a oír la música. Nadie compra *Vogue* para leer buena literatura: la compran para ver la ropa».

Entre los primeros en ver la ropa está el barón De Gunzburg, quien, habiendo terminado el crucigrama del *London Times,* está ahora en el distrito de la confección en la Séptima Avenida, reclinado en un suntuoso diván en la sala de exposición del modisto Herbert Sondheim, quien hace para la revista *Vogue* una exhibición privada de sus próximos trajes de primavera. Sentada al lado del barón está otra editora de *Vogue,* Mildred Morton («rubia de perfil nítido y ceja alzada en leve gesto de hastío»).

—Ustedes son las primeras personas en el mundo entero que van a ver esto —dice el señor Sondheim, un hombre bajito, más bien robusto, de voz ronca, que se frota las manos y sonríe de oreja a oreja.

Al momento sale de la cortina una modelo rubia, se contonea en dirección al barón y la señora Morton y dice con voz de arrullo: «Número 628».

El Barón anota el número del modelo en su libreta de cuero Hermes y la mira a ella mientras da vueltas por la sala y vuelve a entrar por la cortina.

—Es pomecia —dice el señor Sondheim.

—¿Caro? —pregunta la señora Morton.

—El algodón pomecia cuesta unos dos dólares con cincuenta la yarda —dice el señor Sondheim.

—Número 648 —dice una segunda modelo, una trigueña, que pasa deslizándose junto al señor Sondheim, dobla las rodillas y luego da una vuelta delante del barón De Gunzburg.

—Elegantísimo —dice el barón, dejando que sus dedos le den al traje de noche de la modelo un pellizco profesional—. Y *me encanta* el corte acuchillado del abrigo.

La señora Morton alza la ceja derecha.

—¿Sales de viaje este invierno? —pregunta el barón al señor Sondheim.

—Probablemente —dice éste—. Palm Beach.

El barón no parece en absoluto impresionado.

—Número 624 —anuncia la trigueña, reapareciendo con un floreo de faldas, un quiebre de rodillas, una vuelta.

—Espléndida textura, la del pomecia —dice el señor Sondheim, poniéndose otra vez formal—. Además de eso, no se arruga.

—Me gustaron más los otros dos, ¿a ti no, Nick-*kee*? —pregunta la señora Morton.

El barón calla. La modelo hace otro giro frente a él y pasa a cuadrarse, dándole la espalda.

—¿Qué número tienes? —le pregunta el barón, adoptando un seco acento británico.

—Número 639 —replica ella por encima del hombro.

El barón anota el número y ve desaparecer a la modelo detrás de la cortina, con un estrépito de perchas de plástico.

Cinco minutos después la colección del señor Sondheim finaliza su exhibición, y el barón le entrega los números de los trajes que *Vogue* desea fotografiar y publicar de manera exclusiva. El señor Sondheim accede encantado, ya que lograr que los vestidos aparezcan como primicia en las páginas editoriales de *Vogue* garantiza por lo menos su éxito en ventas.

Todo empezó el 17 de diciembre de 1892, cuando el «tranquilo y sociable» Arthur Baldwin Turnure (Princeton, 1876), esposo de una de las primeras maniáticas del golf en

Estados Unidos, fundó la revista *Vogue*. Para 1895 había causado sensación al publicar en su revista los trajes y la ropa interior que llevaría la señorita Consuelo Vanderbilt con ocasión de su matrimonio con el duque de Marlborough.

En 1909 *Vogue* fue adquirida por Condé Nast, bajo cuya dirección floreció como nunca antes, y desde entonces ninguna otra revista del ramo de la moda ha podido desbancarla. *Harper's Bazaar,* que siempre ha sido menos conservadora («Siempre se pasan por *una* lentejuela», según explica una dama de *Vogue*), no suministra a sus lectoras la misma cantidad de lo que Mary McCarthy llama «esnobismo democrático».

Hace unos años la señorita McCarthy, que realizó para la revista *Reporter* un estudio bastante exhaustivo sobre las publicaciones de modas femeninas, concluyó que a medida que uno descendía por las revistas menos encopetadas (como *Charm, Glamour, Mademoiselle*), mayor era la auténtica solicitud que éstas mostraban por la lectora y sus problemas: «El sufrimiento de ser una Ch. N. (Chica de Negocios), la envidia de los superiores, la timidez, la torpeza, la soledad, los temores sexuales, la cohibida amabilidad hacia el jefe, las interminables noches con el espejo y las pinzas, las desesperadas acometidas sociales de los sábados ("Da una fiesta e invita a *todas* las personas que conozcas"), la lucha por lograr una identidad en el yerto cuchitril de la vida laboral».

Y otra investigación sobre revistas femeninas, esta última realizada para la publicación *Social Forces* por dos sociólogos, Bernard Barber, del Barnard College, y Lyle S. Lobel, de Harvard, afirmaba que, por más que los símbolos de prestigio en *Vogue* son «la sofisticación y el chic», esos mismos símbolos son desdeñados por las respetables y hogareñas madres de familia de la revista *Ladies Home Journal*, donde hay «cierto rechazo de la refinación», de lo que es «atrevido» o «inusual».

Pero, según los sociólogos, por encima del nivel ultrachic de *Vogue* se cierne una clase de mujeres todavía más envidiadas: las ricas que no están de moda, las de «rancia fortuna».

«En este nivel último, donde no hay necesidad de competir por estatus mediante el consumo», escriben Barber y Lobel, «las mujeres pueden incluso conservar cierta independencia de la actual y caprichosa "moda". Su ropa fina puede ser más o menos la misma durante varios años... Hasta puede ser excéntrica, como las viejas matronas de Beacon Street en Boston».

Pasaban luego a describir el nivel de *Vogue:* «En la clase social justo por debajo de las familias de "rancia fortuna" encontramos a las líderes de la "alta moda", atentas a París. Puesto que saben de la clase que existe más arriba, y quizás tratando de lograr acceso a ella, estas mujeres buscan combinar la opulencia con la "elegancia discreta". Son "material de revistas de moda", ya que este grupo enfatiza la *pose* de la serena distinción, de la superioridad sin esfuerzo y de la elegancia innata».

Para que la revista *Vogue* pueda desplegar su pose de serena elegancia y distinción tiene que convocar, desde luego, a sus modelos de alta costura y hacerlas fotografiar por fotógrafos de modas, y en esta tarde en particular la sesión de fotografías en color de *Vogue* tenía lugar en el estudio en un último piso del célebre fotógrafo Horst Horst, un sitio maravilloso que tiene vistas al East River. En el estudio, mientras Horst Horst prepara las cámaras alemanas, suecas y japonesas, su criado chino clava con tachuelas en la pared unas enormes hojas de cartón de un plácido color azul celeste creando un fondo veraniego. En el centro del piso, junto a una caja de flores, hay una banqueta de felpa de cálido color avellana en la que se sentará la modelo. En el vestidor contiguo la señora Simpson de *Vogue* espera la llegada de la modelo, Dorothea McGowan, haciendo un bordado según un diseño de Matisse.

—Me volvería loca, *loca,* sin esto —dice la señora Simpson de su labor.

En otro rincón del vestidor las damas de guardarropa de *Vogue* planchan la media docena de vestidos de chiffon de James Galanos que se pondrá la modelo. Al fin, diez minutos después, Dorothea McGowan, una muchacha alta y pálida, irrumpe en el recinto, con rulos en el pelo. De una vez se quita el abrigo, se suelta el pelo, corre al espejo y se acaricia el cutis blanco de su cara como si fuera un lienzo con un pincel japonés.

—¿Qué zapatos, señora Simpson? —pregunta.

—Pruébate los rojos, querida —dice la señora Simpson, levantando la vista del Matisse.

—Empecemos —grita Horst desde la otra habitación.

En cuestión de minutos, después de maquillarse la cara como una experta, Dorothea se transforma, de la pálida y larguirucha jovencita de Brooklyn que era al entrar al estudio, en una sofisticada mujer de edad indefinida a punto de posar para su séptima portada de *Vogue*. Camina con confianza hasta el estudio, se sitúa a cinco metros de Horst, estira los músculos de las pantorrillas, abre un poco las piernas, se pone las manos en las caderas y se alista para su aventura amorosa con la cámara.

Horst, sobando el trípode con las manos, se agacha y ya va a disparar cuando la señora Simpson, parada a un lado como una carabina, dice:

—Tiene las uñas espantosas.

—¿De veras? —pregunta Dorothea, ya no la mujer confiada sino otra vez la muchacha de Brooklyn.

—Sí. ¿Trajiste tus uñas contigo?

La modelo se dirige al vestidor para ponerse las uñas postizas y regresa delante de la cámara. Ya satisfecha, la señora Simpson vuelve a su bordado en el cuarto contiguo, y el joven chino coloca delante de Dorothea un ventilador que sopla el tenue vestido de chiffon contra su flaco, esbelto cuerpo.

Dorothea echa hacia atrás la cabeza.

—Ah, qué gusto da el ventilador —dice entre risitas.

—Mueve la pierna —le dice Horst.

La dobla hacia atrás, abre la boca. Y la cámara de Horst hace clic. Luego ella se recuesta en la banqueta, hace un puchero. Horst hace clic.

—Ah, qué bien —dice Horst—. Hazlo otra vez (clic).

Dorothea sonríe (clic); abre la boca (clic); más abierta, una O grande (clic).

—Se me cae el sombrero —dice, con más risitas.

—Sonríe, sin mostrar los dientes —dice él (clic)—. Estira el cuello.

Ella lo estira (clic).

—Así se hace, mi niña —dice él (clic).

—Asííí... —repite lentamente (clic).

Y entonces, sin instrucciones de él, de modo automático, ella empieza a hacer diferentes poses, cada una con su correspondiente clic: su rostro es ya el de una arpía, ya se abre al amor, ya arden sus ojos, ya es tan recatado como el de una virgen de la Universidad de Vassar. Y Horst le dice todo el tiempo, genuinamente emocionado detrás de la lente:

—Asííí (clic)... Asííí (clic)... Asííí (clic)...

—¿Qué son estas florecitas? —pregunta al fin Dorothea, rompiendo la atmósfera.

—Azaleas —le dice Horst, encendiendo un cigarrillo.

Dorothea se saca de la mano derecha un gran anillo con un brillante falso, se lo pone en la izquierda y dice:

—¿Sabes?, si te quitas un anillo de un dedo y te lo pones en otro, te sigue pareciendo que lo tuvieras todavía en el primero.

Horst Horst la mira con un asomo de extrañeza. Dorothea va a cambiarse de vestido. Y el chino, que tiene cuerpo de buen nadador, apaga el ventilador y cambia rápidamente el cartón azul del fondo por uno rosado. Cuando Dorothea regresa, la señora Simpson ha vuelto para echar un vistazo.

—Dorothea —dice la señora Simpson—, te salen unos pelitos por la nuca.

—¿Eh? —dice Dorothea, tocándose el cuello.

Al volverse hacia el vestidor, Dorothea nota el fondo rosa y su cara se anima, llena de ilusión.

—¡Ay! —exclama—, me toca el rosado..., rosado, ¡ROSADO!

Buscando a Hemingway

> Recuerdo muy bien la impresión que me llevé de Hemingway
> esa primera tarde. Era un joven extraordinariamente apuesto, de
> veintitrés años de edad. Después de eso no pasó mucho tiempo para
> que todo el mundo cumpliera los veintiséis. Fue la época de tener
> veintiséis. Durante los siguientes dos o tres años todos los hombres
> jóvenes tuvieron veintiséis años de edad. Era por lo visto la edad
> correcta para ese tiempo y lugar.
> GERTRUDE STEIN

A comienzos de la década de 1950 otra joven generación de estadounidenses expatriados en París cumplía veintiséis años de edad. No eran, sin embargo, unos «Tristes Muchachos», ni estaban «Perdidos»*: eran los ingeniosos e
irreverentes hijos de una nación victoriosa; y aunque venían
en su mayoría de hogares ricos y se habían graduado en Harvard o Yale, parecían encantados a más no poder posando de
indigentes y eludiendo a los cobradores, acaso porque eso parecía desafiante y los distinguía de los turistas estadounidenses, a quienes despreciaban, y también porque era otra manera de divertirse a costa de los franceses, que los despreciaban *a
ellos*. Fuera como fuera, vivieron en medio de una feliz mise-
ria en la Margen Izquierda durante dos o tres años, entre pu-
tas, músicos de jazz y poetas pederastas, y trabaron relaciones
con personas tan trágicas como locas, entre ellas un apasiona-
do pintor español que un día se abrió una vena de la pierna y
terminó su postrer retrato con su propia sangre.

En julio se desplazaban a Pamplona a correr con los
toros, y ya de regreso jugaban al tenis con Irwin Shaw en
Saint-Cloud, en una cancha magnífica con vistas a París;

---

* Alude al término «Generación Perdida», acuñado por Gertrude Stein para designar a los jóvenes escritores (entre ellos Hemingway y Fitzgerald) y a los desilusionados
combatientes norteamericanos que se expatriaron en París una vez terminada la Primera Guerra Mundial. *(N. del T.)*

y cuando lanzaban arriba la pelota para el saque, *allí*, tendida a sus pies, se veía la ciudad entera: la torre Eiffel, el Sagrado Corazón, la Ópera, las torres de Notre Dame a lo lejos. A Irwin Shaw ellos le hacían gracia. Los llamaba los «Altos Muchachos».

El más alto de todos, de un metro noventa y cinco centímetros, era George Ames Plimpton, un ágil y elegante jugador de tenis de miembros largos y enjutos, cabeza pequeña, ojos muy azules y una nariz delicada y puntiaguda. Había llegado a París en 1952 a la edad de veintiséis años, debido a que otros estadounidenses altos y jóvenes (y otros cuantos bajitos y desenfrenados) planeaban publicar una revista literaria trimestral llamada *Paris Review*, por encima de las protestas de uno de sus empleados, un poeta, que quería que se llamara *Druids' Home Companion** y se imprimiera en corteza de abedul. George Plimpton fue nombrado editor jefe, y pronto pudo vérsele caminando por las calles de París con una larga bufanda de lana atravesada sobre el cuello, y a veces con una negra capa de noche que se le abombaba desde los hombros, una estampa que recordaba la famosa litografía que Toulouse-Lautrec hiciera de Aristide Bruant, el gallardo literato del siglo XIX.

Aunque gran parte de la edición de la *Paris Review* se hizo en cafés al aire libre por redactores que se turnaban en la máquina de *pinball*, la revista obtuvo un gran éxito porque los editores tenían talento, dinero y buen gusto, y evitaban emplear palabras típicas de revistilla, tales como «Zeitgeist» y «dicótomo»; y en vez de publicar sesudas críticas sobre Melville o Kafka, sacaban a la luz poesías y ficciones de escritores jóvenes y talentosos que aún no eran conocidos. También dieron comienzo a una estupenda serie de entrevistas a autores famosos... que los llevaban a almorzar, les presentaban actrices jóvenes, dramaturgos y productores; y todo el mundo invitaba a todo el mundo a fiestas, y las fiestas todavía

---

* Compañero Casero de los Druidas. *(N. del T.)*

no han parado aunque han transcurrido diez años; y París ya no es el centro de la acción y los «Altos Muchachos» tienen treinta y seis años. Ahora viven en Nueva York. Y la mayoría de las fiestas tienen lugar en el espacioso apartamento de soltero de George Plimpton en la calle 72 sobre el East River, piso que hace también de sede principal de la que Elaine Dundy llama «la camarilla de la literatura fina», o la que Candida Donadio, la agente, llama «la pandilla del lado Este», o la que todos los demás llaman «el grupo de la *Paris Review*». El actual apartamento de Plimpton da cabida al salón literario más animado de Nueva York: el único sitio donde, reunidos de pie en un mismo salón en casi cualquier noche de la semana, uno puede encontrarse con James Jones; William Styron; Irwin Shaw; unas cuantas *call girls* para decoración; Norman Mailer; Philip Roth; Lillian Hellman; uno que toca el bongó; uno o dos yonquis; Harold L. Humes; Jack Gelber; Sadruddin Aga Khan; Terry Southern; Blair Fuller; el elenco de *Beyond the Fringe;* Tom Keogh; William Pène du Bois; Bee Whistler Dabney (artista que desciende de la madre de Whistler); Robert Silvers; y un airado veterano de la invasión de Bahía de Cochinos; y una conejita retirada del Playboy Club; John P. C. Train; Joe Fox; John Phillips Marquand; y la secretaria de Robert W. Dowling; Peter Duchin; Gene Andrewski; Jean vanden Heuvel; y el antiguo entrenador de boxeo de Ernest Hemingway; Frederick Seidel; Thomas H. Guinzburg; David Amram; y un cantinero de la misma manzana; Barbara Epstein; Jill Fox; y un distribuidor local de marihuana; Piedy Gimbel; Dwight Macdonald; Bill Cole; Jules Feiffer... Y a este ambiente en una noche invernal de principios de este año hacía su entrada otra vieja amiga de George Plimpton: Jacqueline Kennedy.

—¡Jackie! —exclamó George, abriendo la puerta para recibir a la Primera Dama, así como a su hermana y su cuñado, los Radziwill.

Desplegando su amplia sonrisa entre los relucientes aretes, la señora Kennedy le extendió la mano a George, a quien conoce desde que ella estaba en la escuela de baile; y charlaron un momento en el pasillo mientras él le ayudaba con el abrigo. Luego, al asomarse a la alcoba y ver una pila de abrigos más alta que un Volkswagen, la señora Kennedy dijo en voz baja, apagada, compasiva:

—¡Ay, George…, *tu cama!*

George se encogió de hombros y procedió a escoltarlos por el pasadizo, bajando tres peldaños hasta la reunión inundada de humo.

—¡Mira! —dijo alguien *cool* desde un rincón—. ¡Allí está la hermana de Lee Radziwill!

George le presentó primero a la señora Kennedy a Ved Mehta, el escritor indio, y luego la deslizó hábilmente hacia William Styron, dejando a un lado a Norman Mailer.

—¡Vaya, hooola, Bill! —dijo ella, dándole la mano—. Encantada de verte.

Durante unos momentos, mientras conversaba con Styron y Cass Canfield Jr., la señora Kennedy estuvo de espaldas a Sandra Hochman, la poetisa de Greenwich Village, una rubia con reflejos que llevaba un suéter de lana grueso y pantalones de esquiar con la cremallera parcialmente abierta.

—Me parece —le susurró la señorita Hochman a una amiga, señalando hacia atrás con la cabeza el hermoso traje de brocado blanco de la señora Kennedy— que estoy un poquito *déshabillée.*

—Tonterías —dijo su amiga, arrojando a la alfombra las cenizas del cigarrillo.

En honor a la verdad, hay que decir que ninguna de las otras setenta personas en aquel salón pensaba que el conjunto de Sandra Hochman chocaba desagradablemente con el de la Primera Dama; de hecho, había quienes ni siquiera notaban la presencia de la Primera Dama, y hasta hubo quien sí la notó pero no se dio cuenta de quién era:

—¡Caray! —dijo, entreviendo por el humo el peinado esponjado con esmero de la señora Kennedy—. Ése sí es el estilo del año, ¿no? Y esa chica lo imita casi a la perfección.

Mientras la señora Kennedy conversaba a un lado, la princesa Radziwill hablaba con Bee Whistler Dabney a poca distancia y el príncipe Radziwill tarareaba a solas junto al piano de media cola. Él suele tararear a solas en las fiestas. En Washington tiene fama de gran tarareador.

Quince minutos más tarde la señora Kennedy, a quien esperaban dentro de poco para una cena que ofrecía Adlai Stevenson, se despidió de Styron y Canfield y en compañía de George Plimpton se dirigió a los escalones que daban al vestíbulo. Norman Mailer, que entre tanto se había bebido tres vasos de agua, aguardaba junto a los escalones. La miró fijamente cuando ella pasó. Pero ella no le devolvió la mirada.

Tres pasos rápidos y se marchaba ya, por el pasillo, con el abrigo puesto, los guantes largos blancos puestos, bajando por dos tramos de escalera, hasta la calle, seguida por los Radziwill y George Plimpton.

—¡Mira! —chilló una rubia, Sally Belfrage, mirando por la ventana de la cocina las figuras que subían a la limusina estacionada abajo—: ¡Allí va *George*! ¡Y *mira* qué coche!

—¿Qué tiene de raro ese automóvil? —le preguntó alguien—. No es más que un Cadillac.

—Sí, pero es *negro* ¡y sin cromar!

Sally Belfrage se quedó mirando mientras el gran vehículo, que enfilaba hacia otro mundo, se alejaba en silencio, mientras en el salón la fiesta se ponía aún más bulliciosa, casi todos ajenos al hecho de que el anfitrión se hubiera ido. Pero había licor para el consumo y además, con sólo echar un vistazo a las fotografías que recubrían las paredes del apartamento, se podía sentir fácilmente la presencia de George Plimpton. Un retrato lo muestra toreando novillos con Hemingway en España; otro lo capta tomando cerveza con algunos de los «Altos Muchachos» en un café de París; otros lo muestran como teniente al frente de su compañía por las calles de Roma; como tenista del equipo del King's College; como boxeador aficionado haciendo de *sparring* con Archie

Moore en el Gimnasio Stillman, ocasión en la que el rancio olor del gimnasio fue reemplazado temporalmente por el almizcle del *night-club* El Morocco y las aclamaciones de los amigos de Plimpton cuando éste conectó un sólido golpe corto... que muy pronto se convirtieron en un *Ohhhhh* cuando Archie Moore se desquitó con un puñetazo que le rompió el cartílago de la nariz a Plimpton, haciéndole sangrar y provocando que Miles Davis preguntara después:

—Archie, ¿la sangre que tienes en los guantes es negra o blanca?

A lo que replicó un amigo de Plimpton:

—Caballero, *ésa* es sangre azul.

También en la pared cuelga el *rebab* de Plimpton, un instrumento de piel de cabra, de una cuerda, que le obsequiaron unos beduinos antes de que él hiciera una muda y fugaz aparición en *Lawrence de Arabia* en medio de una tormenta de arena. Y sobre el piano de media cola (lo toca con la suficiente destreza para haber logrado un empate por el tercer lugar en la noche de amateurs en el teatro Apollo de Harlem hace un par de años) hay un coco que le envió una nadadora amiga suya de Palm Beach, y una fotografía de otra chica, Vali, la existencialista de pelo anaranjado conocida por todos los conserjes de la Margen Izquierda como *la bête,* así como una pelota de béisbol de las ligas mayores que Plimpton de cuando en cuando arroja de un lado a otro del salón contra una butaquita abullonada, tomando el mismo impulso que cuando lanzaba en prácticas de bateo para Willie Mays mientras hacía la investigación para su libro *Out of My League,* que trata sobre cómo se siente ser un amateur entre profesionales, y que, dicho sea de paso, es una clave para entender no sólo a George Ames Plimpton sino también a muchos otros de la *Paris Review.*

Están obsesionados, muchos de ellos, por el deseo de saber cómo vive la otra mitad. Se hacen amigos, por lo tanto, de los más interesantes entre los más extraños, evitan a los aburridos ciudadanos de Wall Street y se sumergen, en pos de placeres y de literatura, en los mundos del yonqui, del pederasta, del boxeador y del aventurero, influenciados tal vez por la gloriosa generación de conductores de ambulancias que los antecedió en París cuando tenían veintiséis años.

En el París de comienzos de los años cincuenta la gran esperanza blanca era Irwin Shaw, porque, en palabras de Thomas Guinzburg, un licenciado de Yale por aquel entonces editor gerente de la *Paris Review,* «Shaw era un escritor rudo, un jugador de tenis, un bebedor empedernido, con una mujer guapa: lo más parecido que teníamos a Hemingway». Desde luego, el editor jefe, George Plimpton, entonces como ahora, mantenía viva la revista, mantenía unido al grupo e imponía un estilo romántico que era y es contagioso.

Cuando llegó a París en la primavera de 1952 con un guardarropa que incluía el frac que su abuelo había usado en la década de los veinte y que el propio George se había puesto en 1951 para asistir a un baile en Londres como acompañante de la futura reina de Inglaterra, se instaló de inmediato en el cobertizo de herramientas en la parte trasera de una casa que pertenecía a un sobrino de Gertrude Stein. Como la puerta del cobertizo estaba atorada, Plimpton, para entrar por la ventana, tuvo que encaramarse cargando con sus libros y el frac de su abuelo. Su cama era un catre largo y estrecho flanqueado por una podadora de césped y una manguera de jardinería, y lo cubría una frazada eléctrica que Plimpton nunca se acordaba de apagar; de tal manera que cuando regresaba por la noche al cobertizo y se dejaba caer en el catre, lo recibían los rabiosos maullidos de varios gatos callejeros reacios a dejar el calor que su descuido les había suministrado.

Una noche solitaria, antes de regresar a casa, Plimpton recorrió el mismo trayecto por Montparnasse, por las mismas calles y delante de los mismos cafés, que James Barnes había recorrido después de dejar a Lady Brett en *Fiesta.* Plimpton quería ver lo que Hemingway había visto, sentir lo que Hemingway había sentido. Después, al final del recorrido, Plimpton entró al primer bar que encontró y pidió una copa.

En 1952 la sede de la *Paris Review* era una oficina de un solo cuarto en la rue Garancière. Estaba amueblada con un escritorio, cuatro sillas, una botella de brandy y varias chicas licenciadas de Smith y de Radcliffe, vivaces y esbeltas, ansiosas de aparecer en los créditos para poder convencer a sus padres allá en casa de que eran inocentes en el extranjero. Pero entraban y salían tantas jovencitas que el gerente comercial de Plimpton, un ingenioso graduado de Harvard de pequeña estatura y con la lengua afilada, llamado John P. C. Train, decidió que era ridículo tratar de memorizar todos los nombres, por lo que decretó que en adelante deberían responder a un solo apellido: «Apetecker». Y entre las practicantes Apetecker se contaron, en una u otra época, Jane Fonda, Joan Dillon Moseley (hija del secretario del Tesoro Dillon), Gail Jones (hija de Lena Horne) y Louisa Noble (hija del entrenador de fútbol americano de Groton), chica tan trabajadora como olvidadiza que vivía extraviando manuscritos, cartas, diccionarios. Un día, tras recibir una carta de reclamación de un bibliotecario porque la señorita Noble se había retrasado un año con un libro, John P. C. Train le respondió:

Apreciado señor:

Me tomo la libertad de escribirle a mano ya que la señorita Noble se llevó consigo la última vez que salió de esta oficina la máquina de escribir en la que yo estaba acostumbrado a redactar estas misivas. Acaso cuando ella aparezca por su biblioteca usted le pueda preguntar si tiene dicha máquina.

Adjunto formulario de suscripción,

Atentamente,
J. P. C. Train

Como el cuarto oficina de la *Paris Review* era evidentemente demasiado estrecho para satisfacer la necesidad de los empleados de mezclar los negocios y el placer, y como había también topes al número de horas que podían pasar en los cafés, todo el mundo solía reunirse a las cinco de la tarde en el apartamento de Peter y Patsy Matthiessen en el 14 de la rue Perceval, hora en la que sin duda ya habría una fiesta en marcha.

Peter Matthiessen, en ese entonces editor de ficción de la *Paris Review,* era un licenciado de Yale alto y delgado que en su juventud había asistido al colegio St. Bernard en Nueva York con George Plimpton, y que ahora trabajaba en su primera novela, *Race Rock.* Patsy era una rubia pequeña, adorable y vivaz, de ojos azules claros y una figura fabulosa, y todos los muchachos de veintiséis años estaban enamorados de ella. Era la hija del difunto Richard Southgate, antiguo jefe de protocolo del Departamento de Estado, y Patsy había asistido a fiestas de jardín con los hijos de los Kennedy, había disfrutado de chóferes e institutrices y, en su primer año en el Smith College, en 1948, había venido a París y conocido a Peter. Tres años después regresaron casados a París y consiguieron por veinticinco dólares al mes el apartamento en Montparnasse que había quedado vacante cuando la antigua novia de Peter se marchó a Venezuela.

El apartamento tenía techos altos, una terraza y mucha luz. En una pared había una pintura de Foujita de una cabeza de gato gigantesca. La otra pared era toda de vidrio y contra ella había unos grandes árboles y malezas que trepaban, y las visitas en el apartamento se sentían a menudo como dentro de una monstruosa pecera, en especial hacia las seis de la tarde, cuando la habitación estaba anegada de ginebra holandesa y ajenjo y la cabeza del gato parecía más grande, y unos cuantos yonquis entraban como si tal cosa, saludaban con un gesto y se instalaban suavemente, sin hacer ruido, en un rincón.

Este apartamento fue en los años cincuenta lugar de encuentro para los jóvenes literatos de Norteamérica, comparable al de Gertrude Stein en los años veinte, y también poseía la atmósfera que tendría en los sesenta el apartamento de George Plimpton en Nueva York.

William Styron, huésped frecuente de los Matthiessen, describe su morada en la novela *Set This House on Fire;* y otros visitantes novelistas fueron John Phillips Marquand y Terry Southern, ambos editores de la *Paris Review,* y en ocasiones James Baldwin, y casi siempre Harold L. Humes, un joven achaparrado, incansable e impulsivo, que tenía barba, una boina y un paraguas con mango de plata. Tras su despido del MIT por llevar de paseo en barco a una chica de Radcliffe hasta mucho después de la hora de irse a casa, y tras prestar un infeliz servicio con la armada haciendo mayonesa en Bainbridge, Maryland, Harold Humes irrumpió en plena rebelión en la escena parisina.

Se buscaba la vida jugando al ajedrez en los cafés, ganándose varios cientos de francos cada noche. Allí conoció a Peter Matthiessen y hablaron de lanzar la pequeña revista que llegaría a ser la *Paris Review.* Antes de llegar a París, Humes nunca había trabajado en una revista, pero se había aficionado a una discreta publicación llamada *Zero,* editada por un griego menudo que se llamaba Themistocles Hoetes, apodado «Them» por todo el mundo. Impresionado con lo que Them había hecho con *Zero,* Humes compró por 600 dólares una revista llamada *Paris News Post,* que John Ciardi llamaría después «la mejor imitación de cuarta categoría de *The New Yorker* que haya visto en mi vida», y que Matthiessen miraba con superioridad condescendiente, de tal forma que Humes la vendió por 600 dólares a una muy nerviosa jovencita inglesa bajo cuya dirección se vino al suelo un número después. Entonces Humes, Matthiessen y otros más dieron comienzo a una larga serie de discusiones sobre cuál política, si es que había que tener una, habrían de seguir si la *Paris Review* algún día superaba las etapas de la discusión y la juerga.

Cuando la revista por fin estuvo a punto y George Plimpton fue elegido director en vez de Humes, éste se sintió defraudado. Se negó a salir de los cafés a vender anuncios o a regatear con los impresores franceses. Y en el verano de 1952 no vaciló en irse de París con William Styron, aceptando la invitación de la actriz francesa Mme. Nénot para bajar a Cap Myrt, cerca de Saint-Tropez, y visitar su villa de cincuenta habitaciones, diseñada por su padre, un destacado arquitecto. La villa había sido ocupada por los alemanes a principios de la guerra, de tal manera que cuando Styron y Humes llegaron al lugar encontraron boquetes en las paredes por los cuales se divisaba el mar, y la hierba estaba tan alta y las vides tan cargadas de uvas que el pequeño Volkswagen de Humes se enredó en el matorral. Así que prosiguieron a pie hacia la villa, pero se detuvieron de repente cuando vieron pasar corriendo a una jovencita semidesnuda y muy tostada por el sol que tenía puestos tan sólo unos pañuelos atados a modo de bikini, con la boca desbordante de uvas. Gritando en su persecución venía un viejo granjero francés de aspecto libidinoso cuyo viñedo ella evidentemente había asaltado.

—¡Styron! —exclamó Humes, feliz—. ¡Hemos llegado!

—Sí —dijo el otro—, ¡aquí estamos!

De los árboles emergieron después otras ninfas en bikini, cargadas de uvas y de medios melones del tamaño de ruedas de carretilla, y convidaron a probarlos a Styron y Humes. Al día siguiente fueron todos a nadar y pescar, y al atardecer se reunieron en la bombardeada villa, un imponente sitio de belleza y destrucción, tomando vino con esas chicas que parecían pertenecer solamente a la playa. Fue un verano electrizante, con las ninfas revoloteando como polillas contra una pantalla. Styron lo recuerda como una escena sacada de Ovidio, Humes como el punto culmen de su carrera de epicúreo e investigador.

George Plimpton no recuerda ese verano de manera romántica, sino tal como fue: un largo y cálido verano de frustraciones con los impresores y anunciantes franceses; y los demás miembros de la plantilla de *Review,* en especial John P. C. Train, estaban tan molestos con la partida de Humes que decidieron bajar su nombre de la parte superior de los créditos, donde debía estar como uno de los fundadores, hasta casi el final, con el rótulo «publicidad y ventas».

Cuando salió el primer número de la *Paris Review,* en la primavera de 1953, Humes estaba en Estados Unidos. Pero se enteró de lo que le habían hecho y, preso de la ira, preparó su venganza. Cuando llegó el barco al muelle del río Hudson con los miles de ejemplares de la *Paris Review* para ser distribuidos por todo el país, Harold Humes, con la boina puesta y proclamando «*Le Paris Review c'est moi!*», los esperaba en el desembarcadero. Pronto estaba rasgando las cajas de cartón y, con un sello de caucho que tenía su nombre en letras más grandes que las de los créditos, empezó a estamparlo en rojo sobre los créditos de cada ejemplar, hazaña que le llevó varias horas realizar y que acabó dejándolo exhausto.

—Pero..., pero... ¿cómo pudiste hacer algo así? —le preguntó George Plimpton la siguiente vez que lo vio.

Humes ahora estaba triste, al borde de las lágrimas; pero, en un último destello vengativo, le dijo:

—¡Maldita sea si me voy a dejar manipular!

Furias como ésta se harían muy comunes en la *Paris Review.* Terry Southern se indignó cuando en un cuento suyo le cambiaron la frase «que no calientes la mierda» por «no te calientes». Dos poetas querían partir en dos a P. C. Train cuando, después de que un impresor francés por accidente empasteló el texto de un poema con el del otro, así que aparecieron como si fueran uno solo en la revista, Train comentó como si nada que el descuido del impresor en realidad había mejorado el trabajo de ambos poetas.

Otro motivo de desorden era la policía de París, que parecía en persecución perpetua de la escuadra relámpago de encoladores nocturnos de carteles a las órdenes de John Train, una agrupación de graduados de Yale y muchachos árabes que corrían de noche por París pegando grandes anuncios de la *Paris Review* en cuanto poste del alumbrado, autobús y *pissoir* se topaban. El as de la escuadra, un alto licenciado de Yale llamado Frank Musinsky, era tan imponente que John Train decidió llamar «Musinsky» a los demás jóvenes (tal como antes había puesto «Apetecker» a las chicas), lo que para Musinsky era todo un honor, a pesar de que su verdadero apellido no era Musinsky. Había recibido el apellido porque su abuelo, cuyo apellido era Supovitch (sic), había intercambiado apellidos hacía muchos años en Rusia con un campesino de apellido Musinsky, quien por un precio accedió a ocupar la plaza del abuelo de Frank en el ejército ruso.

Nadie sabe qué fue de él en el ejército ruso, pero el abuelo de Frank vino a Estados Unidos, donde su hijo prosperaría después en el negocio de las ventas de calzado al por menor, y su nieto, Frank, después de Yale y su período de servicio con la escuadra relámpago de Train, en 1954 conseguiría empleo en el *New York Times*... y no tardaría en perderlo.

Lo habían contratado como recadero del departamento de deportes del *Times*, y en calidad de tal se suponía que debía dedicarse a imprimir galeradas y llenar los postes de cola, y no sentarse con los pies apoyados en el escritorio, leyendo a Yeats y Pound y sin querer moverse.

Una noche le gritó un editor:

—Musinsky, eres sin duda el peor recadero en la historia del *Times*.

A lo que Musinsky respondió, levantándose con altanería:

—Señor, citando a e. e. cummings, de quien estoy seguro que usted habrá oído hablar, «Hay cierta mierda que yo no comeré».

Frank Musinsky dio media vuelta y salió del *Times* para no volver nunca.

Mientras tanto, el lugar de Frank en la escuadra relámpago de París fue ocupado por varios otros Musinskys (Colin Wilson fue uno) y todos contribuyeron en la conservación de la tradicional irreverencia de la *Paris Review* con la burguesía, la clase dirigente y hasta con el difunto Aga Khan, quien después de ofrecer un premio de 1.000 dólares para una obra de ficción presentó su propio manuscrito.

El director le arrebató rápidamente el dinero y con la misma rapidez le devolvió el manuscrito, dejando en claro que su estilo en prosa no era lo que andaban buscando, aunque el hijo del Aga, Sadruddin Khan, amigo y condiscípulo de Plimpton en Harvard, acababa de convertirse en editor de la *Paris Review*, oferta hecha por George y aceptada por Sadruddin de manera harto impulsiva un día en que corrían delante de los toros en un encierro en Pamplona..., momento en el que, como se imaginó correctamente George, Sadruddin estaría dispuesto a aceptar cualquier cosa.

Por inverosímil que parezca, con todos esos Musinskys y Apeteckers corriendo de un lado a otro, a la *Paris Review* le fue bastante bien, con la publicación de excelentes cuentos de jóvenes autores como Philip Roth, Mac Hyman, Pati Hill, Evan Connell Jr. y Hughes Rudd, y, claro, distinguiéndose sobre todo por sus entrevistas de «El Arte de la Ficción» a autores famosos, en particular la de William Faulkner por Jean Stein vanden Heuvel y la de Ernest Hemingway por Plimpton, que empezaba en un café de Madrid con la pregunta de Hemingway a Plimpton:

—¿Vas al hipódromo?

—Sí, a veces.

—Entonces eres lector de *The Racing Form*[*] —le dijo Hemingway—. Ahí tienes el verdadero «Arte de la Ficción».

Pero, en igual medida, la *Paris Review* sobrevivía porque tenía fondos. Y sus empleados se divertían porque sabían que si iban a parar a la cárcel sus familias y amigos siempre los sacarían de apuros. Nunca tendrían que compartir con James Baldwin la experiencia de pasar ocho días con sus noches en una astrosa celda francesa por la equivocada acu-

[*] El folleto de información hípica más popular en Estados Unidos. *(N. del T.)*

sación de haberle robado una sábana a un hotelero, lo cual llevó a concluir a Baldwin que si bien la horrible serie de cuartuchos de hotel, mala comida, conserjes humillantes y cuentas sin pagar había sido la «Gran Aventura» para los «Altos Muchachos», para él no lo era porque, en palabras suyas, «en mi mente abrigaba la pregunta real sobre qué iba a terminar más pronto, la Gran Aventura o yo».

La relativa opulencia de la *Paris Review* producía, desde luego, la envidia de las otras revistas modestas, en particular la de los empleados de una publicación trimestral llamada *Merlin*, algunos de cuyos editores acusaban a la gente del *Review* de diletantismo, se ofendían con sus bromas, se dolían de que el *Review* siguiera publicándose mientras *Merlin*, que también había descubierto y sacado a la luz nuevos talentos, pronto iba a quebrar.

Por esos días el director de *Merlin* era Alexander Trocchi, nacido en Glasgow de madre escocesa y padre italiano, un personaje de las letras muy apasionante, alto y visible, con una figura de facciones marcadas y satánicas, orejas de fauno, talento para escribir y una presencia poderosa que le permitía entrar a una habitación y tomar el mando inmediatamente. Pronto se haría amigo de George Plimpton, John Phillips Marquand y las otras personas de *Review*, y años después vendría a Nueva York a vivir en una barcaza y más tarde aún en el cuarto trasero de la oficina de Manhattan de la *Paris Review*, pero acabaría siendo arrestado con cargos por posesión de drogas, se escaparía estando bajo fianza y saldría de Estados Unidos con dos de los trajes de Brooks Brothers de George Plimpton. Pero dejaría atrás una buena novela sobre la drogadicción, *El libro de Caín*, con su frase memorable: «Heroin is habit-forming... habit-forming... rabbit-forming... Babbitt-forming»[*].

Por esos días la plantilla que dirigía Alexander Trocchi en *Merlin* se componía mayormente de jóvenes sin hu-

---

[*] Aunque lo relevante es la aliteración hipnótica, la frase dice, más o menos: «La heroína crea hábito... crea hábito... crea conejos... crea a Babbitt», en alusión a la célebre novela *Babbitt* del estadounidense Sinclair Lewis. (*N. del T.*)

mor y en verdadera rebelión, cosa que no pasaba con los empleados de la *Paris Review*. La gente de *Merlin* también leía la revista mensual *Les Temps Modernes* y valoraba la importancia de ser *engagé*. Entre sus editores estaban Richard Seaver, que se había criado en el distrito de minas de carbón de Pensilvania y en cuya húmeda y oscura cochera parisina se celebraban las juntas de personal de *Merlin*, y también Austryn Wainhouse, un desencantado hombre de Exeter y Harvard que escribió una poderosa novela esotérica, *Hedyphagetica*, y que, después de varios años en Francia, vive ahora en Martha's Vineyard construyendo muebles según los métodos del siglo XVIII.

Aunque todos los empleados de *Merlin* eran pobres, nadie lo era tanto como el poeta Christopher Logue, de quien contaban que una vez, jugando en una máquina de *pinball* en un café de París, notó que una andrajosa anciana campesina había clavado la vista en una moneda de cinco francos que había en el suelo al pie de la máquina. Pero antes de que ella la pudiera recoger, Logue sacó el pie rápidamente y lo plantó sobre la moneda. Dejó ahí el pie mientras la vieja daba alaridos y él trataba, de manera algo abrupta, de mantener rebotando la bolita... y lo logró, hasta que el dueño del café le echó la mano y lo acompañó hasta la calle.

Algún tiempo después, cuando su novia lo dejó, Logue cayó bajo el influjo de un desquiciado hipnotizador que por entonces vivía en París, un pálido y cetrino pintor sudafricano que seguía a Nietzsche y su sentencia «Muere a tiempo», y que, en busca de emociones, llegó al punto de animar a Logue a que se suicidara, cosa que Logue, en su depresión, dijo que iba a hacer.

Sospechando que Logue tenía muy presente el suicidio, Austryn Wainhouse había pasado todas las noches de la siguiente semana sentado enfrente del hotel de Logue vigilando su ventana, pero una tarde en que Logue no aparecía para una cita de almuerzo con Wainhouse, éste corrió al hotel de Logue y allí, en la cama, encontró al pintor sudafricano.

—¿Dónde está Chris? —le preguntó Wainhouse.

—No se lo voy a decir —respondió el pintor—. Puede pegarme si quiere: usted es más grande y más fuerte que yo y...

—Yo *no* quiero pegarle —le gritó Wainhouse; y entonces cayó en la cuenta de lo ridículo que era el comentario del sudafricano puesto que él (Wainhouse) era en realidad bastante más pequeño y para nada más fuerte que el pintor—. Mire —le dijo al cabo—, no vaya a salir de aquí —y partió a toda prisa hacia un café donde sabía que encontraría a Trocchi.

Trocchi puso a hablar al sudafricano y lo hizo confesar que Christopher Logue había salido esa mañana para Perpiñán, cerca de la frontera española y a doce horas al sur de París, donde tenía planeado suicidarse de manera muy similar a la del personaje de un cuento de Samuel Beckett publicado en *Merlin,* titulado «El fin»: alquilaría un bote y remaría mar adentro, muy adentro, y entonces le quitaría los tapones y se iría hundiendo poco a poco.

Trocchi pidió prestados 30.000 francos a Wainhouse, se subió al primer tren a Perpiñán, cinco horas después de Logue. Era de noche cuando llegó, pero al amanecer del día siguiente reemprendió la búsqueda.

Mientras tanto, Logue había tratado de alquilar un bote pero el dinero no le había alcanzado. Junto con unas cartas de su antigua novia, llevaba también consigo una lata de veneno; pero no tenía un abrelatas ni había piedras en la playa, así que estuvo errando, frenético y frustrado, hasta que al fin llegó a un puesto de refrescos donde pensaba pedir un abrelatas.

Fue entonces cuando la alta silueta de Trocchi dio con él y le puso una mano en el hombro. Logue alzó los ojos.

—Alex —le dijo, entregándole tranquilamente la lata de veneno—, ¿me podrías abrir esto?

Trocchi se metió la lata en el bolsillo.

—*¡Alex!* —le dijo entonces Logue—. ¿Qué haces aquí?

—Oh —le dijo Trocchi como si tal cosa—, he venido a avergonzarte.

Logue rompió a llorar y Trocchi lo ayudó a salir de la playa, y regresaron, casi en completo silencio, en el tren a París.

George Plimpton y otros más en la *Paris Review* que estaban muy encariñados con Logue, y orgullosos de Trocchi, recolectaron de inmediato el dinero suficiente para asignarle una especie de mesada a Christopher Logue. Más adelante Logue regresaría a Londres y publicaría libros de poemas; y sus obras de teatro *Antigone* y *The Lilly-White Boys* fueron presentadas en el Royal Court Theatre de Londres. Más tarde aún empezó a escribir canciones para Establishment, el *night-club* de comedia satírica de dicha ciudad.

Después del episodio de Logue, que, según George Plimpton, sentó a por lo menos media docena de jóvenes novelistas frente a sus máquinas de escribir para tratar de construir un libro en torno a él, la vida en París y en *Review* volvió a ser feliz e impúdica; pero al cabo de un año y con *Review* todavía boyante, lentamente París fue perdiendo interés.

John P. C. Train, el editor jefe en esas fechas, puso un letrero en su canasta de recibo que decía: «Por Favor No Ponga Nada en el Buzón del Editor Jefe», y el día en que un personaje agradable y de ojos azules de Oklahoma llamado Gene Andrewski llegó con un manuscrito y mencionó que había colaborado en la producción de la revista humorística de su universidad, John Train se apresuró a ofrecerle una cerveza, preguntándole:

—¿Te gustaría dirigir esta revista?

Andrewski dijo que lo iba a pensar, lo pensó por unos segundos, miró alrededor, los vio a todos tomando cerveza y aceptó ser nombrado algo así como Subeditor Jefe Encargado de Hacer el Trabajo de Train.

—El principal motivo para aceptar el empleo —explicaría después Andrewski— fue porque me tentó la libertad.

En 1956 Peter Duchin se mudó a París y se instaló en una barcaza en el Sena, y muchos en la *Paris Review* la convirtieron en su nueva sede. No había agua corriente en la barcaza y por las mañanas todos se tenían que afeitar con Perrier. Pero los intentos de jolgorio en la barcaza parecían vanos, ya que a esas alturas casi toda la vieja guardia se había marchado. París era, como había indicado Gertrude Stein, el lugar apropiado para los de veintiséis, pero ahora la mayoría de ellos había cumplido los treinta años. Así pues, regresaron a Nueva York; pero ya no en la vena melancólica de los desterrados de Malcolm Cowley en los años veinte, que se vieron obligados a volver con las primeras marejadas del *crash,* sino más bien con la expectativa de que la fiesta ahora se iba a pasar al otro lado del Atlántico. Pronto Nueva York se percató de su presencia, en particular de la de Harold L. Humes.

Después de acomodarse en un espacioso apartamento en la parte alta de Broadway con su mujer, sus hijas y su no motilado terrier pelo de alambre, e instalar siete teléfonos y una gran cortadora de papel que producía el chasquido de una guillotina dieciochesca, Humes arremetió con una serie de ideas y valientes hazañas: dio con una teoría cosmológica que le daría un remezón a Descartes, terminó su segunda novela, tocó piano en un club de jazz de Harlem, empezó a rodar una película llamada *Don Peyote,* una especie de versión tipo Greenwich Village de *Don Quijote* protagonizada por un desconocido de Kansas City llamado *Ojo de Vidrio*,* cuya novia acabó echándole mano a la cinta y huyendo con ella. Humes también inventó una casa de papel, una *auténtica* casa de papel a prueba de agua, a prueba de incendios y con suficiente espacio para ser habitada por personas. Levantó un modelo de tamaño real en la finca de Long Island

---

* En español en el original. *(N. del T.)*

de la familia de George Plimpton, y la corporación de Hume, que incluía algunos patrocinadores del grupo de la *Paris Review,* aseguró el cerebro de Hume por un millón de dólares.

Durante la Convención Nacional del Partido Demócrata en 1960, Humes irrumpió en el sitio a la cabeza de una falange de clamorosos partidarios de Stevenson, habiendo empleado las técnicas de derribamiento de puertas de los antiguos ejércitos de Atenas. De regreso a Nueva York pidió una investigación de la policía de Nueva York, con lo cual el comisario de la policía pidió una investigación de Humes... y descubrió catorce multas de tráfico sin pagar. Humes fue a la cárcel por el tiempo en que tardó en descubrirlo la comisaria de correcciones, Anna Kross, quien al reconocerlo tras las rejas exclamó:

—¡Vaya, míster Humes! ¿Qué hace usted ahí dentro?

A lo que él respondió con la frase de Thoreau a Emerson:

—Vaya, miss Kross, ¿qué hace *usted* ahí *fuera?*

Cuando salió bajo una fianza desembolsada por Robert Silvers, otro editor más de la *Paris Review,* los reporteros le preguntaron a Harold Humes qué le había parecido la celda, a lo que respondió, de nuevo a la manera de Thoreau:

—En tiempos de injusticia, el lugar del honrado está en la cárcel.

Robert Silvers, uno de los pocos editores reservados de la *Paris Review,* un hombre sin vicios a la vista, salvo el de fumar en la cama, no tenía dónde quedarse a su regreso de París, así que por un tiempo ocupó el cuarto de huéspedes del apartamento de George Plimpton en la calle 72 Este, donde procedió a quemar varios agujeros en el colchón, agujeros que después taponó con huesos de melocotón. George Plimpton no protestó. Robert Silvers era un viejo amigo y además el colchón no era suyo. Era propiedad de una modelo que había sido inquilina del apartamento y que un día sorprendió a Plimpton y a Silvers con una carta en la que les pedía que por favor le enviaran el colchón a Francia. Se lo enviaron, con huesos y todo, y, no habiendo escuchado quejas, ambos se refocilan con la idea de que en alguna parte de

París, en alguna parte del muy chic apartamento de una modelo de alta moda, hay un colchón relleno de huesos de melocotón.

Por fortuna Plimpton no tuvo que comprar otro colchón para el cuarto de huéspedes, ya que por esos días la *Paris Review*, que tenía una oficina en una casa de vecindad en la calle 82, había recibido orden de desahucio; y así fue como Plimpton llevó a su casa la camita que había en el cuarto trasero de la oficina; habitación que había presenciado numerosas juergas que la habían dejado reducida a un *collage* de botellas rotas, cucharas torcidas, ratas y manuscritos roídos.

Después del desahucio de la casa de vecindad, la oficina neoyorquina de la *Paris Review* se trasladó al tranquilo e insólito distrito de Queens, en donde, en una casa grande entre el Grand Central Parkway y un cementerio, Lillian von Nickern Pashaian, cuando no está cuidando a sus tres niñitos, canarios y tortugas, recibe los manuscritos dirigidos a la *Paris Review* y los remite para una lectura, ya sea por parte de Jill Fox en Bedford Village, Nueva York, o de Rose Styron en Roxbury, Connecticut. Si a *ellas* les gusta lo que han leído, remiten el manuscrito al apartamento de George Plimpton en la calle 72, en donde, entre sus muchas otras actividades, él le da una definitiva lectura y decide si será aceptado. Si lo es, el autor por lo general será receptor de un pequeño cheque y de todo lo que se pueda beber en la próxima fiesta de Plimpton.

Una fiesta de Plimpton se suele preparar con sólo unas pocas horas de anticipación. George levanta el teléfono y llama a unas cuantas personas. Ellas a su turno llaman a otras. Pronto se escucha el retumbar de las pisadas que suben las escaleras de Plimpton. La inspiración para la fiesta puede venir de que haya ganado un partido de tenis esa mañana en el Racquet and Tennis Club, o que un miembro del grupo de la *Paris Review* vaya a publicar un libro (en cuyo caso se invita al editor a compartir los gastos), o que otro miembro acabe de regresar a Manhattan de algún viaje, viaje que puede haber llevado a John P. C. Train, ahora inversor, a África, o a Peter Matthiessen a Nueva Guinea a vivir con una tribu de la Edad de Piedra, o a Harold Humes al Bronx a pelear en el juzgado por una multa de aparcamiento.

Y ofreciendo tantas fiestas, repartiendo tantas llaves de su apartamento, manteniendo tantos nombres de viejas amistades en la cabecera de la *Paris Review* tiempo después de que han dejado de trabajar allí, George Ames Plimpton ha conseguido conservar unido al grupo durante todos estos años, así como ha creado alrededor de sí mismo un mundo de visos románticos, un mundo libre y juguetón dentro del cual él y ellos se pueden escapar brevemente de la realidad indefectible de tener treinta y seis años.

Este mundo rebosa encanto, talento, belleza, aventura. Es la envidia de los no convidados, especialmente de algunas paridoras Apeteckers de los suburbios que suelen preguntar «¿Cuándo sentará cabeza el grupo?». Algunos de sus miembros siguen solteros. Otros se han casado con mujeres amigas de las fiestas... o se han divorciado. Otros han llegado a un acuerdo, de tal manera que si la esposa está demasiado cansada para ir de fiesta, el marido va solo. Es en gran parte un mundo para hombres, todos ellos unidos por los recuerdos compartidos de París y la «Gran Aventura», y en él hay pocos desterrados, aunque sí los ha habido, siendo una de ellos la hermosa rubia que ocupaba las mentes de casi todo el mundo en París hacía diez años, Patsy Matthiessen.

Patsy y Peter están divorciados. Ella ahora está casada con Michael Goldberg, un pintor abstracto, vive en la calle 11 Oeste y se mueve en el mundillo de los intelectuales y pintores del centro de la ciudad. Hace poco pasó varios días hospitalizada por la mordedura del perro de la viuda de Jackson Pollock. Tiene en su apartamento una caja de cartón llena de instantáneas de la gente de la *Paris Review* en los años cincuenta. Pero rememora esos días con un poco de amargura.

—Pasado un tiempo la vida entera parecía no tener ningún sentido en absoluto —dice—. Y ellos tenían algo muy *manqué:* esos viajes al África Occidental y las idas a la cárcel y subir al cuadrilátero con Archie Moore... Y yo era como la recadera del grupo, trayéndoles el té a las cuatro y sándwiches a las diez.

Unas manzanas más allá, en un pequeño y oscuro apartamento, otro desterrado, James Baldwin, dice:

—No tardé mucho en dejar de ser parte del grupo. Tenían más interés que yo en los placeres y los cigarrillos de hachís. Yo ya había salido de eso en el Village cuando tenía dieciocho o diecisiete. A esas alturas me parecía un poco aburrido. También solían ir a Montparnasse, donde iban todos los pintores y los escritores pero yo casi nunca. Iban allá y vagaban por los cafés durante horas y horas buscando a Hemingway. No parecían darse cuenta —dice él— de que Hemingway se había marchado hacía tiempo.

Joe Louis: el rey en su madurez

—¡Hola, mi amor! —saludó Joe Louis a su esposa cuando la vio esperándolo en el aeropuerto de Los Ángeles.

Ella le sonrió y caminó a su encuentro y, a punto de empinarse para darle un beso, se detuvo en seco.

—Joe —le dijo—, ¿dónde está tu corbata?

—Ah, linda —dijo él, encogiéndose de hombros—, pasé toda la noche fuera en Nueva York y no tuve tiempo...

—¡Toda la *noche*! —lo interrumpió ella—. Cuando sales aquí lo único que haces es dormir, dormir y dormir.

—Linda —le dijo Joe Louis, con una sonrisa de cansancio—, ya estoy viejo.

—Sí —asintió ella—, pero cuando vas a Nueva York ensayas a ser joven otra vez.

Caminaron despacio por el vestíbulo del aeropuerto hasta el automóvil, seguidos por un maletero con el equipaje de Joe. La señora Louis, la tercera mujer de este ex boxeador de cuarenta y ocho años, siempre va a recibirlo al aeropuerto a su regreso de sus viajes de negocios a Nueva York, donde él es el vicepresidente de una firma de relaciones públicas para negros. Ella es una mujer cuarentona, despierta y agradablemente entrada en carnes, que ha ejercido con éxito la profesión de abogada litigante. Nunca había conocido a un boxeador antes de conocer a Joe. Anteriormente había estado casada con un colega, un miembro de Phi Beta Kappa*, a quien ella alguna vez describió como «expuesto a los libros, no a la vida». Después del divorcio ella juró buscarse un hombre «expuesto a la vida, no a los libros».

---

* Fundada en 1776, Phi Beta Kappa es la asociación de estudiantes universitarios más antigua de Estados Unidos. Se dedica a promover y exaltar la excelencia en las artes liberales y las ciencias en las más prestigiosas instituciones del país. (*N. del T.*)

Conoció a Joe en 1957 por intermedio de una amiga de la Costa Oeste y dos años más tarde, para sorpresa de sus compañeros en los estrados de Los Ángeles, se casó con él. «¿Cómo diablos conociste a Joe Louis?», le preguntaban una y otra vez, y ella solía responder: «¡Cómo diablos me conoció Joe Louis a mí!».

Al llegar al coche, Joe Louis le dio una propina al botones y le abrió la portezuela a su mujer. Condujo luego durante unos cuantos kilómetros, entre palmeras y tranquilos vecindarios, y dobló al fin por la larga entrada que flanquea una grandiosa casa de diez habitaciones, de estilo español y valorada en 75.000 dólares. La señora Louis la compró hace algunos años y la llenó de muebles Luis XV, además de ocho aparatos de televisión. Joe Louis es adicto a la televisión, les explica ella a los amigos, añadiendo que hasta tiene un aparato en el baño, encima de la bañera. Está colocado de tal manera que cuando Joe se da una ducha al otro lado del baño, le basta con mirar por encima de la cortina para ver el reflejo de la pantalla en un espejo colgado allí de manera estratégica.

—Televisión y golf —dijo la señora Louis mientras ayudaba a meter las cosas del marido en la casa—: Eso es Joe Louis en la actualidad.

Dijo esto sin resquemor alguno; y después, al darle un beso a su marido en la mejilla, cobró de pronto un aspecto mucho menos formal que en el aeropuerto. Tras colgar el abrigo de él en el armario, se apresuró a hervir el agua para el té.

—¿Galletas, mi amor? —preguntó ella.

—Naaah —dijo él, sentándose con los hombros caídos ante la mesa del desayuno, parpadeando por la falta de sueño.

Entonces ella subió a quitarle la colcha a la gigantesca cama, y cinco minutos después Joe Louis se había desplomado en el lecho y dormía profundamente. Al regresar a la cocina la señora Louis sonreía.

—En el juzgado soy una abogada, pero cuando estoy en casa soy *toda* una mujer —dijo, con voz ronca, insinuante—. Yo trato al hombre *bien,* yo trato al hombre como a un *rey...* si él me trata a *mí* bien —añadió, sirviéndose un vaso de leche.

»Todas las mañanas le llevo a Joe el desayuno a la cama —dijo—. Enseguida pongo el canal 4 para que pueda ver el programa *Today.* Después bajo y le traigo el periódico, *Los Angeles Times.* Y ya después salgo para el juzgado.

»A las once de la mañana —prosiguió—, él se va a jugar golf en el Hillcrest Country Club, y si juega dieciocho hoyos acabará hacia las tres de la tarde, y entonces puede que conduzca hasta el Fox Hills Country Club para jugar otros dieciocho. Pero si no le está pegando bien a la pelota, lo deja a los dieciocho y va y compra un cubo de pelotas y se pone a practicar durante horas y horas. Él no compra pelotas *normales,* no, ¡Joe Louis no! Compra pelotas Select, las mejores, que cuestan 1 dólar con 25 el cubo. Y lanza, si está enfadado de verdad, dos, tres o cuatro cubos enteros, gastando cinco dólares.

»Algunas noches llega a casa todo entusiasmado y me dice: "Bueno, mi amor, ¡hoy *por fin* di con ello! Después de tantos años de estar jugando al golf me acabo de dar cuenta de lo que hacía mal".

»Pero —dice ella— al día siguiente puede volver a casa exasperado por haber estado arrojando los palos, y me dice: "¡No voy a jugar nunca más!", y yo le digo: "Pero, mi amor, ayer me dijiste que habías dado con ello", y él me contesta: "¡Di con ello, pero no lo guardé!".

»Al día siguiente puede estar lloviendo, y yo le digo: "Mi amor, ¿vas a jugar al golf hoy? Está lloviendo". Y él me dice: "Lloverá sobre el campo de golf, pero no sobre los jugadores". Y sale para el campo de golf.

La mujer actual de Joe Louis, Martha, es tan distinta a sus dos primeras mujeres como él es distinto del marido Phi Beta Kappa de Martha.

Marva, la primera esposa de Joe, una pulida estenógrafa de Chicago con quien se casó en 1935 y se volvió a casar en 1946, se llevó parte de sus años opulentos, de los años en que despilfarró la mayor parte de su fortuna de cinco millones de dólares ganados en el boxeo en baratijas, alhajas, pieles, viajes al extranjero, apuestas en el campo de golf, malas inversiones, propinas generosas y ropa. En 1939, año en el que ya se había comprado veinte trajes, treinta y seis camisas y dos esmóquines, contrató además sastres para que le elaboraran prendas de su propia invención, tales como unos pantalones anchos de dos tonos de verde, chaquetas sin solapas y americanas de pelo de camello con trencillas de cuero. Cuando no estaba entrenando o boxeando (obtuvo el título al noquear a James J. Braddock en 1937), Joe Louis salía de farra con Marva («Podía hacerla reír») o apostaba hasta mil dólares el hoyo en el golf, juego en el que dos cronistas deportivos, Hype Igoe y Walter Stewart, lo iniciaron en 1936. «Un tipo construyó una casa en California con el dinero que le exprimió a Joe», decía un viejo amigo de Louis.

La segunda mujer de Joe, Rose Morgan, la especialista en cosméticos y belleza con quien estuvo casado entre 1955 y 1958, es una mujer despampanante, curvilínea, dedicada a su próspero negocio, que se negaba a trasnochar de claro en claro con Joe.

—Traté de hacerlo sentar cabeza —dijo—. Le dije que él ya no podría dormir todo el día y pasar toda la noche fuera. Una vez me preguntó que por qué no, y le dije que yo estaría preocupada y no podría dormir. Así que dijo que esperaría para salir hasta que yo me durmiera. Bueno, pues me quedaba despierta hasta las cuatro de la mañana, y entonces era *él* quien se dormía.

Rose también se decepcionó de él cuando, en 1956, en el esfuerzo por conseguir parte del millón de dólares que le debía al gobierno en impuestos atrasados, empezó a hacer giras como luchador.

—Joe era para mí como el presidente de Estados Unidos —decía Rose—. ¿Le gustaría ver al presidente de Estados Unidos lavando platos? Así me sentía yo con Joe de luchador.

La tercera esposa de Joe, si bien no tiene el evidente *sex appeal* de las primeras dos, triunfa donde ellas fracasaron porque es más lista que ellas y porque Joe estaba preparado para que lo amansaran cuando se enamoró de Martha. Ella parece ser muchas cosas para él: una mezcla de abogada, cocinera, amante, agente de prensa, asesora de impuestos, *valet de chambre* y cualquier cosa, excepto *caddie*. Y hace poco ella se complacía a todas luces cuando una amiga, la cantante Mahalia Jackson, al ver los armarios a reventar con los efectos personales de Joe, le comentaba:

—Bueno, Martha, me figuro que él por fin va a calmarse: es la primera vez en su vida que guarda toda su ropa bajo el mismo techo.

A Martha no parece importarle que Joe Louis le haya tocado en sus años de declive: cuando pesa 109 kilos, se está quedando calvo, no alcanza ni a ser acomodado y no posee ya reflejos ágiles ni para pegar ni para arrebatar las cuentas de las mesas. «Este hombre posee un alma y una tranquilidad que yo amo», decía ella, añadiendo que su amor ha sido correspondido. Joe incluso la acompaña a la iglesia los domingos, cuenta ella, y con frecuencia aparece en el juzgado a verla llevar los casos. Aunque no fuma ni bebe, Joe todavía va a los clubes de cuando en cuando a oír a los numerosos músicos y cantantes que cuenta entre sus amistades, como ella misma dice, y a ella no se le escapa la cantidad de mujeres que aún encuentran sexualmente atractivo a Joe Louis y que considerarían tiempo bien invertido pasar una noche con él.

—Si a esa clase de mujeres les gusta vivir en las calles laterales de la vida de un hombre —decía Martha—, que les vaya bien. Pero yo soy su esposa, y cuando yo aparezco en escena a ellas les toca largarse a los infiernos.

Martha sabe también que Joe Louis sigue siendo amigo de sus antiguas cónyuges, las cuales, tras divorciarse de él, acudieron a polos opuestos en la elección de sus futuros maridos. Después de dejar a Joe, Marva se casó con un médico de Chicago. Rose superó su divorcio de Joe casándose con un abogado. Cuando Joe va a Chicago suele llamar a Marva (madre de sus dos hijos) y a veces va a cenar a su casa. Cuando está en Nueva York hace lo mismo con Rose. «Joe Louis en realidad nunca rompe con una mujer —observaba Martha, más divertida que enfadada—. Simplemente añade otra a su lista». En efecto, Joe se ha encargado de que las tres se conozcan entre sí, y está encantado de que se lleven bien. Presentó a su primera esposa a la actual en la pelea por el título de Patterson contra Johansson en Nueva York, y en otra oportunidad consiguió que su segunda esposa le arreglara el pelo a la presente... sin cobrarle.

Joe Louis me había contado todo eso temprano ese día, en el avión que nos llevaba a Los Ángeles desde Nueva York (donde yo había pasado algún tiempo siguiéndolo por Manhattan, observándolo en sus funciones de ejecutivo de relaciones públicas).

—Llamé a Rose por teléfono —me había dicho Joe—, y le dije: «Escúchame, Rose Morgan: no vayas a cobrarle a mi mujer». Ella me dijo: «No, Joe, no lo haré». Esa Rose Morgan es una mujer maravillosa —remató Joe, afirmando con la cabeza.

»¿Sabes? He estado casado con tres de las mejores mujeres del mundo. Mi único error en la vida fue haberme divorciado.

—¿Por qué lo hiciste entonces? —le pregunté.

—Ah —me dijo—, en ese tiempo yo quería ser libre, y a veces todo lo que quería era estar solo. Yo estaba loco. Salía de casa y pasaba semanas sin volver. O también me quedaba en la cama días enteros viendo la televisión.

Así como se culpa a sí mismo por el fracaso de sus dos primeros matrimonios, también acepta la culpa por todas sus demás dificultades, como su incapacidad para conservar el dinero y su negligencia en el pago de impuestos. En su última visita a Nueva York unos viejos amigos de sus días de boxeo le decían: «Joe, si pelearas hoy en día te ganarías el doble que en los viejos tiempos, con todo ese dinero que los boxeadores reciben por la televisión por circuito cerrado y todo eso». Pero Joe Louis meneaba la cabeza y les decía: «No me arrepiento de haber peleado cuando lo hice. En mi época me gané cinco millones, acabé en la quiebra y le debo al gobierno un millón en impuestos. Si boxeara actualmente me ganaría diez millones, de todos modos acabaría en la quiebra y le debería al gobierno dos millones en impuestos».

Para gran sorpresa mía, en las horas en que estuve siguiéndolo por Nueva York Joe me hizo comentarios como ése, sencillos pero mezclados con un sentido del humor absurdo.

Con o sin razón, me había imaginado que este héroe de edad madura sería apenas la versión fofa del algo atolondrado campeón al que Don Dunphy solía entrevistar en la radio después de que noqueara a otra «Gran Esperanza Blanca»; y daba por supuesto que Joe Louis a los cuarenta y ocho años seguiría reteniendo el posible título de atleta más callado desde los tiempos de Dummy Taylor, el *pitcher* de los Giants, que era mudo.

Claro que yo sabía de algunos contados pero famosos comentarios de Joe Louis, como el que hizo sobre Billy Conn: «Podrá correr, pero no esconderse»; y la respuesta del soldado Joe Louis en la Segunda Guerra Mundial cuando alguien le preguntó cómo se sentía peleando por nada: «No estoy peleando por nada: peleo por mi país». Pero también había leído que Joe Louis era increíblemente ingenuo: tanto que en 1960 había aceptado hacer relaciones públicas para Fidel Castro. También había visto fotografías de prensa recientes de Joe posando delante de los tribunales con Hulan E. Jack, el ex presidente del distrito de Manhattan que había tratado de ocultar unas donaciones relacionadas con la remodelación de su apartamento. Y en una ocasión el senador John L. McClellan había insinuado que Joe había recibido 2.500 dólares por hacer presencia durante dos horas en el juicio por soborno de James R. Hoffa. Aunque los desmentidos abundaban, la imagen innegable de Joe Louis en ese entonces era la de que, si bien contribuía «al crédito de su raza: la raza humana», bien podía estar en deuda con todos los demás.

Y fue así como descubrí con inesperado regocijo que Joe Louis era un avispado empresario en Nueva York, un astuto negociador y una persona con un sentido del humor a menudo sutil. Por ejemplo, cuando íbamos a tomar el avión en el aeropuerto de Idlewild con destino Los Ángeles y tuve que cambiar mi billete de clase turista por uno de primera para poder sentarme al lado de Joe, se me ocurrió preguntarle cómo podían justificar las aerolíneas la diferencia de cuarenta y cinco dólares en el precio.

—Los asientos de primera clase están en la parte delantera del avión —me dijo Louis—, y te llevan más rápido a Los Ángeles.

El día anterior yo había visto cómo Joe Louis les había sonsacado unos dólares extras a unos ejecutivos neoyorquinos de televisión que iban a hacer un programa sobre su vida.

—Miren —les dijo Joe, leyendo con cuidado cada palabra del contrato antes de firmarlo—, aquí dice que me van a pagar el billete de ida y vuelta de Los Ángeles a Nueva York y la cuenta del hotel, pero no dice nada de mis gastos aquí.

—Pero, señor Louis —le dijo un azarado ejecutivo—, nunca tratamos sobre eso.

—¿Quién va a pagar? ¿Cómo voy a comer? —preguntó Louis, alzando con enojo la voz.

—Pero, pero...

Louis se puso de pie, dejó la pluma en la mesa, y no habría firmado nada si el presidente de la compañía no le hubiera dicho:

—Está bien, Joe, estoy seguro de que podremos convenir algo.

Con la promesa de que así sería, Louis estampó la firma, le dio la mano a cada uno y salió de la oficina.

—Bueno —dijo ya en la acera—, ese round fue mío.

Y añadió: «Sé cuánto valgo y no quiero menos». Dijo que los productores de la película *Réquiem por un boxeador* querían que él hiciera de árbitro pero que le habían ofrecido apenas quinientos dólares, más veinticinco para sus gastos diarios. Aunque toda la actuación le habría representado a Louis cuarenta y cinco segundos de pantalla, él alegaba que sus honorarios deberían ser de mil dólares. Los productores le dijeron que era demasiado. Pero a los pocos días, cuenta Louis, lo volvieron a llamar. Recibió los mil dólares.

Aunque sus problemas de impuestos lo han despojado de todos sus activos (incluyendo los dos fideicomisos que había dispuesto para sus hijos), Joe Louis sigue siendo hombre de mucho orgullo. No aceptó el dinero que centenares de ciudadanos le enviaron para ayudarle con su deuda con el fisco, aunque todavía le debe miles de dólares al gobierno y el efectivo le habría sido muy útil. El año pasado Joe Louis tuvo ingresos por menos de diez mil dólares, la mayoría provenientes de arbitrar combates de lucha libre (gana de 750 a 1.000 dólares por velada) y por promociones de productos o presentaciones personales. El último monto de consideración que recibió fue la garantía de cien mil dólares por un año que le pagaron por luchar durante 1956. Ganó todos los encuentros (salvo las veces en que fue descalificado por emplear los puños), pero su carrera terminó no mucho después, cuando Rocky Lee, un vaquero de 135 kilos, por accidente le dio un pisotón en el pecho, partiéndole una costilla y lesionándole unos músculos del corazón.

Hoy en día Joe Louis organiza combates con un grupo de promotores de boxeo californianos creado por él (United World Boxing Enterprises), y una compañía lechera de Chicago todavía usa su nombre; pero su única inversión financiera reside en la compañía de relaciones públicas Louis-Rowe Enterprises Inc., una flamante organización ubicada en la calle 57 Oeste, que representa a Louis Armstrong y al cantante novel Dean Barlow, entre otros artistas negros, y que estaría produciendo réditos en Cuba de no haberse armado aquel alboroto porque Joe Louis representara a Fidel Castro y también por un comentario suyo en 1960: «Cuba es el único lugar adonde un negro puede ir en invierno sin sufrir ningún tipo de discriminación».

Sin ser racista, actualmente Joe Louis está muy interesado en la lucha de los negros por la igualdad y, quizás por primera vez en su vida, es muy explícito al respecto. A decir verdad, Joe Louis no vio nada malo en promocionar a Cuba en 1960 como país de vacaciones para los negros estadounidenses; además, se apresura a señalar, canceló el contrato de 287.000 dólares al año entre su firma y el Instituto Nacional de Turismo de Cuba *antes* de que Estados Unidos rompiera relaciones diplomáticas con el gobierno de Castro. Aún hoy Louis piensa que Castro es, con mucho, mejor para el pueblo cubano que la United Fruit Company.

Noté que, al leer los periódicos, Joe Louis no se fija primero en las páginas deportivas, sino en noticias como la de que el capitán de corbeta Samuel Gravely Jr. se convirtió en el primer negro en la historia naval de Estados Unidos en ponerse al mando de un buque de guerra. «Las cosas mejoran», dijo Louis. Una tarde noté también que, cuando al mover el mando del televisor para buscar un torneo de golf dio con una mesa redonda en la que estaba hablando un delegado de Ghana, Louis se quedó escuchando hasta que el africano terminó, antes de cambiar al torneo de golf.

Aunque la prensa estadounidense anunció la segunda pelea con Max Schmeling como un combate por rencor, en el que Louis buscaría vengarse de la «Súper Raza» que veía a los negros como una casta inferior, Joe Louis afirma que fue sólo un truco publicitario para aumentar la entrada. Dice que en realidad no sentía ninguna animadversión contra

Schmeling, aunque le disgustaba uno de sus amigos, que se paseaba por el sitio del combate llevando un brazalete nazi. Dice Louis que siente mucho más desagrado con Eastern Airlines que con los partidarios de Schmeling, ya que nunca le ha perdonado a la Eastern que en 1946 le hubieran negado el servicio de limusina desde un hotel en Nueva Orleans hasta el aeropuerto después de que participara en una pelea de exhibición. Louis, que habría perdido el avión si no se hubiera trasladado allí por su cuenta, le escribió una carta de protesta a Eddie Rickenbacker, de la Eastern. «Nunca la respondió», dice Louis.

En consecuencia, Louis dice que no volvió a volar en la Eastern, aunque le habría resultado mucho más práctico; también dice que a muchos amigos suyos les ha aconsejado que eviten la aerolínea y cree que esto le ha costado a la Eastern cuantiosos ingresos en los últimos dieciséis años.

Una de las aspiraciones de Joe Louis y de su socio en las relaciones públicas, Billy Rowe, es convencer a los ejecutivos de las grandes empresas de que el mercado de la población negra, si se desalienta o se ignora, puede poner en riesgo las cifras de ventas; pero que si se estimula como es debido puede ser altamente rentable. La agencia Louis-Rowe sostiene que cada año los negros de Estados Unidos abonan más de 22.000 millones de dólares a las grandes empresas, gastan más del 18 por ciento del total por concepto de viajes, y que sólo los negros del barrio de Harlem gastan 200.000 dólares al día en apuestas a pruebas deportivas y en la lotería ilegal.

Los negros gastarían todavía más, argumentan Louis y Rowe, si las grandes empresas incrementaran los presupuestos de publicidad para el mercado de los negros y especializaran más sus campañas publicitarias; es decir, si mostraran más modelos negros en periódicos negros vendiendo determinada marca de jabón, cerveza, etcétera. Éste es el mensaje que Rowe difunde cuando visita en compañía de Louis las agencias de publicidad de Madison Avenue, las compañías de seguros, las corredoras de bolsa y los hipódromos. Rowe, un hombre de fácil labia e ilimitada claridad que se viste como un figurín de Broadway y se parece a Nat King Cole (pero es más apuesto), domina casi todas las conversaciones, aunque Louis inserta aquí y allá sus buenas frases.

Billy Rowe, que tiene cuarenta y siete años y en el pasado fue subcomisario de policía de Nueva York —todavía lleva una pistola dondequiera que vaya—, ocupa en la agencia una oficina más grande y vistosa que la de Joe. Mientras que Joe tiene colgada en la pared tan sólo una de *sus* placas (la del Salón de la Fama del Estado de Michigan), Billy Rowe ha cubierto una pared entera con dieciocho de sus placas y pergaminos, incluyendo exaltaciones a su trabajo con jóvenes hechas por el Consejo de Orientación Masculina de Minisink, cartas del Gobernador y dos trofeos dorados que ni siquiera son suyos. La modestia no es su principal virtud.

El señor Rowe, que vive en una casa de catorce habitaciones (con cuatro aparatos de televisión) en el barrio residencial de New Rochelle, llega a la oficina una hora antes que Louis y tiene ya dispuestas las citas del día, y algunas de la semana, a la hora en que Louis hace su entrada, en general a eso de las once de la mañana, con un guiño de ojo para la chica de la centralita.

—Hola, papá —saluda Rowe a Louis—, tenemos una cita con el Alcalde el trece. La teníamos para antes, pero anda de pelea con el Gobernador.

Louis asintió con la cabeza, soltó un bostezo y de pronto abrió mucho los ojos, al ver venir en su dirección a una voluptuosa cantante de los *night-clubs* de Harlem llamada Ann Weldon. Sin decir palabra, la señorita Weldon se deslizó hasta donde estaba Louis y se estrechó contra él.

—Si te me acercas más —le dijo Louis—, tendré que casarme contigo.

Ella se fue, tras fingir un desmayo, contoneando el cuerpo.

—Oye, papá —dijo Rowe—, ¿vas a almorzar ahora en Lindy's?

—¡Ajá!

—¿Quién va a pagar la cuenta?

—La Pista de Yonkers.

—En tal caso —dijo Rowe—, te acompaño.

Una hora después, con rumbo a Lindy's, Rowe y Louis salían de la oficina y se apretujaban en el ascensor, en el que casi todos sonrieron o hicieron algún gesto cuando reconocieron a Louis.

—Hola, campeón —le decían—. Hola, Joe.

—¡No irá a empezar una pelea aquí dentro! —dijo el ascensorista.

—No —dijo Joe—, no hay suficiente espacio para correr.

—Joe —le dijo un tipo, estrechándole la mano—, pareces seguir en forma.

—En forma para comer un buen bistec —respondió Louis.

—Joe —le dijo otro—, parece que fue ayer cuando te vi peleando contra Billy Conn. El tiempo vuela.

—¡Ajá! —dijo Louis—. Vuela que vuela, ¿no?

Y así siguió la cosa mientras Louis caminaba por Broadway: los taxistas lo saludaban con la mano, los conductores de los buses tocaban el claxon, y decenas de hombres lo detenían para recordar cómo habían viajado una vez 130 millas para asistir a una de sus peleas, y cómo habían agachado la cabeza para encender un cigarrillo en el primer asalto, y que entonces, antes de que pudieran alzar la vista, Louis había dejado tendido a su contendiente y ellos se habían perdido todo; o cómo habían tenido invitados en casa esa noche para escuchar la pelea, y que mientras estaban en la cocina bregando por sacar el hielo, alguien había venido del salón y les había dicho: «¡Se acabó! Louis lo noqueó con el primer golpe».

Era sorprendente, sobre todo para Louis, que lo recordaran tanto; máxime sin haber tenido un combate desde su desatinada reaparición en 1951, cuando Rocky Marciano lo noqueó. Dos años antes Louis se había retirado invicto, tras haber defendido el título veinticinco veces, más que cualquier otro campeón.

Los camareros de Lindy's, desviviéndose por Louis, lo condujeron junto con Rowe a la mesa que ocupaba un directivo de la Pista de Yonkers. Irían por la mitad del almuerzo cuando ya Louis trataba de ganarse la cuenta del hipódromo, diciendo que una buena campaña de relaciones públicas hecha por Louis-Rowe llevaría más negros a la pista que nunca antes. El directivo dijo que presentaría la propuesta a la junta y les haría saber a Louis y Rowe el resultado.

—Joe, mejor nos vamos yendo —dijo Rowe, mirando el reloj—. Tenemos que reunirnos con Joe Glaser. ¡Ese Glaser tiene tanto dinero que el banco le cobra el depósito! —y añadió, riéndose de su propio chiste—: Joe, cuéntaselo a Glaser cuando lo veas.

Cinco minutos después los asistentes escoltaban a Louis y Rowe a la nueva y lujosa oficina principal del señor Glaser, el empresario de talentos, el cual, dándole una palmada a Joe en la espalda, dijo, en voz alta para que lo escucharan sus asistentes en otras oficinas:

—¡Joe Louis es uno de los mejores hombres del mundo!

Y Billy Rowe dijo, sin poder aguantarse:

—Joe Glaser tiene tanto dinero que el banco le cobra el depósito.

Todos rieron, excepto Joe Louis que le lanzó una mirada de refilón a Rowe.

Tras despedirse de Glaser, Louis y Rowe acudieron a una cita con la Corporación de América para la Planificación de Inversiones, donde presentaron proyectos para vender más fondos mutualistas a los negros; después visitaron la agencia Cobleigh and Gordon Inc., donde discutieron sobre un boletín de noticias para negros que Rowe y Louis querían producir; después pasaron por donde Toots Shor; y por último fueron a cenar a La Fonda del Sol, donde Rowe había quedado en encontrarse con dos *starlets* de Harlem.

—Ay, Joe —dijo una de las chicas, mientras sonaba de fondo el rasgueo de una guitarra española al fondo—, cuando tú boxeabas yo era una niña, y en casa todos nos reuníamos alrededor de la radio... y yo tenía prohibido hablar.

Joe le guiñó un ojo.

—Joe —le dijo la otra—, ya que estoy sentada aquí tan cerca, qué tal si me autografías este menú... para mi hijo.

Louis sonrió y con un ademán juguetón se sacó del bolsillo la llave del hotel, la balanceó en el aire y la deslizó sobre la mesa hasta donde ella estaba.

—No querrás decepcionar a tu hijo, ¿verdad? —le preguntó.

Todos se echaron a reír, pero ella no sabía si Joe bromeaba o no.

—Si lo decepciono —dijo ella, haciendo un remilgo—, estoy segura de que él sabrá entenderme... cuando sea mayorcito.

Le deslizó la llave de vuelta. Joe soltó la carcajada y le firmó el menú.

Acabada la cena, Louis y los demás tenían planeado hacer la ronda de los clubes de Harlem, pero yo había convenido encontrarme con la segunda mujer de Louis, Rose Morgan. Rose vive ahora en el espacioso y magnífico apartamento del norte que da sobre Polo Grounds* y que en otra época ocuparon Joe y su primera mujer, Marva.

Al abrir la puerta Rose Morgan lucía muy chic, impecablemente acicalada, poco menos que exótica en su bata de descanso japonesa. Me condujo a través de una extensa y tupida alfombra hasta un sofá en forma de bumerán; una vez allí, con las piernas cruzadas y los brazos en jarra, dijo:

---

* Originalmente una cancha de polo, éste era el nombre del desaparecido estadio de béisbol localizado en Manhattan que por esa época servía de sede a los Mets de Nueva York. (*N. del T.*)

—Oh, yo no sé qué es lo que tenía Joe. Te obsesionaba, así como así.

Pero estar casada con Joe no era tan emocionante como ser cortejada por Joe, observó Rose, meneando la cabeza.

—Cuando yo llegaba a casa del trabajo, a las 6.30 o 7 de la tarde, Joe estaba sentado ahí, viendo la televisión y comiendo manzanas. Pero —continuó, después de una pausa— ahora somos muy buenos amigos. De hecho, el otro día le escribí una carta contándole que me había encontrado unas cosas suyas por ahí y que me gustaría saber si las quería.

—¿Como qué?

—Tengo la bata que usaba cuando empezó a boxear —dijo— y sus zapatos de goma, y también una película de la primera pelea con Billy Conn. ¿Te gustaría verla?

En ese momento el marido de Rose, el abogado, hizo su aparición, seguido por un grupo de amigos de Filadelfia. El marido de Rose es un hombre bajito, robusto, de manos arregladas, que después de presentar a todo el mundo les propuso una tanda de copas.

—Le voy a enseñar la película de la pelea de Joe —dijo Rose.

—Odio causarle tanta molestia —le dije a ella.

—Oh, no hay problema —dijo Rose—. No la he visto en años y me encantaría volver a verla.

—¿Le importaría si la vemos? —le pregunté al marido de Rose.

—No, no, está bien —dijo él en voz baja.

Era evidente que lo decía por simple cortesía y que habría preferido no tener que verla hasta el final; pero no había manera de detener a Rose, quien en un dos por tres sacó el proyector del armario; y pronto se apagaban las luces y la pelea había comenzado.

—Joe Louis fue sin duda el más grande de todos los tiempos —dijo uno de los invitados de Filadelfia, haciendo sonar el hielo de su vaso—. Hubo una época en que para la gente de color nada era más importante que Dios y Joe Louis.

La imagen amenazadora y solemne de Joe Louis, veinticinco años más joven que hoy, atravesaba la pantalla buscando a Conn: cuando le asentaba un puñetazo los huesos de Billy parecían estremecerse.

—Joe no desperdiciaba los golpes —dijo alguien desde el sofá.

Rose parecía emocionada de ver a Joe en su mejor forma, y cada vez que un golpe de Louis sacudía a Conn, exclamaba: «Mammm» (golpazo). «Mammm» (golpazo). «Mammm» (golpazo).

Billy Conn estuvo tremendo en los asaltos intermedios, pero cuando en la pantalla se anunció el asalto 13, alguien dijo:

—Aquí es donde Conn va a cometer su error; va a tratar de ganarle por paliza a Joe Louis.

El marido de Rose guardaba silencio, mientras sorbía su whisky.

Cuando Louis empezó a encajar sus combinaciones, Rose empezó a hacer: «Mammm, mammm», hasta que el pálido cuerpo de Conn se fue derrumbando sobre la lona.

Billy Conn trataba de levantarse lentamente. El árbitro contaba sobre él. Conn había enderezado una pierna, luego las dos, ahora estaba de pie... pero el árbitro lo obligó a echarse hacia atrás. Era demasiado tarde.

No obstante, al fondo del salón, el marido de Rose discrepaba:

—Me pareció que Conn se levantó a tiempo —dijo—, pero ese árbitro no lo dejó seguir.

Rose Morgan no dijo nada; se limitó a tomarse lo que quedaba de su trago.

Don malas noticias

Hablemos de tumbas, de gusanos y epitafios,
que sea el polvo papel, y con ojos lluviosos
inscribamos la pena en el seno de la tierra.
Elijamos albaceas, hablemos de testamentos.
SHAKESPEARE, *Ricardo II*

—Winston Churchill te produjo el ataque al corazón —dijo la mujer del redactor de obituarios.

Pero el redactor de obituarios, un hombre bajito y más bien tímido que llevaba anteojos de carey y fumaba una pipa, lo negó con la cabeza y respondió, en voz muy queda:

—No, no fue Winston Churchill.

—Entonces T. S. Eliot te produjo el ataque al corazón —se apresuró a añadir ella, con ligereza, puesto que asistían a una pequeña cena en Nueva York y los otros parecían divertirse.

—No —volvió a decir con suavidad el redactor de notas necrológicas—, no fue T. S. Eliot.

Si lo irritaban los cuestionamientos de su esposa, la afirmación de que escribir largas necrológicas para el *New York Times* con la presión de un plazo límite podría enviarlo a la tumba pronto, él no lo dejaba ver, no levantaba la voz; pero claro, rara vez lo hace. Sólo en una ocasión Alden Whitman le ha levantado la voz a Joan, su actual mujer, una morena juvenil, y esa vez *le gritó*. Alden Whitman no recuerda con precisión por qué gritó. Se acuerda vagamente de acusar a Joan de haber extraviado algo en casa, pero le parece que *él* acabó siendo el culpable. Aunque el incidente sucedió hace más de dos años y duró sólo unos pocos segundos, el recuerdo todavía lo atormenta: esa rara ocasión en que de veras perdió los estribos. Pero desde entonces ha seguido siendo un hombre tranquilo, previsible, que al amanecer, mientras

Joan duerme, se escabulle de la cama y se pone a hacer el desayuno: la cafetera para ella, la tetera para él. Luego se instala durante una hora o algo así en su estudio, fumándose su pipa, sorbiendo su té, ojeando los periódicos, alzando levemente las cejas cuando lee que un dictador está ausente, que un estadista está enfermo.

A media mañana se pone uno de los dos o tres trajes que posee y, echándose un vistazo en el espejo, se aprieta el corbatín. No es un hombre apuesto. Tiene un rostro anodino y tirando a redondo, que casi siempre está serio, si no hosco, coronado por una melena de pelo castaño que, a pesar de haber cumplido ya cincuenta y dos años, no tiene ni una brizna de gris. Detrás de sus anteojos de carey hay dos ojos azules y pequeños, muy pequeños, que rocía con gotas de pilocarpina cada tres horas para controlar su glaucoma, y por debajo tiene un bigote poblado y rojizo del que sobresale, la mayor parte del día, una pipa apretada con fuerza por una dentadura postiza.

Una noche de 1936 tres matones le aflojaron los dientes naturales, los treinta y dos completos, en un callejón de su pueblo natal, Bridgeport, Connecticut. A la sazón tenía veintitrés años, había salido uno antes de Harvard, y muchos bríos, y parece que los asaltantes discrepaban de algunas opiniones que Whitman profesaba. No guarda resentimiento contra quienes lo atacaron, concediéndoles el derecho a tener sus puntos de vista, ni se pone sentimental con los dientes perdidos. Estaban llenos de caries, dice, y qué bendición fue deshacerse de ellos.

Cuando termina de vestirse Whitman se despide de su mujer, pero no por mucho tiempo. Ella también trabaja en el *Times,* y fue allí, un día de primavera de 1958, donde la vio caminando por la grande y bulliciosa sala de Noticias Locales en el tercer piso, con un traje con estampado de arabescos y sosteniendo una página de prueba entintada que traía desde el departamento femenino en el piso noveno, donde ella trabaja. Después de averiguar su nombre, él procedió a enviarle por el correo interno una serie de notas en sobres de estraza, la primera de las cuales decía: «Estás deslumbrante en traje de arabescos» y venía firmada por la «Asociación Americana de Arabescos». Más adelante se identificó, y el 13 de mayo por la noche cenaron en el restaurante Teherán, en la calle 44 Oeste, y se quedaron charlando hasta que el *maître* les pidió que se marcharan.

Joan quedó fascinada con Whitman, en especial con su maravillosa mente de urraca, repleta de toda suerte de datos inútiles: podía recitar la lista de los papas al derecho y al revés; sabía los nombres de las amantes de todos los reyes y las fechas de los reinados de éstos; sabía que el tratado de Westfalia se firmó en 1648, que las cataratas del Niágara tienen 51 metros de altura, que las serpientes no parpadean; que los gatos se ligan a los lugares y no a las personas, y los perros, a las personas y no a los lugares; era suscriptor habitual del *New Statesman*, de *Le Nouvel Observateur*, de casi todas las revistas de los quioscos de periódicos extranjeros que hay en Times Square, se leía dos libros diarios, había visto a Bogart en *Casablanca* tres docenas de veces. Joan supo que tenía que volver a verlo, no importaba que ella tuviera dieciséis años menos y fuera la hija de un pastor, siendo él un ateo. Se casaron el 13 de noviembre de 1960.

Cuando Whitman sale del apartamento, que queda en el piso duodécimo de un viejo edificio de ladrillo en la calle 116 Oeste, sube a paso lento la cuesta que lleva a la caseta del metro en Broadway. A esas horas de la mañana hay en la calle un ajetreo juvenil: lindas alumnas de la Universidad de Columbia que aprietan los libros contra el pecho y aceleran el paso con sus faldas ceñidas rumbo a clase, muchachos de pelo largo que reparten volantes en contra de las políticas de Estados Unidos en Vietnam y Cuba. Con todo, este vecindario cercano al río Hudson se pone solemne con sus recuerdos de la mortalidad del hombre: la tumba de Grant, la sepultura de St. Claire Pollock, las efigies conmemorativas de Louis Kossuth, del gobernador Tilden y de Juana de Arco; las iglesias, los hospitales, el Monumento a los Bomberos, el letrero en un edificio de la parte norte de Broadway: «El Fruto del Pecado es la Muerte», el asilo de ancianas, los dos hombres de edad avanzada que viven cerca de Whitman: un redactor de obituarios del *Times* que se retiró hace poco y el redactor de obituarios del *Times* que se retiró *antes* que ése.

Whitman tiene la muerte en la cabeza cuando toma asiento en el metro que ahora corre hacia el centro con destino a Times Square. En el diario matutino ha leído que Henry Wallace no está bien, que Billy Graham visitó la clínica Mayo. Whitman tiene pensado que, al llegar al *Times* dentro de diez minutos, irá directamente a la morgue del periódico, la sala donde se archivan todos los recortes de prensa y las necrológicas anticipadas, y revisará en qué «condiciones» están las necrológicas anticipadas del reverendo Graham y del ex vicepresidente Wallace (Wallace murió a los pocos meses). En la morgue del *Times* hay 2.000 necrológicas anticipadas, como le consta a Whitman, pero muchas de ellas, como las de J. Edgar Hoover, Charles Lindbergh y Walter Winchell, fueron escritas hace mucho tiempo y necesitan ya una puesta al día. Hace poco, cuando el presidente Johnson estuvo hospitalizado por una operación de la vesícula, actualizaron hasta el último minuto su necrológica anticipada; y así también se hizo con la del papa Pablo VI antes de su viaje a Nueva York y con la de Joseph P. Kennedy. Para un redactor de obituarios no hay nada peor que la muerte de un personaje mundial sin que su necrológica esté actualizada. Puede ser una experiencia asoladora, como le consta a Whitman, que obliga al redactor a convertirse en un historiógrafo repentino que ha de evaluar en cuestión de horas la vida de un hombre con lucidez, precisión y objetividad.

Cuando Adlai Stevenson murió súbitamente en Londres en 1965, Whitman, que hacía sus pinitos funerarios en el *Times* y estaba ansioso de acertar, se enteró del deceso por una llamada telefónica de Joan. Whitman empezó a sudar frío y se marchó disimuladamente de la sala de Noticias Locales para ir a almorzar. Tomó el ascensor hasta la cafetería del piso once. Pero al momento sintió una palmadita en el hombro. Era uno de los asistentes del editor metropolitano, preguntándole: «¿Vas a bajar pronto, Alden?».

Acabado el almuerzo, Whitman regresó abajo y recibió un carro lleno de carpetas con información sobre Adlai Stevenson. Llevándolas al fondo de la sala, procedió a abrirlas y extenderlas sobre una mesa de la hilera número trece de Noticias Locales, donde estuvo leyendo, digiriendo, tomando apuntes, golpeteando la boquilla de la pipa contra la dentadura postiza, *clac, clac.*

Regresó al fin para encarar la máquina de escribir. Pronto empezaron a fluir las palabras, párrafo tras párrafo: «Adlai Stevenson era una rareza en la vida pública americana, un político cultivado, cortés, ingenioso, elocuente, cuya popularidad no perdió lustre en la derrota y cuya estatura se acrecentó en la diplomacia...». Alcanzó una extensión de 4.500 palabras y habría ido más lejos de haber habido tiempo. Por difícil que fuera, no fue tan agobiante como la asignación que recibió sobre el filósofo judío Martin Buber, de quien no sabía prácticamente nada. Por fortuna Whitman pudo contactar por teléfono con un estudioso muy familiarizado con las enseñanzas y la vida de Buber, y esto, junto con los recortes de la morgue del *Times,* le permitieron llevar a cabo la tarea. Pero no quedó para nada satisfecho, y esa noche Joan lo estuvo oyendo todo el tiempo paseándose de un lado a otro del apartamento, copa en mano, mascullando palabras llenas de desprecio y escarnio hacia sí mismo: «Farsante..., superficial..., farsante». Al día siguiente Whitman acudió al trabajo esperando las críticas. En cambio, le informaron que se habían recibido varias llamadas de congratulación de intelectuales del área de Nueva York; y la reacción de Whitman, lejos de ser de alivio, consistió en poner entonces en tela de juicio a todos los que lo habían elogiado.

Las necrológicas que dejan sereno a Whitman son las que alcanza a terminar antes de que el individuo muera, como la tan polémica que redactó sobre Albert Schweitzer, que por un lado rendía tributo a «Le Grand Docteur» por su humanitarismo y por el otro lo condenaba por su soberbio paternalismo; y la de Winston Churchill, un artículo de 20.000 palabras en el que metieron mano Whitman y varios otros empleados del *Times* y que estuvo terminado casi dos semanas antes del deceso de sir Winston. Las notas necrológicas de Whitman sobre el conductor espiritual negro Father Divine, sobre Le Corbusier y sobre T. S. Eliot fueron redactadas, ésas sí, con la presión de un plazo límite; pero no le produjeron pánico alguno porque él estaba muy al tanto de las vidas y obras de los tres, en particular de las de Eliot, que había sido poeta residente de Harvard en los días de estudiante de Whitman en dicha institución. Su necrológica de Eliot empezaba: *«Así termina el mundo / así termina el mundo / así termina el mundo. / No con una explosión, sino con un gemido»*, y pasaba a describir a Eliot como una figura poética realmente insólita, privada de toda «extravagancia o excentricidad de atuendo o ademanes, y sin la menor traza de romanticismo. No irradiaba efluvios, no lanzaba miradas cautivadoras y llevaba el corazón, hasta donde podía observarse, en su correcto lugar anatómico».

Cuando escribía esta necrológica de Eliot, un mensajero dejó caer en el escritorio de Whitman una cantidad de declaraciones elogiosas sobre la obra del poeta, una de ellas firmada por un colega poeta, Louis Untermeyer. Cuando Whitman leyó la carta de Untermeyer, alzó una ceja incrédula. Habría pensado que Louis Untermeyer estaba muerto.

Esto forma parte del astigmatismo ocupacional que aqueja a muchos redactores de obituarios. Si han escrito o leído por anticipado la necrológica de alguien, acaban por pensar que dicha persona murió también por anticipado. Desde que pasó de su anterior empleo de corrector de pruebas al presente, Alden Whitman ha descubierto que en su cerebro está embalsamada una serie de personas que están *vivas,* o lo estaban al último vistazo, pero sobre las cuales siempre habla en tiempo *pretérito*. Por ejemplo, piensa que John L. Lewis está muerto, al igual que E. M. Forster y Floyd Dell, Rudolf Hess y Green, el ex senador por Rhode Island, como también Ruth Etting, Gertrude Ederle y muchos otros.

Más aún, confiesa que, después de escribir una muy buena necrológica anticipada, su orgullo de autor es tanto que no ve la hora de que esa persona caiga muerta para poder contemplar su obra maestra en letras de molde. Aunque esta revelación puede definirlo como un poco menos que romántico, habría que decir en su defensa que él no se desvía del modo de pensar de la mayoría de los redactores de obituarios. Éstos son, hasta para el criterio de Noticias Locales, bastante peculiares.

Edward Ellis, un antiguo escritor de obituarios del *New York World-Telegram and Sun,* quien escribió también un libro sobre suicidas, reconoce que le gusta ver de cuando en cuando cómo sus viejas necrológicas anticipadas realizan su destino en el diario.

En la Associated Press, el señor Dow Henry Fonda anuncia con satisfacción que tiene listas y al día las necrológicas de Teddy Kennedy, la señora de John F. Kennedy, John O'Hara, Grayson Kirk, Lammot du Pont Copeland, Charles Munch, Walter Hallstein, Jean Monnet, Frank Costello y Kelso. En la United Press International, donde hay una docena de archivadores de cuatro cajones con «historias en preparación» (entre ellas una sobre el niño de cinco años John F. Kennedy Jr. y las de los hijos de la reina Isabel), no mantienen especialistas de tiempo completo y en cambio reparten los textos cadavéricos, asignándole algunos de los mejores a un periodista veterano llamado Doc Quigg, de quien se ha dicho, con orgullo, que él «los puede allanar, puede ponerlos a cantar».

Dice alguien curtido en el oficio que el tradicional empeño del redactor de obituarios por verse publicado no se basa exclusivamente en su orgullo de autor, sino que también puede ser una herencia de la época en que los editores no les pagaban a sus escritores de necrológicas, contratados con frecuencia a destajo, hasta que el sujeto del óbito no hubiera fallecido; o, como solían formularlo en esos tiempos, no hubiera «entregado el alma», «pasado a mejor vida» o «dejado este mundo». Algunas veces, durante la espera, en Noticias Locales hacían la que ellos llamaban una porra macabra, en la que cada cual ponía cinco o diez dólares y le apostaba a la persona de la lista de necrológicas anticipadas que creía que iba a morir primero. Karl Schriftgiesser, enterrador del *Times* hace unos veinticinco años, recuerda que en su tiempo hubo ganadores de porras macabras que llegaron a cobrar hasta 300 dólares.

No hay que se sepa porras como ésa en el *Times* de hoy en día, pero Whitman, por razones de muy diversa índole, sí mantiene en el escritorio una especie de lista de vivos a quienes da *prioridad*. Dichos individuos son tenidos en cuenta porque a su juicio tienen los días contados o porque considera que terminaron su trabajo en la vida y no ve razón para diferir la inevitable tarea de redacción, o simplemente porque el sujeto le parece «interesante» y por mero placer desea escribir su necrológica por adelantado.

Whitman también guarda la que él llama una «lista de aplazados», que se compone de líderes mundiales viejos pero duraderos, *monstres sacrés,* que aún están en el poder o por otras razones siguen siendo noticia, cuya necrológica «definitiva» no sólo sería difícil de pergeñar sino que en el futuro precisaría constantes cambios o añadidos; de manera que si estas personas «aplazadas» pueden tener en la morgue del *Times* necrológicas que no están al corriente (personajes como De Gaulle y Franco), de todos modos Whitman opta por dejarlas esperando un tiempo antes de darles la última mano. Whitman es consciente, desde luego, de que uno de esos clientes aplazados o todos ellos podrían hincar el pico de repente, pero asimismo tiene candidatos que a él le parece van a morir primero o que ya dejaron de ser noticia, de tal manera que sigue dándoles prioridad a quienes *no* están en su lista de aplazados; y si llegara a equivocarse..., bueno, ya se ha equivocado antes.

Existen, naturalmente, algunas personas que Whitman *piensa* que pueden morir pronto y a quienes ya les tiene su tributo final consignado en una carpeta en la morgue del *Times;* éstos pueden *no* morirse en años, y su importancia o influencia sobre el mundo podrá disminuir, pero siguen viviendo. En ese caso (si el nombre muere antes que el hombre, como diría A. B. Housman) Whitman se reserva el derecho de recortar la necrológica. Vivisección. Él es un hombre preciso, para nada emotivo. La muerte obsesionaba a Hemingway, a John Donne lo empequeñecía, pero a Alden Whitman le suministra un trabajo de cinco días a la semana que le gusta cantidad; y posiblemente se aceleraría su muerte si le quitaran el trabajo y lo volvieran a poner en la mesa de redacción donde ya no podría escribir sobre el tema.

Y así, todas las mañanas entre semana, tras bajar en el metro hasta Times Square desde su apartamento en la parte norte de Broadway, Whitman inicia gustoso otro día en el *Times,* otra sesión con hombres que han muerto, que están muriendo o que, si no se equivoca, pronto morirán. En general entra al vestíbulo del *Times* a eso de las once, sin que sus suaves zapatos de goma produzcan ruido al atravesar el reluciente piso de mármol. Lleva la pipa en la boca, y en la mano izquierda un té envasado que acaba de comprar al otro lado de la calle en el pequeño mostrador de comidas que administra un griego corpulento cuyo rostro conoce desde hace años, pero no su nombre. Luego Whitman asciende al tercer piso, da los buenos días a la recepcionista, vira hacia la sala de Noticias Locales, da los buenos días a los demás periodistas que trabajan en sus escritorios, hileras y más hileras de escritorios, y ellos lo saludan por turno, lo conocen bien, se alegran de que sea *él,* no ellos, el encargado de redactar la página del obituario; página que es leída con mucho cuidado, eso lo saben ellos, tal vez con *demasiado* cuidado, por lectores picados por una curiosidad morbosa, por lectores que buscan alguna clave de la vida, por lectores que buscan apartamentos vacantes.

A todos los periodistas les toca poner de su parte alguna vez para una u otra de las necrológicas menores, ya duras de por sí; pero las largas son el trabajo pesado: tienen que ser exactas, interesantes, infalibles en su análisis, y en el futuro serán juzgadas, como lo será el *Times,* por los historiadores. Con todo, para su redactor no hay gloria, no se le nombra, siendo política del diario suprimir los nombres de los autores de estas notas. Pero a Whitman no le importa. El anonimato le sienta de maravilla. Prefiere ser cualquier hombre, uno de tantos, nadie: empleado del *Times* núm. 97353, carné de biblioteca núm. 6637662, poseedor de una tarjeta de rebajas de las tiendas Sam Goody, prestatario del Buick Compact 1963 de su suegra los fines de semana cuando hay sol, un hombre eminentemente imposible de citar, antiguo entrenador de los equipos de fútbol americano, béisbol y baloncesto del colegio Roger Ludlowe, que ahora lleva la cuenta de las bajas para el *Times.* Todo el día, mientras sus colegas corren a un lado y otro, en pos del aquí y el ahora, Whitman se queda callado en su escritorio del fondo, tomándose el té a sorbos, habitando el extraño mundillo de los medio vivos y medio muertos en este enorme espacio apodado Noticias Locales.

Se trata de una sala del tamaño de una cancha de fútbol americano quizás dos veces más grande, y con una fila tras otra de escritorios metálicos, todos del mismo tono, cada uno con un teléfono que sostiene un reportero que habla con sus fuentes noticiosas sobre los últimos rumores, pistas, informes, imputaciones, amenazas, robos, violaciones, accidentes, crisis, problemas y problemas... Se trata de una Sala de Problemas, y de todas partes del mundo vía cable, télex, telegrama, teletipo o teléfono los informes de noticias sobre los problemas del planeta entran disparados a este *único* recinto, hora tras hora: desastre en el Danubio, revueltas en Tanzania, peligro en Pakistán, delicado en Trieste, rumores en Río, el escenario en Saigón, golpes de Estado, fuentes informadas dicen, fuentes de confianza dicen, problemas africanos, problemas judíos, OTAN, SEATO, Sukarno, Sihanouk... y Whitman sentado ahí, tomando su té a sorbos, al fondo de esta sala, prestando poca atención a todo aquello. Lo que a él le concierne es el dato *final*.

Está pensando en qué palabras va a emplear cuando estos hombres, estos creadores de problemas, mueran finalmente. Ahora se inclina hacia adelante sobre la máquina de escribir, adelanta los hombros, pensando en las palabras que, poco a poco, irán formando las necrológicas anticipadas de Mao Tse Tung, de Harry S. Truman, de Picasso. También tiene en remojo a la Garbo y a Marlene Dietrich, a Steichen y a Haile Selassie. En una hoja de papel, resultado de una hora de trabajo previo, Whitman tiene escrito: «... Mao Tse Tung, hijo de un oscuro cultivador de arroz, murió siendo uno de los más poderosos gobernantes del mundo...». En otra hoja: «... A las 7.09 p.m. del 12 de abril de 1945 un hombre del que pocos habían oído hablar se convirtió en el presidente de Estados Unidos...». En otra más: «... había un Picasso pintor, un Picasso fiel e infiel como amante, un Picasso generoso, hasta un Picasso dramaturgo...». Y, de las notas de un día anterior: «... Como actriz, la señora de Rudolph Sieber era anodina, sus piernas no eran de ninguna manera tan hermosas como las de Mistinguett, pero la señora de Sieber en su papel de Marlene Dietrich fue durante muchos años un símbolo internacional del sexo y el *glamour*...».

Whitman no está contento con lo que ha escrito, pero revisa con cuidado las palabras y las frases y se detiene a pensar en voz alta: *Ah, cómo será de maravillosa la colección de fotografías que van a sacar en el obituario del* Times *cuando fallezca el gran Steichen.* Entonces Whitman se recuerda a sí mismo que tiene que comprar el número del *Saturday Review* con su magnífico artículo de portada sobre el canoso magnate británico de las comunicaciones, el barón Roy

Thomson, ya setentón. La historia pronto puede resultarle útil. Otro hombre de interés, dice Whitman, es el célebre humorista Frank Sullivan, que vive en Saratoga Springs, Nueva York. Unos días atrás Whitman había llamado por teléfono a un amigo cercano de Sullivan, el dramaturgo Marc Connelly, y casi empieza diciéndole: «Usted *conoció* a míster Sullivan, ¿no es verdad?». Pero se calló la boca y le dijo más bien que el *Times* estaba «poniendo al día sus archivos» —sí, ésa fue la frase— sobre Frank Sullivan y que si podían quedar en salir a almorzar por si acaso el señor Connelly podía instruir en algo al señor Whitman. El almuerzo se dio. Ahora lo que Whitman espera es poder viajar a Saratoga Springs y hablar sobre la vida de Marc Connelly mientras almuerza con el señor Sullivan.

Cuando Whitman va a un concierto, como es su costumbre, no puede resistir el impulso de mirar alrededor de la sala y observar a los distinguidos miembros de la concurrencia que en las próximas fechas pudieran despertar su particular curiosidad. Hace poco notó, en el Carnegie Hall, que uno de los espectadores sentados más adelante era Arthur Rubinstein. Whitman levantó rápidamente los gemelos y enfocó el rostro de Rubinstein, fijándose en la expresión de sus ojos y de su boca, en su suave pelo gris y, cuando se puso de pie en el intermedio, en lo sorprendentemente bajo que era.

Whitman tomó nota de esos detalles, consciente de que algún día le ayudarían a darle vida a su trabajo, consciente de que las necrológicas magistrales, como las mejores exequias, deben ser planeadas con mucha anticipación. El propio Churchill dispuso todo lo de su entierro; y los parientes de Bernard Baruch visitaron, antes de que él muriera, la Capilla de Honras Fúnebres Frank E. Campbell para ultimar detalles; y ahora el hijo de Baruch, aunque disfruta de buena salud, ha hecho lo mismo; como hizo también una modesta criada que hace poco compró un mausoleo por más de 6.000 dólares e hizo inscribir en él su nombre, y que ahora, cada mes o algo así, viaja al cementerio en el condado de Westchester para echarle un vistazo.

«La muerte nunca pilla desprevenido al sabio», escribió La Fontaine, y Whitman coincide y mantiene «al día» sus fichas, si bien no le permite a nadie leer su propia necrológica. Como dijo el difunto Elmer Davis: «El hombre que ha leído su propia noticia necrológica no volverá a ser el mismo».

Hace varios años, después de que un editor del *Times* se hubo recobrado de un ataque cardíaco y regresó al diario, el reportero que había redactado su nota necrológica se la mostró a fin de corregir errores u omisiones. El editor la leyó. Esa noche sufrió otro infarto. Por otra parte, Ernest Hemingway disfrutó plenamente la lectura de las noticias periodísticas acerca de su muerte en un accidente aéreo en África. Hizo armar un grueso álbum de recortes de periódicos y decía empezar todos los días con «el acostumbrado ritual matutino de una copa de champaña fría y un par de páginas de notas necrológicas». En dos ocasiones Elmer Davis fue equivocadamente dado por muerto por la prensa en alguna catástrofe, y aunque admitía que «resultar vivo después de que has sido dado por muerto es un injustificable abuso contra tus amigos», de todas formas negó los infundios; y recibió «en general más crédito del que se suele dar a las personas cuando tienen que desmentir algo que la prensa ha dicho sobre ellas».

Algunos periodistas, desconfiando quizás de sus colegas, han escrito sus propias necrológicas anticipadas y las han introducido a hurtadillas en la morgue a la espera del momento adecuado. Una de éstas, escrita por un reportero del *New York Daily News* llamado Lowell Limpus, que apareció con su propia firma en ese diario en 1957, comenzaba así: «Éste es el último de los 8.700 o más artículos que he escrito para que se publiquen en el *News*. Tiene que ser el último ya que fallecí ayer... Escribí ésta, mi propia necrológica, porque sé sobre el tema más que cualquier otro y porque prefiero que sea sincera a que sea florida...».

Aunque antaño la sección de obituarios pudo estar anegada en sentimentalismo, hoy rara vez lo está, a excepción de la columna en letra cursiva que por regla general aparece al lado derecho de la página, sobre las esquelas de las funerarias. Los parientes del difunto pagan por la publicación de estas notas y en ellas no hay hombre muerto que no sea descrito como padre «cariñoso», marido «amado», hermano «querido», abuelo «adorado» o tío «venerado». Los nombres de los fallecidos aparecen en orden alfabético y en letras mayúsculas y negritas, para que el lector circunstancial pueda ojearlos rápidamente, como los resultados del béisbol, y es raro el lector que se detiene en ellos. Una de esas excepciones es la de un caballero de setenta y tres años de edad llamado Simon de Vaulchier.

El señor De Vaulchier, un bibliotecario investigador ya jubilado, fue durante poco tiempo una especie de lector profesional de las páginas de obituario de los diarios del área metropolitana de Nueva York. Y recopiló para *America,* la revista de los jesuitas, el material para un estudio en el que se constató, entre otras cosas, que en su mayoría los muertos del *New York Post* eran judíos; en el *New York World-Telegram and Sun* eran protestantes, y los del *Journal-American* eran católicos. Cuando leyó la investigación, un rabí añadió una nota a pie de página en el sentido de que para el *Times* morían *todos* por igual.

No obstante, si se ha de creer únicamente lo que sale en el *Times,* entonces los individuos con la más alta tasa de mortalidad son los presidentes de juntas directivas, como observa el señor De Vaulchier. Y añade que, en el *Times,* los almirantes suelen ser objeto de necrológicas más largas que los generales, que a los arquitectos les va mejor que a los ingenieros, que a los pintores les va mejor que a los demás artistas y que siempre parecen morirse en Woodstock, Nueva York. Las mujeres y los negros casi nunca parece que se mueran.

Los redactores de obituarios nunca mueren. Por lo menos el señor De Vaulchier dice que él nunca ha leído una necrológica semejante en ningún periódico, aunque a principios del año pasado, con ocasión del infarto de Whitman, estuvo muy cerca de leerla.

Después de que llevaron a Whitman al hospital Knickerbocker de Nueva York, se le encargó a un reportero de Noticias Locales «poner al día las fichas sobre él». Después de su recuperación Whitman no ha visto su necrológica anticipada, ni espera hacerlo, pero se figura que tendría siete u ocho párrafos de extensión y que, cuando se utilice finalmente, rezará más o menos así:

«Alden Whitman, empleado del *New York Times,* encargado de redactar artículos necrológicos sobre muchas de las más destacadas personalidades del mundo, murió anoche en forma repentina en su residencia del número 600 de la calle 116 Oeste, a causa de un ataque al corazón. Tenía cincuenta y dos años de edad...».

Será todo muy fáctico y verificable, está seguro, y consignará que nació el 27 de octubre de 1913 en Nueva Escocia y fue llevado por sus padres a Bridgeport dos años después; que se casó dos veces, tuvo dos hijos con la primera esposa, fue miembro activo del Gremio Periodístico de Nueva York, y que en 1956, junto con otros periodistas, fue interrogado por el senador James O. Eastland sobre sus actividades de izquierda. La necrológica posiblemente enumerará los colegios a los que asistió, pero no mencionará que en la escuela primaria saltó *dos* grados (para dicha de su madre; ella era maestra allí, y el feliz suceso no le causó ningún daño a su reputación ante el consejo de la escuela); enumerará sus lugares de empleo pero no informará que en 1936 le tumbaron los dientes, ni que en 1937 casi se ahoga mientras nadaba (experiencia que le pareció altamente placentera), ni que en 1940 estuvo a un pelo de ser aplastado por la caída de parte de un antepecho; ni que en 1949 perdió el control de su automóvil y derrapó sin poder hacer nada hasta el mismísimo borde de una empinada cuesta en Colorado; ni que en 1965, después de sobrevivir a una trombosis coronaria, repitió lo que venía diciendo toda la vida: No existe Dios; no le temo a la muerte porque Dios no existe; no habrá juicio final.

—¿Pero qué le pasará entonces, después de muerto, señor Whitman?

—No tengo un alma que vaya a ir a ninguna parte —dice él—. Se trata simplemente de una extinción material.

—Si hubiera muerto durante su ataque al corazón, ¿qué, en su opinión, habría sido lo primero que su mujer habría hecho?

—Primero se habría encargado de que se hiciera con mi cadáver lo que yo había dispuesto —dice—: cremarlo sin lloros ni alborotos.

—¿Y después qué?

—Después de salir de eso, les habría dedicado su atención a los niños.

—¿Y después?

—Después, me figuro que se derrumbaría y se echaría a llorar.

—¿Está seguro?

Whitman hace una pausa.

—Sí, supongo que sí —dice al fin, dándole una chupada a su pipa—. Ése es el desfogue normal para un dolor en tales circunstancias.

Alí en La Habana

Hace en La Habana una noche de invierno tibia, ventosa, de palmas que tremolan, y los principales restaurantes están repletos de turistas de Europa, Asia y Suramérica, que presencian la serenata de guitarristas que cantan sin descanso: «*Guan-ta-na-me-ra... guajira... guan-ta-na-me-ra*»; y en el Café Cantante hay unos bulliciosos bailarines de salsa, reyes del mambo, artistas masculinos de pechos descubiertos que bufan y levantan mesas con los dientes, y mujeres de turbante, enfundadas en faldas que les ciñen las nalgas y que tocan silbatos mientras rotan sus cuerpos resplandecientes en un frenesí erótico. Entre el público del café, así como en los restaurantes, hoteles y demás lugares públicos de la isla, se fuman cigarros y cigarrillos sin límites ni restricciones. Dos prostitutas fuman y charlan en privado en la esquina de una calle mal iluminada que limita con los prados impecables del hotel de cinco estrellas de La Habana, el hotel Nacional. Son mujeres cobrizas, rozan los veinte años y llevan blusas abrochadas en la nuca y minifaldas desteñidas; y al tiempo que conversan abren los ojos mientras dos hombres, uno blanco y negro el otro, se agachan sobre el maletero abierto de un Toyota rojo estacionado cerca, regateando los precios de las cajas de puros del mercado negro que se apilan dentro.

El blanco es un húngaro de mandíbula cuadrada, de treinta y tantos años, con un traje tropical de color beige y una corbata ancha y amarilla, y es uno de los principales empresarios de La Habana en el próspero negocio ilegal de la venta de puros cubanos enrollados a mano y de primera calidad por debajo de los precios comerciales locales e internacionales. El negro detrás del coche es un individuo fornido, algo calvo, de barba gris, de unos cincuenta y tantos años, que vino de Los Ángeles y se llama Howard Bingham; y no importa qué precio pida el húngaro, Bingham sacude la cabeza y dice:

—¡No, no: es demasiado!

—¡Estás loco! —exclama el húngaro en un inglés con poco acento, sacando una caja del maletero y pasándosela por la cara a Howard Bingham—. ¡Si son Cohiba Espléndidos! ¡Los mejores del mundo! Pagarías mil dólares por una caja de éstas en Estados Unidos.

—No yo —dice Bingham, que lleva una camisa hawaiana y una cámara colgada del cuello: es fotógrafo profesional y se hospeda en el hotel Nacional con su amigo Muhammad Alí—. Yo no te daría más de cincuenta dólares.

—Estás loco —dice el húngaro, cortando el sello de papel de la caja con la uña y alzando la tapa para dejar ver una reluciente hilera de Espléndidos.

—Cincuenta dólares —le dice Bingham.

—Cien dólares —insiste el húngaro—. ¡Y date prisa! La policía puede estar de ronda.

El húngaro se endereza y por encima del coche mira el prado bordeado de palmas y las luces de pie que en la distancia alumbran el camino que conduce al ornamentado pórtico del hotel, que está ahora atestado de personas y vehículos; luego se vuelve para echar otro vistazo a la cercana vía pública, en donde ve que las dos prostitutas soplan el humo en su dirección. Frunce el entrecejo.

—Rápido, rápido —le dice a Bingham, entregándole la caja—. Cien dólares.

Howard Bingham no fuma. Él, Muhammad Alí y sus compañeros de viaje se van mañana de La Habana, tras tomar parte en una misión de ayuda humanitaria de cinco días que vino con un avión cargado de suministros médicos para las clínicas y hospitales desabastecidos por el embargo de Estados Unidos; y a Bingham le gustaría regresar a casa con unos buenos cigarros de contrabando para sus amigos. Pero, por otro lado, cien siguen siendo demasiado.

—Cincuenta dólares —dice Bingham con firmeza, mirando su reloj y echando a andar.

—Está bien, está bien —dice de mal grado el húngaro—. Cincuenta.

Bingham se saca el dinero del bolsillo y el húngaro le echa mano y entrega los Espléndidos antes de irse en el Toyota. Una de las prostitutas da unos pasos hacia Bingham, pero el fotógrafo apura el paso de regreso al hotel. Esta noche Fidel Castro ofrece una recepción para Muhammad Alí, y Bingham tiene apenas media hora para cambiarse y bajar al pórtico para tomar el autobús fletado que va a llevarlos a la sede de gobierno. Trae una de sus fotografías para el caudillo cubano: un retrato ampliado y enmarcado de Muhammad Alí y Malcolm X caminando juntos por una acera de Harlem en 1963. Malcolm X estaba a la sazón por los treinta y siete años, a dos de una bala asesina; el joven Alí, de veintiún años, estaba a punto de conquistar el título de los pesos pesados en una memorable victoria inesperada contra Sonny Liston en Miami. La fotografía de Bingham lleva dedicatoria: «Al presidente Fidel Castro, de Muhammad Alí». Bajo su firma el ex campeón ha garabateado un corazoncito.

Aunque Muhammad Alí tiene ahora cincuenta y cuatro años y lleva más de quince lejos del cuadrilátero, sigue siendo uno de los hombres más famosos del mundo, reconocible en los cinco continentes; y mientras recorre el vestíbulo del hotel Nacional con dirección al bus, en un traje de rayón gris y camisa de algodón abotonada hasta el cuello y sin corbata, numerosos huéspedes se le acercan para pedirle un autógrafo. Le lleva unos treinta segundos escribir «Muhammad Alí», tanto le tiemblan las manos por efecto de la enfermedad de Parkinson; y aunque camina sin apoyo, sus movimientos son muy lentos, y Howard Bingham y Yolanda, la cuarta esposa de Alí, lo siguen de cerca.

Bingham conoció a Alí hace treinta y cinco años en Los Ángeles, poco después de que el boxeador se convirtiera en un profesional y antes de que se deshiciera de su «nombre de esclavo» (Cassius Marcellus Clay) y se uniera a los Musulmanes Negros. Bingham llegaría a convertirse en su más cercano amigo varón, y ha fotografiado todos los aspectos de la vida de Alí: su triple ascenso y caída como campeón de los pesos pesados; su expulsión del boxeo durante tres años, a partir de 1967, por rehusarse a prestar servicio en el ejército de Estados Unidos durante la guerra de Vietnam («No tengo ningún pleito con los tales Vietcong»); sus cuatro matrimonios; su paternidad de nueve hijos (uno adoptado, dos ilegítimos); sus incesantes apariciones públicas en todas partes del mundo: Alemania, Inglaterra, Egipto (navegando por el Nilo con un hijo de Elijah Muhammad), Suecia, Libia, Pakistán (abrazando refugiados afganos), Japón, Indonesia, Ghana (luciendo un *dashiki* y posando con el presidente Kwame Nkrumah), Zaire (batiendo a George Foreman), Manila (batiendo a Joe Frazier)... y ahora, en la última noche de su visita a Cuba en 1996, se encamina a una velada social con un viejo luchador a quien admira desde hace tiempo; uno que ha sobrevivido en la cima durante casi cuarenta años contra la malquerencia de nueve presidentes estadounidenses, la CIA, la Mafia y una gran cantidad de militantes cubano-americanos.

Bingham espera a Alí junto a la portezuela abierta del autobús fletado, que bloquea la entrada del hotel; pero Alí se demora entre la concurrencia del vestíbulo, y Yolanda se hace a un lado para dejar que algunos se acerquen más a su marido.

Ella es una mujer grande y bonita, de treinta y ocho años, sonrisa radiante y tez pecosa y clara que deja traslucir su ascendencia interracial. Lleva una bufanda envuelta con soltura sobre la cabeza y los hombros, mangas largas que le cubren los brazos y un traje de colores vivos bien diseñado que le llega debajo de la rodilla. Se convirtió del catolicismo al islam al casarse con Alí, un hombre dieciséis años mayor que ella pero con el cual compartía lazos de familia que se remontaban a su infancia en su nativa Louisville, donde su madre y la madre de Alí eran como hermanas del alma que viajaban juntas para asistir a los combates de aquél. En ocasiones Yolanda se unía a la comitiva de Alí, donde conoció no sólo el ambiente del boxeo sino a las mujeres coetáneas de Alí que fueron sus amantes, sus mujeres, las madres de sus hijos; y no perdió el contacto con Alí durante la década de 1970, mientras ella se graduaba en psicología en la Universidad de Vanderbilt y obtenía luego el título de máster en negocios en UCLA*. Entonces (con la extinción de la carrera boxística de Alí, de su tercer matrimonio y de su vigorosa salud) Yolanda entró en la intimidad de su vida de modo tan tranquilo y natural como con el que ahora aguarda para retomar su lugar al lado de él.

Sabe que Alí se está divirtiendo. Hay en los ojos un lejano destello, poca expresión en el semblante y una total ausencia de palabras en la boca de quien fuera el más parlanchín de los campeones. Pero la mente detrás de la máscara del Parkinson funciona normalmente; y, cosa típica en él, se entrega a lo que hace: escribir su nombre completo en las tarjetas o trozos de papel que le pasan sus admiradores: «Muhammad Alí». No se conforma con el eficiente «Alí» ni con las simples iniciales. Nunca fue cicatero con su público.

Y entre el público de esta noche hay personas de toda Latinoamérica, Canadá, África, Rusia, China, Alemania, Francia. Hay doscientos agentes de viaje franceses hospedados en el hotel, vinculados a la campaña del gobierno cubano para incrementar la creciente industria turística (que el año pasado atendió unos 745.000 visitantes que gastaron aproximadamente mil millones de dólares en la isla). También están a la mano un productor de cine italiano y su ami-

---

* Universidad de California. *(N. del T.)*

guita de Roma y un antiguo luchador japonés, Antonio Ino-ki, quien le lesionó las piernas a Alí durante una exhibición en Tokio en 1976 (pero que lo abrazó afectuosamente hace dos noches en la sala del hotel, mientras escuchaban al pianista cubano Chucho Valdés tocar jazz en un piano Moskva de media cola fabricado en Rusia); y en la aglomeración también está, más alto que los demás con su metro noventa y ocho centímetros, el héroe cubano de los pesos pesados Teófilo Stevenson, de cuarenta y tres años de edad, medallista olímpico en tres ocasiones, en 1972, 1976 y 1980, y quien, en esta isla al menos, es tan famoso como los propios Alí o Castro.

Aunque parte de la reputación le viene a Stevenson de sus pasados poderío y pericia en el cuadrilátero (si bien nunca se enfrentó a Alí), también se puede atribuir a que no sucumbió a las ofertas de los promotores de boxeo profesional, resistiéndose empecinadamente al dólar yanqui..., aunque dista de parecer necesitado. Vive entre sus compatriotas como un encumbrado pavo real cubano, ocupando altas posiciones en los programas deportivos del gobierno y atrayendo suficiente atención de las mujeres de la isla como para haber recolectado cuatro esposas hasta la fecha, las cuales dan fe de sus gustos eclécticos.

Su primera mujer era profesora de baile. La segunda era ingeniera industrial. La tercera, médica. La cuarta y actual esposa es abogada penalista. Se llama Fraymari y es una mujer de una pequeñez como de niña, piel aceitunada y veintitrés años de edad, que, parada al lado de su marido en el vestíbulo, difícilmente sobrepasa la mitad de la guayabera bordada que él lleva puesta: una camisa ajustada y de mangas cortas que acentúa su torso triangular, sus amplias espaldas y el largo de sus brazos oscuros y musculosos, brazos que otrora impedían que sus adversarios infligieran algún daño a su atractiva estampa latina.

Stevenson peleó siempre desde una posición muy derecha y aún conserva esa postura. Cuando la gente le habla, baja la vista pero mantiene erguida la cabeza. La mandíbula firme de su cabeza ovalada parecería estar fija en ángulo recto a su columna vertical. Es un hombre ufano, que se exhibe cuan alto es. Pero presta oído, eso sí, en especial cuando las palabras que ascienden hasta él vienen de la animada y pequeña abogada que es también su mujer. Fraymari ahora le hace ver que se hace tarde: todos deberían estar ya en el autobús; Fidel puede estar esperando.

Stevenson baja los ojos y le hace un guiño. Ha captado el mensaje. Ha sido el acompañante principal de Alí durante esta visita. A su vez fue huésped de Alí en Estados Unidos en el otoño de 1995; y aunque él apenas sabe unas cuantas palabras en inglés y Alí nada de español, les basta su lenguaje corporal para hermanarse.

Stevenson se desliza entre la multitud y cuidadosamente rodea con el brazo los hombros de su colega campeón. Y entonces, lenta pero firmemente, conduce a Alí hacia el autobús.

La ruta al Palacio de la Revolución de Fidel Castro es como una vía de los recuerdos, con viejos automóviles norteamericanos que andan traqueteando a unas veinticinco millas por hora: modelos preembargo ya sin suspensión, cupés Ford y sedanes Plymouth, DeSotos y LaSalles, Nashes y Studebakers, y una variedad de *collages* vehiculares armados con rejillas de Cadillac y ejes de Oldsmobile y parachoques de Buick emparchados con recortes de barriles de petróleo e impulsados por motores enlazados con utensilios de cocina, podadoras de césped de antes de Batista y otros artefactos, lo que ha elevado en Cuba el oficio de la latonería a la categoría de arte superior.

Las relativamente nuevas formas de transporte que se ven en la vía son, por supuesto, productos no estadounidenses: Fiats polacos, Ladas rusos, motonetas alemanas, bicicletas chinas y el resplandeciente y recién importado autobús japonés con aire acondicionado desde el cual Muhammad Alí ahora extiende la vista, por la ventanilla cerrada, hacia la calle. A veces él levanta la mano, en respuesta a los saludos de los peatones, ciclistas o automovilistas que reconocen el bus, que ha salido repetidas veces en los noticiarios locales transportando a Alí y sus compañeros a los centros médicos y lugares turísticos que han formado parte del apretado itinerario.

En el bus, como sucede siempre, Alí viaja solo, repantigado sobre los dos primeros asientos del pasillo izquierdo, justo detrás del conductor cubano. Yolanda se sienta un poco más adelante, a la derecha, al lado del conductor y muy cerca del parabrisas. Los asientos detrás de ella están ocupados por Teófilo Stevenson, Fraymari y el fotógrafo Bingham. Detrás de Alí y ocupando también dos asientos, va un guionista estadounidense llamado Greg Howard, quien pesa más de 135 kilos. Aunque lleva viajando con Alí sólo unos pocos meses, mientras acopia información para una película sobre la vida del pugilista, Greg Howard ya está afianzado como su íntimo compinche, y como tal es uno de los poquísimos en el viaje que han escuchado la voz de Alí. Alí habla en voz tan baja que es imposible oírlo entre la multitud, y en consecuencia los comentarios o sentimientos públicos que se espera que exprese o que él quiere expresar son verbalizados por Yolanda, o Bingham, o Teófilo Stevenson, e incluso a veces por este joven y corpulento guionista.

«Alí está en su fase zen», ha dicho Greg Howard en más de una ocasión, refiriéndose a la quietud de Alí. Como Alí, admira lo que hasta ahora ha visto en la isla: «Aquí no hay racismo»; y como hombre de raza negra, desde hace largo tiempo se identifica con muchas de las frustraciones y confrontaciones de Alí. Su tesis de estudiante en Princeton analizaba los disturbios raciales de Newark en 1967, y el último guión que ha escrito para Hollywood se centra en los equipos de las ligas negras de béisbol de los años previos a la Segunda Guerra Mundial. Concibe su nuevo trabajo sobre Alí al estilo de la película *Gandhi*.

Los veinticuatro asientos por detrás de los tácitamente reservados para el círculo íntimo de Alí están ocupados por el secretario general de la Cruz Roja cubana y el personal humanitario estadounidense que le ha confiado donaciones de suministros médicos por valor de 500.000 dólares; y van también las dos intérpretes cubanas y una docena de representantes de medios norteamericanos, entre ellos el comentarista de la cadena CBS Ed Bradley y sus productores y equipo de cámara para el programa de la televisión *60 minutos*.

Ed Bradley es un individualista, cortés pero reservado, que ha aparecido en la televisión durante una década con el lóbulo auricular izquierdo perforado por un pequeño aro; cosa que, ante los comentarios desfavorables que expresaron al principio sus colegas Mike Wallace y Andy Rooney, motivó la explicación de Bradley: «Es *mi* oreja». Bradley también se da el gusto de ser un fumador de cigarros; y mientras viaja en la parte central del autobús junto a su amiga haitiana, saca pleno provecho de la actitud permisiva del régimen cubano respecto del tabaco, fumándose un Cohiba Robusto por el que pagó el precio completo en la tabaquería del Nacional... y que ahora despide una costosa y aromática nube que le gusta a su amiga (que también fuma a veces un cigarro) pero que no es objeto de aprecio de las dos mujeres californianas afiliadas a una agencia de ayuda humanitaria que van sentadas dos hileras atrás.

En efecto, las mujeres han venido haciendo comentarios sobre los hábitos de fumar de una infinidad de personas que han conocido en La Habana, siendo su especial decepción el haber descubierto más temprano en ese mismo día que el hospital pediátrico que visitaron (y al cual le entregaron donaciones) está bajo la supervisión de tres médicos de familia amantes del tabaco. Cuando una de las norteamericanas, una rubia de Santa Bárbara, le hizo un reproche indirecto a uno de los doctores fumadores por dar tan triste ejemplo, se le informó que de hecho las estadísticas de salud de la isla sobre longevidad, mortalidad infantil y estado físico general se comparaban de modo favorable con las de Estados Unidos y eran probablemente mejores que las de los residentes en la ciudad de Washington. Por otra parte, el doctor dejó en claro que no pensaba que el tabaco fuera bueno para la salud: al fin y al cabo el propio Fidel lo había dejado. Pero, por desgracia, añadió el doctor, con modestia que se quedaba más que corta, «algunos no lo imitan».

Nada de lo que dijo el médico aplacó a la mujer de Santa Bárbara. No obstante, no quiso parecer querellosa en la rueda de prensa del hospital, con asistencia de los medios; ni en ninguno de los muchos viajes en bus con Ed Bradley le pidió que tirara su cigarro. «Míster Bradley me intimida», le confió a su paisana compañera de trabajo. Pero claro, él se sujetaba a la ley en esta isla que el médico había llamado «la cuna del mejor tabaco del mundo». En Cuba, la publicación más común en los puestos de revistas es *Cigar Aficionado*.

El autobús atraviesa la Plaza de la Revolución y se detiene en un puesto de control cercano a las enormes puertas vidrieras que se abren al vestíbulo de suelo de mármol de un moderno edificio de los años cincuenta que es el centro del único bastión del comunismo en el hemisferio occidental.

Cuando la portezuela del autobús se abre, Greg Howard se mueve hacia adelante desde su asiento y agarra por los brazos y los hombros a Muhammad Alí, que pesa 106 kilos, y lo ayuda a ponerse en pie; y cuando Alí consigue bajar hasta el peldaño de metal, se da la vuelta y se extiende hacia dentro del bus para tomar los brazos y antebrazos del robusto guionista y tirar de él hasta ponerlo en pie. Esta rutina, repetida en todas y cada una de las paradas del autobús a lo largo de la semana, no va seguida del reconocimiento por parte de uno u otro hombre de haber recibido ayuda, aunque a Alí no se le escapa que algunos pasajeros encuentran sumamente divertido este *pas de deux,* y no vacila en valerse de su amigo para resaltar el efecto cómico. En una parada anterior del bus en el Castillo del Morro (una obra del siglo XVI en donde Alí había seguido a Stevenson por una escalera de caracol de 117 peldaños para divisar desde la azotea el puerto de La Habana), Alí vio la figura solitaria de Greg Howard allá abajo en el patio de armas; y sabiendo que era imposible que la estrecha escalera pudiera dar cabida al corpachón de Howard, se puso a agitar los brazos, invitándolo a que subiera a reunirse con él.

La guardia de seguridad de Castro, que ha recibido por anticipado los nombres de los pasajeros del autobús, conduce a Alí y su comitiva por las puertas vidrieras hasta dos ascensores que esperan para hacer un breve recorrido, al que le sigue un corto paseo por un pasillo que finalmente desemboca en una espaciosa sala de recepciones de paredes blancas, donde se anuncia que Fidel Castro pronto se hará presente. La sala tiene techos altos y palmeras en macetas en todos los rincones y está decorada escuetamente con muebles modernos de cuero color canela. Junto a un sofá hay una mesa con dos teléfonos, uno gris y otro rojo. Sobre el sofá cuelga un óleo del valle de Viñales, que está al oeste de La Habana; y entre las obras de arte primitivista exhibidas en una mesa circular delante del sofá hay una grotesca figura tribal, parecida a una que Alí había ojeado a principios de la semana en un puesto de baratijas cuando visitó con el grupo la Plaza Vieja de La Habana. Alí le había susurrado algo al oído a Howard Bingham, y Bingham había repetido en voz alta lo que Alí había dicho: «Joe Frazier».

Alí se encuentra ahora en el centro de la sala, junto a Bingham, que lleva bajo el brazo el retrato enmarcado que le va a obsequiar a Castro. Teófilo Stevenson y Fraymari están frente a ellos. La diminuta y frágil Fraymari se ha pintado los labios de color carmesí y recogido el pelo como una matrona, buscando sin duda parecer mayor de lo que sus veintitrés años aparentan; pero ahí de pie, con esos tres hombres mucho más viejos, pesados y altos, parece más bien una adolescente anoréxica. La mujer de Alí y Greg Howard se pasean entre el grupo, que intercambia comentarios en voz baja, tanto en inglés como en español, a veces con la ayuda de las intérpretes. Las manos de Alí tiemblan incontroladamente a sus costados; pero como sus acompañantes han presenciado esto durante toda la semana, las únicas personas que ahora le prestan atención son los guardias de seguridad apostados a la entrada.

También esperan a Castro cerca de la entrada los cuatro integrantes del equipo de cámara de la CBS, y charlando con ellos y los dos productores está Ed Bradley, sin su puro. ¡No hay ceniceros en la sala! Es algo rara vez visto en Cuba. Acaso tiene implicaciones políticas. Quizás los doctores del hospital tomaron nota de los escrúpulos de la rubia de Santa Bárbara y dieron aviso a los subalternos de Castro, quienes ahora tienen un gesto conciliatorio con la benefactora norteamericana.

Como los guardias no invitan a los huéspedes a que tomen asiento, todo el mundo permanece de pie: durante diez minutos, veinte minutos, hasta llegar a la media hora. Teófilo Stevenson descansa su humanidad en un pie y luego en el otro y atisba por encima de las cabezas hacia la entrada por donde esperan que Castro haga su entrada..., si es que aparece. Stevenson sabe por experiencia propia que la programación de Castro es impredecible. En Cuba siempre hay una crisis de un tipo u otro, y desde hace tiempo se rumorea en la isla que Castro cambia constantemente el sitio donde pernocta. La identidad de sus compañeras de lecho es, por supuesto, un secreto de Estado. Hace dos noches Stevenson, Alí y los demás estuvieron esperando hasta la medianoche para una reunión con Castro en el hotel Biocaribe (adonde Bingham había llevado su fotografía de regalo). Pero Castro nunca apareció. Y no se ofreció explicación alguna.

Y ahora, en esta sala de recepciones, ya daban las nueve de la noche. Alí sigue temblando. Nadie ha comido.

La charla menuda se hace aún más menuda. Algunos tienen ganas de fumar. El régimen no aplaca a nadie con un barman. Es un cóctel sin cócteles. Ni siquiera hay canapés o refrescos. Todos se van poniendo más y más impacientes..., hasta que al fin se oye un suspiro de alivio colectivo. El muy conocido hombre de la barba entra al recinto, vestido para el combate de guerrillas; y con una voz alegre y aguda que se alza por sobre sus patillas, saluda: «¡Buenas noches!».

En tono todavía más agudo repite: «¡Buenas noches!», esta vez saludando con la mano en dirección al grupo, al tiempo que aprieta el paso hacia el invitado de honor. Y entonces, extendiendo los brazos, el septuagenario Fidel Castro se apresura a eclipsar la parte inferior del rostro inexpresivo de Alí con un blando abrazo y con su larga barba gris.

—Me alegra verlo —le dice Castro a Alí por medio de la intérprete que entró siguiéndole los pasos, una mujer atractiva, de tez clara, con un refinado acento inglés—. Me alegra mucho, mucho verlo —continúa Castro, retrocediendo para mirar a Alí a los ojos mientras sujeta sus brazos temblorosos—, y le agradezco su visita.

Castro lo suelta, a la espera de la posible respuesta. Alí no dice nada. Su expresión es la de siempre, amable y fija, y sus ojos no parpadean a pesar de los *flashes* de los varios fotógrafos que los rodean. Como el silencio continúa, Castro se vuelve hacia su viejo amigo Teófilo Stevenson, y amaga un golpe corto. El campeón cubano de boxeo baja los ojos y, ensanchando los labios y las mejillas, dibuja una sonrisa. Entonces Castro repara en la morena pequeñita que lo acompaña.

—Stevenson, ¿quién es esta joven? —pregunta Castro en voz alta, en un tono de evidente aprobación.

Pero antes de que Stevenson pueda responder, Fraymari da un paso al frente, con aire de picapleitos:

—¿Quiere decir que no se acuerda de mí?

Castro parece perplejo. Sonríe débilmente, tratando de ocultar su confusión. Interroga con la mirada a su héroe del boxeo, pero Stevenson se limita a poner los ojos en blanco. Stevenson sabe que Castro ha tratado socialmente con Fraymari en otras ocasiones, pero desafortunadamente el caudillo cubano lo ha olvidado; y es igualmente desafortunado que Fraymari se comporte ahora como una fiscal.

—¡Tuviste en brazos a mi hijo antes de que cumpliera un año! —le recuerda ella.

Castro cavila, el grupo está atento, las cámaras de televisión están rodando.

—¿En un partido de voleibol? —pregunta Castro, por tantear.

—No, no —interviene Stevenson, antes de que Fraymari diga nada más—, ésa era mi ex mujer. La médica.

Castro menea lentamente la cabeza, simulando desaprobación. Luego se desentiende de la pareja, mas no sin antes sugerirle a Stevenson:

—Deberían llevar el nombre puesto.

Castro vuelve a poner su atención en Muhammad Alí. Le estudia el rostro.

—¿Dónde está tu mujer? —le pregunta en voz baja.

Alí no dice nada. Se repite el silencio general y las cabezas giran en el grupo, hasta que Howard Bingham da con Yolanda en la parte de atrás y con un ademán la envía donde Castro.

Antes de que ella llegue, Bingham se adelanta y le obsequia a Castro la fotografía de Alí y Malcolm X en Harlem en 1963. Castro la alza a la altura de los ojos y la examina en silencio durante varios segundos. Cuando la imagen fue captada Castro llevaba casi cuatro años dirigiendo Cuba. Tenía en ese entonces treinta y siete años. En 1959 había derrotado al dictador apoyado por Estados Unidos, Fulgencio Batista, remontando una posición de mayor desventaja que la de Alí en su ulterior victoria contra el supuestamente invencible Sonny Liston. Batista había anunciado incluso la muerte de Castro en 1956. Éste, oculto en esas fechas en un campamento secreto, con treinta años de edad y aún sin barba, era un abogado descontento que se había educado con los jesuitas, hijo de una familia de terratenientes, deseoso del puesto de Batista. A los treinta y dos lo consiguió. Y Batista se vio obligado a huir a República Dominicana.

Durante ese período Muhammad Alí fue un simple amateur. Su mayor logro llegaría en 1960, cuando obtuvo una medalla de oro en Roma como miembro del equipo olímpico de boxeo de Estados Unidos. Pero ya entrados los años sesenta, él y Castro compartirían el escenario mundial como dos personajes enfrentados al establecimiento estadounidense; y ahora, en el ocaso de sus vidas, en esta noche habanera de invierno, se conocen por vez primera: Alí callado y Castro aislado en su isla.

—¡Qué bien! —le dice Castro a Howard Bingham, antes de enseñarle la fotografía a la traductora.

Acto seguido Bingham presenta a Castro a la esposa de Alí. Después de intercambiar saludos por medio de la intérprete, éste le pregunta, con cara de sorpresa:

—¿Usted no habla español?

—No —responde ella, en voz baja; y le acaricia la mano a su marido, en la que lleva puesto un reloj plateado Swiss Army de 250 dólares que ella le compró. Es la única alhaja que Alí se pone.

—Pero si yo creía haberla visto hablando español esta semana en las telenoticias —insiste Castro, intrigado, aunque admite enseguida que obviamente le habían doblado la voz.

—¿Viven en Nueva York?

—No; vivimos en Michigan.

—Frío —dice Castro.

—Muy frío —repite ella.

—En Michigan no hay mucha gente que hable español, ¿no?

—No mucha —dice ella—. Es sobre todo en California, en Nueva York y... —una pausa— en Florida.

Castro asiente con un gesto. Le lleva unos segundos pensar otra pregunta. La charla informal no ha sido nunca el fuerte de este hombre, que se especializa en interminables monólogos patrióticos que pueden durar horas enteras; pero ahí está, en una sala llena de cámaras y reporteros gráficos: como un presentador de un *talk show* con un invitado de honor mudo. En fin, él persevera, preguntándole a la esposa de Alí si tiene un deporte preferido.

—Juego un poquito al tenis —dice Yolanda, preguntándole a su turno—: ¿Usted juega al tenis?

—Ping-pong —responde él, apresurándose a añadir que en la juventud se ejercitó en el cuadrilátero—. Pasaba horas boxeando...

Comienza a rememorar, pero no termina la frase cuando ve que el puño izquierdo de Alí se alza lentamente hacia su mandíbula. En la sala resuenan vivas y aplausos exaltados, y Castro pega un salto junto a Stevenson y le grita: «*¡Asesórame!*»*.

Los largos brazos de Stevenson caen desde atrás sobre los hombros de Alí y lo aprietan suavemente. Cuando aflojan, los ex campeones se ponen frente a frente y simulan, en cámara lenta, los ademanes de dos púgiles en combate: balanceos, quiebros, ganchos, quites, todo ello sin tocarse y todo ello acompañado de tres minutos de aplausos ininterrumpidos y disparos de cámaras, así como de los sentimientos de alivio de los amigos de Alí, en vista de que, a su manera, se les haya unido. Alí sigue sin decir nada, su cara sigue siendo inescrutable, pero está menos lejano, menos solo, y no se zafa del abrazo de Stevenson mientras este último le cuenta animadamente a Castro sobre la exhibición de boxeo que con Alí había llevado a cabo a principios de la semana en el gimnasio Balado, frente a centenares de fanáticos y algunas jóvenes promesas boxísticas de la isla.

En realidad, Stevenson no le explica que fue tan sólo otra oportunidad para una foto, donde hicieron un poco de

---

* En español en el original. *(N. del T.)*

sparring a puño limpio en el *ring,* en ropa de calle y rozándose apenas los cuerpos y las caras. Pero luego Stevenson se había bajado del *ring,* dejando a Alí la más ardua prueba de resistir dos asaltos cortos contra uno y después otro matoncitos de edad escolar que a todas luces no habían venido a tomar parte en un programa infantil. Habían venido a dejar tendido al campeón. Sus belicosos cuerpecitos y sus manos enguantadas y sus atolondradas cabecitas con cascos ardían de furor y de ambición; y mientras embestían, golpeando a lo loco y sacando pecho ante los gritos de sus parientes y amigos mayores al pie del cuadrilátero, eran de imaginarse sus futuros alardes delante de sus nietos: «Un bello día allá por el invierno del noventa y seis, ¡le di una tunda a Alí!». Excepto que, a decir verdad, en ese determinado día, Alí seguía siendo demasiado rápido para ellos. Corría hacia atrás, hacía quites, se meneaba, se paraba en las puntas de sus puntiagudas zapatillas negras de cuero trenzado, demostrando que tenía el cuerpo hecho para el movimiento: sus problemas de Parkinson se esfumaban en su famoso baileteo, en los enviones de su «picada de la mariposa» que pasaban zumbando a medio metro por encima de las cabezas de sus afanosos contendientes, en los deslumbrantes esguinces verticales de su maniobra *rope-a-dope** que había confundido a Foreman en Zaire, en su por siempre memorable estilo, que en aquel gimnasio cubano le encharcaba los ojos a su siempre al acecho amigo fotógrafo y hacían exclamar al obeso guionista, en una voz que pocos entre la vocinglera multitud podían entender: «¡Alí está en un *high*! ¡Alí está en un *high*!».

Teófilo Stevenson levanta el brazo derecho de Alí sobre la cabeza de Castro, y los reporteros gráficos pasan varios minutos haciendo posar al trío ante las luces titilantes. Hasta que Castro ve a Fraymari, que los observa a solas desde cierta

---

* Maniobra que consiste en recostarse en las cuerdas y dejarse golpear para cansar al otro y entonces lanzarse al contraataque. *(N. del T.)*

distancia. Ella no sonríe. Castro le hace una seña. Llama a un fotógrafo para que le saque un retrato con Fraymari. Pero ella sólo se relaja cuando el marido se les une en la conversación, que Castro enseguida enfoca en la salud y el crecimiento de su niño, que aún no ha cumplido los dos años.

—¿Va a ser tan alto como el padre? —pregunta Castro.

—Me imagino que sí —dice Fraymari, alzándose para mirar.

También tiene que levantar la vista cuando le habla a Fidel Castro, ya que el caudillo cubano mide más de un metro ochenta centímetros y se mantiene casi tan derecho como aquél. Sólo el metro noventa y dos de estatura de Muhammad Alí, que está parado junto con Bingham al otro lado de su marido (y cuyo color de piel, cabeza ovalada y pelo al rape son muy parecidos a los de éste), delata lo alto que es por la postura encorvada que ha desarrollado con su enfermedad.

—¿Cuánto pesa su hijo? —pregunta Castro.

—Cuando tenía un año ya pesaba once kilos —dice Fraymari—. Uno y medio por encima de lo normal. A los nueve meses empezó a caminar.

—Ella le sigue dando el pecho —dice Teófilo Stevenson con cara de satisfacción.

—Ah, eso es muy nutritivo —aprueba Castro.

—El niño a veces se confunde y cree que mi pecho es el seno de su mamá —dice Stevenson; y podría haber agregado que su hijo también se confunde con las gafas de sol de Alí: el pequeño dejó las marcas de sus dientes en la montura de plástico, después de mordisquearla todo el día que pasó con sus padres en el autobús turístico de Alí.

El palo del micrófono de la CBS desciende cerca para captar la conversación. Castro extiende la mano, le toca el vientre a Stevenson y le pregunta:

—¿Cuánto pesas?

—Ciento ocho kilos, más o menos.

—Diecisiete más que yo —le dice Castro, pero en tono de queja—. Como muy poco. Muy poco. Las dietas que me recomiendan nunca son adecuadas. Ingiero unas mil quinientas calorías..., menos de veinte gramos de proteína, menos que eso.

Castro se da una palmada en el abdomen, que es relativamente plano. Si es que tiene barriga, la esconde debajo de su bien cortado uniforme. En efecto, para un setentón, parece gozar de muy buena salud. Tiene la tez lozana y firme, sus ojos danzan por el recinto con una vivacidad que no declina, y tiene una lustrosa cabellera gris que no ralea en la coronilla. El cuidado que se pone a sí mismo puede medirse desde las uñas arregladas hasta sus botas de puntera cuadrada, que no tienen raspaduras y brillan suavemente, sin el inmaculado pulimento de un criado. Pero su barba parecería pertenecer a otra persona y otra época. Es excesivamente larga y descuidada. Los mechones blancos se mezclan con los negros descoloridos y le cuelgan por el frente del uniforme como un sudario viejo, curtidos y resecos. Es la barba del monte. Castro se la soba todo el tiempo, como si tratara de resucitar la vitalidad de su fibra.

Ahora Castro se dirige a Alí.

—¿Cómo estás de apetito? —le pregunta, olvidando que Alí no está en plan de hablar—. ¿Dónde está tu mujer? —le pregunta entonces, y Howard Bingham llama a Yolanda, que otra vez se ha escurrido entre el grupo.

Cuando llega, Castro titubea para hablarle. Es como si no estuviera del todo seguro de quién es. Con tantas personas que ha conocido desde que llegó y con el grupo revolviéndose de seguido a instancias de los fotógrafos, Castro no puede estar seguro de si la mujer que está a su lado es la mujer de Muhammad Alí o la amiga de Ed Bradley o alguna otra que ha conocido hace un momento y le ha dejado una impresión borrable. Habiendo cometido ya un *faux pas* con una de las señoras de los varias veces casados ex campeones que están ahí cerca, Castro espera una pista de la traductora. No le llega ninguna. Por fortuna, en este país no tiene que preocuparse por el voto femenino (o cualquier voto, si a eso vamos); pero suelta un leve suspiro de alivio cuando Yolanda se le vuelve a presentar por su nombre como la esposa de Alí.

—Ah, Yolanda —repite Castro—, qué bello nombre. Es el nombre de la reina de algún lado.

—De nuestra casa —dice ella.

—¿Y cómo está de apetito su marido?

—Bien, pero le gustan los dulces.

—Podemos enviarles un poco de nuestro helado a Michigan —dice Castro; y, sin esperar la reacción de ella, le pregunta—: ¿Hace mucho frío en Michigan?

—Oh, sí —responde ella, sin dejar ver que ya habían tratado sobre el clima de invierno en Michigan.

—¿Cuánta nieve?

—La nevada no nos golpeó —le dice Yolanda, aludiendo a una tormenta de enero—, pero puede subir a un metro, un metro veinte...

Teófilo Stevenson los interrumpe para decir que él estuvo en Michigan en octubre pasado.

—Ah —dice Castro, levantando una ceja.

Menciona que en ese mismo mes también él había estado en Estados Unidos (asistiendo a la conmemoración del quincuagésimo aniversario de las Naciones Unidas). Le pregunta a Stevenson por la duración de su visita a Norteamérica.

—Estuve allá diecinueve días.

—¡Diecinueve días! —repite Castro—. Más tiempo que yo.

Castro se queja de que lo limitaron a cinco días y se le prohibió viajar fuera de Nueva York.

—Bueno, comandante —le responde Stevenson rudamente, con un dejo de superioridad—, si usted quiere, algún día yo le puedo mostrar mi vídeo.

Stevenson parece muy cómodo en presencia del líder cubano, y quizás este último se lo haya fomentado habitualmente; pero en este momento bien puede ser que Castro encuentre a su héroe boxístico un poquito condescendiente y merecedor de un puñetazo de represalia. Él sabe cómo propinarlo.

—Cuando estuviste en Estados Unidos —le pregunta incisivamente Castro—, ¿fuiste con tu mujer, la abogada?

Stevenson se pone tenso. Dirige la vista a su mujer. Ella desvía la mirada.

—No —responde Stevenson en voz baja—. Fui solo.

En forma abrupta, Castro pone ahora su atención al otro lado de la sala, donde está ubicada la cámara de la CBS, y le pregunta a Ed Bradley:

—¿Ustedes qué hacen?

—Estamos haciendo un documental sobre Alí —le explica Bradley—, y lo seguimos a Cuba para ver qué hacía aquí y...

La voz de Bradley se ahoga en un estallido de risas y aplausos. Bradley y Castro se dan la vuelta y descubren que Alí ha recobrado la atención general. Sostiene en alto su tembloroso puño izquierdo; pero en lugar de asumir una pose de boxeador, como hizo antes, empieza a sacar por la parte de arriba del puño, lentamente y con delicadeza teatral, la punta de un pañuelo de seda rojo, pellizcándola entre el índice y el pulgar.

Saca todo el pañuelo y lo zarandea en el aire durante unos segundos, sacudiéndolo cada vez más cerca de la frente del atónito Fidel Castro. Alí parece hechizado. Mira aún con ojos estancados a Castro y los demás, rodeado de aplausos que no da señas de oír. Procede al fin a introducir nuevamente el pañuelo por la parte de arriba de la mano empuñada, embutiéndolo con los dedos en pinza de la derecha, y abre rápidamente las palmas de cara al público y muestra que el pañuelo ha desaparecido.

—¿Dónde está? —exclama Castro, que parece de veras sorprendido y encantado. Se acerca a Alí y le examina las manos, repitiendo—: ¿Dónde está? ¿Qué hiciste?

Cualquiera que haya viajado durante esa semana en el bus de Alí sabe dónde lo oculta. Lo vieron hacer el truco repetidas veces delante de los pacientes y doctores de las clínicas y hospitales, así como delante del sinnúmero de turistas que lo reconocieron en el vestíbulo del hotel o en sus paseos por la plaza de la ciudad. También lo vieron finalizar cada actuación con una demostración que revelaba el método. Lleva escondido en el puño un pulgar de goma color carne que contiene el pañuelo que va a sacar con los dedos de la otra mano; y cuando vuelve a meter el pañuelo, lo que en realidad hace es estrujar la tela otra vez en el pulgar de goma oculto, en el que luego introduce su propio pulgar derecho. Cuando abre las manos, los espectadores desprevenidos le ven las palmas limpias y no reparan en el hecho de que el pañuelo está apretado en el pulgar de goma que le recubre el pulgar derecho extendido. Compartir con el público el misterio de su magia le granjea siempre aplausos adicionales.

Realizado el truco, Alí se lo explica a Castro y le presenta el pulgar de goma para que lo examine. Y, con mayor entusiasmo del que ha exhibido en toda la velada, Castro dice:

—Ah, déjame probármelo; quiero probármelo: ¡es la primera vez que veo esta maravilla!

Tras unos minutos de adiestramiento por parte de Howard Bingham, que hace ya rato lo aprendió de Alí, el caudillo cubano lo ejecuta con la suficiente destreza y desenvoltura como para satisfacer sus ambiciones mágicas y suscitar otra lluvia de aplausos de los invitados.

Entretanto han pasado más de diez minutos, desde que Alí empezó su número cómico. Son más de las nueve y media de la noche, y el comentarista Ed Bradley, cuya conversación con Castro se vio interrumpida, se inquieta porque el líder cubano se vaya a marchar sin responder a las preguntas que le tenía preparadas para su programa. Bradley se arrima a la intérprete de Castro y le dice, en una voz que no puede pasar sin ser oída:

—¿Le puede preguntar si él seguía..., si pudo seguir a Alí cuando era un boxeador profesional?

La pregunta se transmite y repite hasta que Castro, mirando a la cámara de la CBS, responde:

—Sí, recuerdo cuando discutían la posibilidad de una pelea entre ellos dos —dice, señalando con un gesto a Alí y Stevenson—, y recuerdo cuando estuvo en África.

—En Zaire —especifica Bradley, refiriéndose a la victoria de Alí sobre George Foreman en 1974, y prosigue—: ¿Qué clase de impacto produjo él en este país, siendo que era un revolucionario además de...?

—Enorme —dice Castro—. Era muy admirado como deportista, como púgil, como persona. Siempre fue tenido en alta estima. Pero nunca me imaginé que un día nos íbamos a conocer aquí, con esta clase de gesto de traer medicamentos, de ver a nuestros niños, de visitar nuestras policlínicas. Estoy muy contento, estoy emocionado de tener la oportunidad de conocerlo en persona, de agradecerle su bondad. Veo que es fuerte. Veo que tiene un rostro muy amable.

Castro habla como si Alí no estuviera presente, a pocos pasos de distancia. Alí mantiene su fachada impasible, incluso cuando Stevenson le dice al oído, en inglés: «Muhammad, Muhammad, why you no speak?».

Stevenson se da la vuelta, para decirle al periodista que tiene atrás:

—Muhammad sí habla. Me habla a mí —y se calla, ya que Castro le clava la mirada mientras le cuenta a Bradley:

—Estoy muy contento de que él y Stevenson se hayan conocido —y, haciendo una pausa, añade—: Y estoy contento de que nunca se hubieran enfrentado.

—Él no está tan seguro —corta Bradley, sonriendo en dirección a Stevenson.

—Veo algo bello en esa amistad —insiste suavemente Castro.

—Hay un lazo entre ellos dos —dice Bradley.

—Sí —dice Castro—, es cierto —y vuelve a mirar a Alí y luego a Stevenson, como buscando algo más hondo qué decir.

—¿Y cómo va el documental? —termina por preguntarle a Bradley.

—Va a salir en *60 minutos*.

—¿Cuándo?

—Tal vez dentro de un mes —dice Bradley, recordándole a la traductora—: Es el programa en el que Dan Rather entrevistó al comandante varias veces, cuando Dan Rather estaba en *60 minutos*.

—¿Y quién está ahí ahora? —desea saber Castro.

—Yo —le contesta Bradley.

—Usted —le hace eco Castro, echándole un vistazo al arete de Bradley—. Así que usted está allí... ¿de jefe ahora?

Bradley le responde como una estrella de los medios que no se hace ilusiones:

—Soy un empleado.

Llegan por fin unas bandejas con café, té y zumo de naranja, pero en cantidades que alcanzan apenas para Alí y Yolanda, Howard Bingham, Greg Howard, los Stevenson y Castro; aunque Castro les dice a los camareros que no quiere nada.

Castro les hace una seña a Alí y los otros para que se le unan al otro lado de la sala, alrededor de la mesa redonda. Los equipos de cámara y el resto de los invitados los siguen, arrimándose todo lo que pueden a los principales. Pero dentro del grupo se puede percibir cierta impaciencia. Llevan de pie durante más de una hora y media. Ya son casi las diez. No ha habido comida. Y para la gran mayoría está claro que tampoco habrá nada de beber. Incluso entre los invitados especiales, sentados y bebiendo de sus vasos fríos o sus tazas calientes, hay un grado menguante de fascinación con la velada. De hecho, los ojos de Muhammad Alí se han cerrado. Duerme.

Yolanda se sienta a su lado en el sofá, fingiendo no darse cuenta. Castro también hace caso omiso, aunque está sentado directamente al otro lado de la mesa, junto a la intérprete y los Stevenson.

—¿Cómo de grande es Michigan?

Castro interroga de nuevo a Yolanda, volviendo por tercera vez a un tema cuya exploración agotó el interés de todos los presentes, salvo él mismo.

—No sé cómo de grande será el estado en cuanto a población —le dice Yolanda—. Nosotros vivimos en un pueblo pequeñito [Barrien Springs] de unos dos mil habitantes.

—¿Y regresan a Michigan mañana?

—Sí.

—¿A qué hora?

—A las dos y media.

—¿Vía Miami? —le pregunta Castro.

—Sí.

—¿Y de Miami a dónde vuelan?

—Vamos a Michigan.

—¿Cuántas horas de vuelo?

—Tenemos que cambiar en Cincinnati..., unas dos horas y media.

—¿Tiempo de vuelo?

Muhammad Alí abre los ojos, los vuelve a cerrar.

—¿Tiempo de vuelo? —repite Yolanda.

—¿De Miami a Michigan? —prosigue Castro.

—No —vuelve a explicarle ella, sin perder la paciencia—, tenemos que ir a Cincinnati. No hay vuelos directos.

—¿Así que tienen que tomar dos aviones? —le pregunta Castro.

—Sí —dice ella, aclarándole—: De Miami a Cincinnati y de Cincinnati a South Bend, Indiana.

—¿De Cincinnati a...?

—A South Bend —dice ella—. Ése es el aeropuerto más cercano.

—¿Entonces —insiste Castro— queda en las afueras de la ciudad?

—Sí.

—¿Tienen una granja?

—No —dice Yolanda—. La tierra nada más. Dejamos que otros se ocupen de cultivar.

Yolanda le comenta que Teófilo Stevenson viajó por esa parte del Midwest. La mención de su nombre atrae la atención de Stevenson.

—Estuve en Chicago —le dice éste a Castro.

—¿Estuviste en su casa? —le pregunta Castro.

—No —Yolanda corrige a Stevenson—: estuviste en Michigan.

—Estuve en el campo —dice Stevenson y, sin poder resistirse, añade—: Tengo un vídeo de ese viaje. Te lo mostraré algún día.

Castro parece no escucharlo. Se dedica otra vez a Yolanda, preguntándole dónde nació, dónde se educó, cuándo se casó y cuántos años le lleva su marido, Muhammad Alí.

Cuando Yolanda confiesa tener dieciséis años menos que Alí, Castro se dirige a Fraymari y con fingida compasión le dice que está casada con un hombre que le lleva veinte años.

—¡Comandante! —tercia Stevenson—. Estoy en forma. ¡El deporte te mantiene sano! ¡El deporte añade años a tu vida y vida a tus años!

—Ay, qué conflicto el de ella —machaca Castro, ignorando a Stevenson y atendiendo a Fraymari y al camarógrafo de la CBS que se adelanta para hacer una toma más cerrada del rostro de Castro—. Es abogada, y no mete en la cárcel a tamaño marido.

Castro disfruta mucho más que Fraymari la atención que este tema despierta ahora en el grupo. Había perdido a su público y ahora lo recupera, y parece que quiere retenerlo, sin importar que se rompa la armonía entre Stevenson y Fraymari. Sí, continúa Castro, Fraymari tuvo la desgracia de escoger a un marido «que nunca puede sentar cabeza... La cárcel sería un buen lugar para él».

—Comandante —lo interrumpe Stevenson en un tono jocoso, dirigido quizás a aplacar tanto a la abogada que es su señora como al abogado que gobierna el país—, ¡más me valdría estar encerrado!

Deja entender que si llegara a quebrantar la fidelidad marital, su mujer abogada «¡seguramente me metería en un sitio donde sea la única que pueda visitarme!».

Todos en la mesa y el corro que la rodea se echan a reír. Alí ha despertado. Las bromas entre Castro y Stevenson se reanudan hasta que Yolanda, amagando ponerse de pie, le dice a Castro:

—Tenemos que hacer el equipaje.

—¿Van a cenar ahora? —le pregunta él.

—Sí, señor —dice ella.

Alí se levanta junto con Howard Bingham. Yolanda da las gracias directamente a la traductora de Castro y añade:

—No se olvide de decirle que es siempre bienvenido en nuestra casa.

La intérprete repite la queja de Castro en el sentido de que en sus viajes a Estados Unidos lo suelen confinar en Nueva York, pero él agrega:

—Las cosas cambian.

El grupo deja que Alí y Yolanda pasen adelante, con Castro que los sigue en el pasillo. El ascensor llega y un guardia sostiene la puerta abierta. Castro se despide finalmente, con apretones de mano. Sólo entonces se da cuenta de que lleva en la mano el pulgar de goma de Alí. Disculpándose, trata de devolvérselo a Alí, pero Bingham protesta cortésmente:

—No, no —dice—. Alí quiere que usted se lo quede.

De momento, la traductora de Castro no consigue entender lo que Bingham dice.

—Quiere que se lo quede —vuelve a decir Bingham.

Bingham entra en el ascensor con Alí y Yolanda. Antes de cerrarse la puerta, Castro sonríe, se despide con la mano y se queda mirando con curiosidad el pulgar de goma. Y después se lo guarda en el bolsillo.

Los sastres valientes de Maida

Hay un tipo de trastorno mental leve que resulta endémico en el oficio de la sastrería, trastorno que comenzó a tejer su camino en la psique de mi padre en sus días de aprendiz en Italia, cuando trabajaba en el taller de un irascible artesano llamado Francesco Cristiani, cuyos antepasados masculinos habían sido sastres durante cuatro generaciones sucesivas y habían exhibido, sin excepción alguna, síntomas de esta dolencia ocupacional.

Si bien nunca ha despertado curiosidad científica y por lo tanto no puede clasificarse con un nombre oficial, mi padre describió una vez el trastorno como una suerte de melancolía prolongada que estalla de cuando en cuando en ataques de cólera; resultado, aducía mi padre, de las excesivas horas de trabajo lento, exigente y microscópico que avanza puntada tras puntada, pulgada tras pulgada, hipnotizando al sastre en el reflejo lumínico de una aguja que titila al entrar y salir de la tela.

El ojo del sastre debe seguir la costura con toda precisión, pero sus pensamientos pueden virar en diferentes direcciones, examinar su vida, meditar sobre su pasado, lamentar las oportunidades perdidas, crear dramas, imaginar desaires, rumiar, exagerar. En resumen, el hombre, cuando cose, tiene un exceso de tiempo para pensar.

Mi padre, que oficiaba de aprendiz todos los días antes y después del colegio, sabía bien que algunos sastres podían sentarse en silencio en el banco de trabajo durante muchas horas, acunando una prenda entre la cabeza inclinada y las rodillas juntas, y coser y coser sin ejercicio ni mayores movimientos físicos, y sin ninguna afluencia de oxígeno fresco que les despejara el cerebro. De pronto, con una inexplicable volubilidad, mi padre veía saltar en pie a uno de esos hombres, ofendidos violentamente por algún comentario volandero de un compañero de trabajo, por una acotación trivial que no buscaba provocar. Y mi padre solía encogerse en un rincón mientras volaban por el cuarto carretes y dedales de acero; y si los colegas insensibles lo azuzaban, el exaltado sastre podía echarle mano al instrumento de terror predilecto en el taller, unas tijeras largas como espadas.

También había confrontaciones en la parte delantera de la tienda en donde él trabajaba, disputas entre los clientes y el propietario: el diminuto y fatuo Francesco Cristiani, que se enorgullecía enormemente de su oficio y creía que él y los sastres bajo su dirección eran incapaces de cometer un error grave; y si lo hacían, él no era muy dado a reconocerlo.

Un día que vino un cliente a probarse un traje nuevo pero no pudo ponerse la chaqueta porque las mangas eran demasiado estrechas, Francesco Cristiani no sólo fue incapaz de disculparse con el cliente: se comportó como si se sintiera insultado por su ignorancia sobre el exclusivo estilo en modas masculinas del taller de Cristiani.

—No se supone que usted deba *meter* los brazos por las mangas de esta chaqueta —le informó Cristiani al cliente, en tono de superioridad—. ¡Esta chaqueta está diseñada para ponérsela únicamente *encima de los hombros!*

En otra ocasión, un día después del almuerzo, cuando Cristiani se detuvo en la plaza de Maida a oír tocar la banda en el concierto de mediodía, notó que en el nuevo uniforme que habían entregado la víspera al tercer trompeta se hacía un bulto detrás del cuello cuando el músico se llevaba el instrumento a los labios.

Preocupado porque alguien se fuera a dar cuenta y difamara su prestigio como sastre, Cristiani envió a mi padre, en ese entonces un chico escuálido de ocho años, a que se colara entre los pendones del quiosco de música y, con furtiva delicadeza, tirara de la chaqueta del trompetista cada vez que apareciera el bulto. Terminado el concierto, Cristiani se ideó una maña sutil para recuperar y arreglar la casaca.

Por esas fechas, en la primavera de 1911, ocurrió en el taller una catástrofe para la que no parecía haber solución posible. En efecto, el problema era tan serio que la primera reacción de Cristiani fue huir de Maida por un tiempo en lugar de quedarse en el pueblo y afrontar las consecuencias. El incidente que produjo semejante pánico había tenido lugar en el taller de Cristiani el Sábado Santo y se centraba en el daño que un aprendiz le había causado, de modo accidental pero irreparable, a un traje nuevo confeccionado para uno de los clientes más exigentes de Cristiani, renombrado en la región como uno de los *uomini rispettati*, los hombres respetables, popularmente conocidos como la Mafia.

Antes de que se percatara del accidente, Cristiani había disfrutado de una próspera mañana en el taller, recibiendo los pagos de varios clientes satisfechos que habían acudido a la prueba final de los atuendos que se pondrían al día siguiente para la *passeggiata* de Resurrección, el acontecimiento más ostentoso del año para los varones del sur de Italia. Mientras que las recatadas mujeres del pueblo (salvo las más atrevidas esposas de los emigrados a América), después de ir a misa, pasarían el día asomadas discretamente a sus balcones, los hombres se pasearían por la plaza, charlando unos con otros y cogidos del brazo, fumando y examinando de reojo el corte del traje que estrenaba cada cual. Porque a pesar de la pobreza del sur de Italia, o quizás debido a ella, se hacía excesivo hincapié en las apariencias: eso formaba parte del síndrome de *fare bella figura* de la región; y en su mayoría los hombres congregados en la plaza de Maida, y en decenas de plazas como ésa en todo el sur, eran excepcionalmente versados en el arte de la sastrería fina.

En cuestión de segundos podían evaluar la factura de un traje ajeno, podían apreciar cada diestra puntada, podían valorar la maestría en la tarea más exigente para el sastre, el hombro, del que deben colgar más de veinte piezas individuales de la chaqueta, en armonía y sin menoscabo de la fluidez. Cuando entraba a la tienda a escoger la tela para un traje nuevo, casi cualquier varón que se preciara sabía de memoria las doce medidas principales de su cuerpo en el vestir, empezando por la distancia entre el escote y el talle de la chaqueta y terminando con el ancho exacto de los dobladillos sobre los zapatos. Entre esa clase de hombres había muchos que habían sido clientes toda la vida de la familia Cristiani, al igual que sus padres y abuelos antes que ellos. En efecto, la familia Cristiani confeccionaba ropa masculina en el sur de Italia desde 1806, cuando la zona estaba bajo el mando de Napoleón Bonaparte; y cuando Joachim Murat, el cuñado de Napoleón, que había sido instalado en el trono de Nápoles en 1808, fue fusilado en 1815 por un pelotón de ejecución de los Borbones de España en la aldea de Pizzo, a unos kilómetros al sur de Maida, el guardarropa que Murat dejó incluía un traje elaborado por el abuelo de Francesco Cristiani.

Pero ahora, en este Sábado Santo de 1911, Francesco Cristiani se enfrentaba a una situación en la que no valía la larga tradición de su familia en el oficio. Tenía en sus manos un par de pantalones con una rotura de una pulgada en la rodilla izquierda, corte hecho por un aprendiz que jugueteaba con unas tijeras sobre la mesa en la que descansaban los pantalones para que Cristiani los inspeccionara.

Aunque a los aprendices se les advertía reiteradamente que no manejaran las tijeras pesadas (su principal tarea consistía en coser botones y hacer hilvanes), algunos jóvenes infringían sin querer aquella regla, en su afán por ganar experiencia sartorial. Pero lo que magnificó el desaguisado del joven en esta ocasión fue haber estropeado unos pantalones hechos para el mafioso, que se llamaba Vincenzo Castiglia.

Cliente nuevo proveniente de la vecina Cosenza, Vincenzo Castiglia era tan descarado respecto a su vocación delictiva que, el mes anterior, mientras le tomaba las medidas del traje, le había pedido a Cristiani que dejara un espacio holgado en el interior de la chaqueta para la funda del arma. No obstante, en la misma ocasión el señor Castiglia había hecho otras exigencias que a los ojos de su sastre lo ensalzaban como un hombre con sentido del estilo y conocedor de lo que le sentaba mejor a su algo corpulenta figura. Por ejemplo, el señor Castiglia le había pedido que le cortara los hombros con anchura de sobra para que las caderas lucieran más estrechas; y a fin de desviar la atención de su abultado vientre, le mandó hacer un chaleco con pliegues y solapas en punta, además de un agujero en el centro de la prenda por donde pudiera pasarse la cadena de oro de su reloj de bolsillo engastado con diamantes.

Por añadidura, el señor Castiglia había especificado que le hiciera hacia afuera los dobladillos de los pantalones, a la última moda europea; y al asomarse a la sala de trabajo del negocio había manifestado su satisfacción de ver que todos los sastres cosían a mano y no utilizaban la popularizada máquina de coser, la cual, pese a su rapidez, no tenía la capacidad de contornear de manera especial las costuras y los ángulos del paño, cosa posible únicamente en manos de un sastre habilidoso.

Inclinándose con aprecio, el sastre Cristiani le aseguró al señor Castiglia que su taller jamás sucumbiría ante esa desmañada invención mecánica, aunque las máquinas de coser se habían generalizado ya en toda Europa, como también en Norteamérica. Al oír mencionar a Norteamérica el señor Castiglia sonrió y dijo que una vez había visitado el Nuevo Mundo, añadiendo que tenía varios parientes asentados allí. (Entre ellos un primo joven, Francesco Castiglia, que en el futuro, a partir de los años de la Prohibición, adquiriría gran renombre y fortuna con el nombre de Frank Costello.)

En las semanas siguientes Cristiani se esmeró en satisfacer las especificaciones del mafioso, y terminó orgulloso de los resultados... hasta el Sábado Santo, cuando descubrió la rasgadura de una pulgada en la rodilla izquierda de los pantalones de estreno del señor Castiglia.

Gritando de cólera y angustia, Cristiani pronto obtuvo la confesión de un aprendiz, que admitió haber estado cortando unos trozos de paño desechados en los bordes del patrón bajo el cual encontraron los pantalones. Conmocionado como estaba, Cristiani guardó silencio durante varios minutos, rodeado de sus igualmente consternados y mudos subalternos. Desde luego, Cristiani podía correr a esconderse en los montes, obedeciendo a su primer impulso; o podía devolverle el dinero al mafioso después de explicarle lo que había sucedido y entregarle enseguida al aprendiz culpable como chivo expiatorio que debía recibir su merecido. Sin embargo, en este caso había especiales circunstancias atenuantes. El aprendiz culpable era sobrino de Maria, la mujer de Cristiani. Su nombre de pila era Maria Talese. Era la única hermana del mejor amigo de Cristiani, Gaetano Talese, que a la sazón trabajaba en Estados Unidos. Y el hijo de ocho años de Gaetano, el aprendiz Joseph Talese (que sería mi padre), lloraba ahora de modo convulsivo.

Mientras trataba de consolar al sobrino arrepentido, Cristiani se calentaba la cabeza pensando en una solución viable. No había manera, en las pocas horas que faltaban para la visita de Castiglia, de hacer un segundo par de pantalones, así tuvieran existencias del mismo material. Tampoco había manera de ocultar el corte a la perfección, por más maravillosa que fuera la labor de zurcido.

Mientras sus colegas insistían en que la medida más sabia sería cerrar la tienda y dejarle una nota al señor Castiglia alegando una enfermedad o cualquier otra excusa que pudiera aplazar la confrontación, Cristiani les recordaba firmemente que nada lo podía absolver de su incumplimiento en la entrega del traje del mafioso a tiempo para el Domingo de Resurrección, y que era obligatorio dar con una solución en ese momento, de una vez, o al menos en las cuatro horas que faltaban para la llegada del señor Castiglia.

Cuando la campana de la iglesia en la plaza principal tocó la hora del mediodía, Cristiani anunció con voz lúgubre:

—Hoy ninguno duerme siesta. No hay tiempo para comer y descansar: llegó la hora del sacrificio y la meditación. Así que quiero que todos se queden donde están y piensen en algo que nos pueda salvar de la catástrofe.

Se vio interrumpido por las quejas de algunos de los sastres, molestos por tener que saltarse el almuerzo y la siesta de la tarde; pero Cristiani las acalló, y envió en el acto a uno de sus hijos novicios por todo el pueblo, a que avisara a las mujeres de los sastres que no esperaran a sus maridos antes de la puesta del sol. Ordenó luego a los otros aprendices, incluyendo a mi padre, que corrieran las cortinas de las ventanas y atrancaran las puertas de adelante y trasera del negocio. Y entonces, por unos minutos, todos los empleados de Cristiani, una docena de hombres y niños, como si realizaran un velorio, se agruparon en silencio bajo el techo del taller oscurecido.

Mi padre estaba sentado en un rincón, todavía atolondrado por la magnitud de su fechoría. A su lado estaban los otros aprendices, enfadados con él pero obedeciendo de todos modos la orden del maestro de quedarse encerrados. En el centro del taller, sentado entre sus sastres, se hallaba Francesco Cristiani, un hombrecito nervudo con un bigote diminuto, cogiéndose la cabeza con las manos y alzando la vista a cada momento para volver a ver los pantalones que tenía enfrente.

Transcurridos varios minutos, Cristiani se levantó, chasqueando los dedos. Aunque medía como mucho un metro setenta centímetros de alto, su porte erguido, elegante estilo y desenvoltura le daban peso a su presencia. Había también una chispa en sus ojos.

—Creo que se me ocurre algo —anunció con parsimonia, deteniéndose para aumentar la intriga, hasta captar la atención de todos.

—¿Y qué será? —preguntó el sastre de mayor antigüedad.

—Lo que puedo hacer —prosiguió Cristiani—, es abrir un corte en la rodilla derecha que case exactamente con el de la izquierda estropeada y...

—¿Estás loco? —lo interrumpió el sastre veterano.

—¡Déjame terminar, imbécil! —le gritó Cristiani, golpeando la mesa con su puño menudo—. Después cierro los cortes de los pantalones con costuras de adorno idénticas, y más tarde le explico al señor Castiglia que es el primer hombre en esta parte de Italia que se pone unos pantalones confeccionados a la última moda, la moda de las rodillas con costuras.

Los otros lo escuchaban pasmados.

—Pero, maestro —dijo un sastre joven, en un cuidadoso tono de respeto—, ¿no se dará cuenta el señor Castiglia, cuando le presente esa «nueva moda», que nosotros mismos, los sastres, no llevamos pantalones hechos a ese estilo?

Cristiani alzó levemente las cejas.

—Buen argumento —concedió, mientras la atmósfera de pesimismo regresaba al recinto; pero al momento sus ojos chispearon nuevamente, y dijo—: ¡Pero si *sí* los vamos a llevar! Nos abrimos unos cortes en *nuestras* rodillas y los remendamos con costuras como las del señor Castiglia —y antes de que sus hombres pudieran protestar, se apresuró a añadir—: ¡Usemos los pantalones que guardamos en el armario de las viudas!

Todos miraron de inmediato hacia la puerta cerrada con llave de un armario que había en la parte trasera del taller, dentro del cual había colgado un montón de trajes que llevaron por última vez numerosos varones hoy difuntos; trajes que las viudas afligidas, que no querían recuerdos de los maridos fallecidos, le habían donado a Cristiani con la esperanza de que los dieran a los forasteros, de modo que pudieran usarlos en sus pueblos lejanos.

Cristiani procedió a abrir de golpe la puerta del armario, desenganchó varios pares de pantalones y se los arrojó a los sastres, apurándolos para que se los probaran. Él mismo estaba ya en su ropa interior de algodón blanco y sus ligas negras, buscando un par de pantalones que se ajustaran a su menuda estatura; y cuando dio con ellos se los puso, se encaramó a la mesa y durante un momento se quedó quieto como un modelo ufano delante de sus empleados.

—Miren —les dijo, señalándoles el ancho y el largo—: La talla perfecta.

Los demás sastres se pusieron a buscar y escoger entre la amplia selección. Cristiani ya se había bajado de la mesa y quitado los pantalones, y empezaba a hacer un corte en la rodilla derecha de los pantalones del mafioso, duplicando el daño de la izquierda. A continuación abrió incisiones iguales en las rodillas de los pantalones que él había escogido para ponérselos.

—Ahora presten atención —les avisó a los empleados.

Con un floreo de la aguja enhebrada con seda, dio la primera puntada en los pantalones del difunto, pasando el hilo por debajo del borde inferior de la rasgadura y anudándolo diestramente con el borde superior, con un resuelto movimiento circular que repitió varias veces hasta que hubo cerrado con firmeza el centro de la rodilla en un diseño pequeñito, redondo y bordado, parecido a una corona y del tamaño de un céntimo.

Procedió luego a elaborar, del lado derecho de la corona, una costura de media pulgada que se sesgaba y estrechaba un poquito al rematar arriba; y al reproducir la misma costura al otro lado, creó la imagen diminuta de un ave lejana, con las alas abiertas, que vuela hacia el espectador; un ave que se parecía sobre todo a un halcón peregrino. Así pues, Cristiani se había inventado un estilo de pantalones con rodillas en punta de alas*.

—Y bien, ¿qué les parece? —preguntó a los empleados, dando a entender con su tono brusco que en realidad le daba igual lo que ellos pensaran. Y mientras ellos se encogían de hombros y murmuraban en el fondo del taller, prosiguió con voz autoritaria—: Bueno, ahora, rápido, córtenles las

---

* El autor juega con la palabra «wingtip», o puntera de alas, que designaba al tipo de zapatos con ribetes perforados y muchas veces de dos colores que solían distinguir a los *mafiosi* de Estados Unidos. *(N. del T.)*

rodillas a los pantalones que se van a poner y cósanlos con el bordado que les acabo de mostrar.

Como no se esperaba ninguna resistencia, y al no llegarle ninguna, Cristiani agachó la cabeza para enfrascarse por completo en su propia labor: terminar la segunda rodilla de los pantalones que iba a llevar, para enseguida dar comienzo, con esmero, al zurcido de los pantalones del señor Castiglia.

En este último caso, Cristiani no sólo tenía pensado bordarlos con un diseño de alas en hilo de seda que coincidiera exactamente con el tono de la hebra utilizada en los ojales de la chaqueta del traje del señor Castiglia, sino que iba a insertar forros de seda en la parte delantera de los pantalones, desde los muslos hasta las espinillas, para que protegieran las rodillas del señor Castiglia del roce áspero de las puntadas interiores del bordado y al mismo tiempo disminuyeran la fricción contra el remiendo cuando el señor Castiglia saliera a caminar en la *passeggiata*.

Durante las dos horas siguientes todos trabajaron en un febril silencio. Mientras Cristiani y los otros sastres zurcían figuras de alas en las rodillas de todos los pantalones, los aprendices ayudaban con los arreglos menores, cosiendo botones, planchando dobladillos y demás detalles que hicieran que los pantalones de los difuntos lucieran tan presentables como fuera posible en los cuerpos de los sastres. Francesco Cristiani no permitía, desde luego, que nadie más que él tocara las prendas del mafioso; y cuando las campanas de la iglesia sonaban indicando el final de la siesta, Cristiani examinaba con admiración su propia labor de costura y daba gracias en su interior a su tocayo en el cielo, san Francisco de Paula, por guiarlo en tan inspirado manejo de la aguja.

Ya se escuchaba el ajetreo de la plaza: el tintineo de los carros tirados por caballos, los pregones de los vendedores de comida, las voces de los compradores que recorrían la calle empedrada frente al umbral de la tienda de Cristiani. Acababan de abrir las cortinas del negocio, y mi padre y otro aprendiz estaban apostados afuera con instrucciones de entrar a dar aviso en cuanto avistaran el coche del señor Castiglia.

Adentro los sastres formaban fila detrás de Cristiani, fatigados y hambrientos y nada cómodos en sus pantalones de difuntos con rodillas en punta de alas. Pero el miedo y la ansiedad por la próxima reacción del señor Castiglia frente a su traje de Pascua dominaban las demás emociones. Cristiani, por el contrario, se veía más tranquilo que de costumbre. Además de los recién adquiridos pantalones marrones, cuyos dobladillos le rozaban los zapatos protegidos con botines, llevaba un chaleco de solapas grises sobre una camisa a rayas con cuello blanco redondeado, adornada con una corbata color burdeos y un alfiler de perla. En la mano, en un gancho de madera, sostenía el terno gris en espina de pez del señor Castiglia, prendas que, instantes atrás, había cepillado suavemente y planchado por última vez. El traje aún estaba tibio.

A las cuatro y veinte minutos mi padre entró corriendo por la puerta y, con voz chillona que no disimulaba el pánico, anunció: «*Sta arrivando!*». Un coche negro tirado por dos caballos paró con mucho ruido delante de la tienda. Después de que el cochero, armado de escopeta, se apeara de un salto a abrir la portezuela, la morena y robusta figura de Vincenzo Castiglia bajó los dos peldaños hasta la acera, seguida de la de un tipo delgado, con un sombrero de ala ancha, capa larga y botas con tachones.

El señor Castiglia se quitó el sombrero Fedora gris y se limpió con un pañuelo el polvo de la carretera. Entró a la tienda, donde Cristiani se adelantó solícito a saludarlo y, levantando el gancho con el traje nuevo, proclamó:

—¡Su espléndido traje de Pascua está esperándolo!

Tras saludar de mano, el señor Castiglia examinó el traje sin decir palabra. Después de rechazar cortésmente la oferta de Cristiani de una copita de whisky o vino, mandó a su guardaespaldas que le ayudara a quitarse la chaqueta para probarse sin más dilaciones su atuendo de Resurrección.

Cristiani y los otros sastres aguardaban callados allí cerca, viendo cómo la funda del arma atada al pecho del señor Castiglia bailaba con sus movimientos al extender los brazos y recibir sobre los hombros el chaleco de solapas grises, seguido de la chaqueta de hombros anchos. Tomó aire después de abotonarse el chaleco y la chaqueta, y se dirigió hacia el espejo de tres cuerpos que había al lado del probador. Se recreó con su reflejo desde todos los ángulos y al fin miró a su guardaespaldas, el cual le hizo un gesto de aprobación. El señor Castiglia comentó, con voz de mando: «*Perfetto!*».

—*Mille grazie* —le respondió Cristiani, haciendo una leve inclinación mientras sacaba con cuidado los pantalones del gancho y se los pasaba al señor Castiglia.

Excusándose, el señor Castiglia entró al probador. Cerró la puerta. Algunos sastres empezaron a pasearse de un lado a otro por la tienda, pero Cristiani se quedó cerca, silbando entre dientes. El guardaespaldas, todavía con el sombrero y la capa puestos, se había acomodado en una silla, con las piernas cruzadas, a fumarse un puro delgadito. Los aprendices se apiñaban en el cuarto de atrás, donde nadie los viera, a excepción de mi azorado padre, que seguía en la tienda, atareándose en arreglar una y otra vez pilas de géneros sobre el mostrador, mas sin quitar el ojo del probador.

Nadie musitó palabra durante más de un minuto. Sólo se oían los ruidos que producía el señor Castiglia mientras se cambiaba de pantalones. Primero se escucharon los golpes de los zapatos al pegar en el suelo. Luego, el leve crujido sibilante de las perneras que se estiran. En cuestión de segundos, un sonoro topetazo contra el tabique de madera cuando aparentemente el señor Castiglia se paró en una pierna y perdió el equilibrio. Después de un suspiro, una tosecilla y el chirrido del cuero del calzado..., más silencio. Pero por fin, súbitamente, una voz bronca bramó del otro lado de la puerta:

—*¡Maestro!* —y más alto aún—: *¡MAESTRO!*

Se abrió de golpe el cerrojo, dejando ver el ceño fruncido y la figura encorvada del señor Castiglia, que señalaba con los dedos sus rodillas dobladas y el diseño de alas de los pantalones. Con un andar de pato se le acercó a Cristiani y soltó un berrido: «*Maestro, che avete fatto qui?*»: ¿qué ha hecho aquí?

El guardaespaldas pegó un salto, mirando con enfado a Cristiani. Mi padre cerró los ojos. Los sastres retrocedieron. Pero Francesco Cristiani seguía erguido e inmóvil, sin siquiera perder la compostura cuando la mano del guardaespaldas se movió debajo de la capa.

—¿Qué ha hecho? —volvió a decir el señor Castiglia, todavía encogido de rodillas, como si tuviera trabadas las articulaciones.

Cristiani lo miró en silencio por unos instantes; hasta que al fin, en el tono autoritario del maestro que reconviene a un alumno, le contestó:

—¡Ay, cuánto me decepciona! Qué triste y ofendido estoy por su incapacidad de apreciar el honor que trataba de otorgarle porque creía que lo merecía... pero, triste es saberlo, yo me equivocaba... —y antes de que el atónito Vincenzo Castiglia pudiera abrir la boca, Cristiani prosiguió—: Exige usted saber qué les he hecho yo a sus pantalones; sin darse cuenta de que lo que hice fue introducirlo a usted en el mundo moderno, donde pensaba que debía estar. Cuando usted entró por vez primera el mes pasado a esta tienda para tomarse las medidas, parecía muy diferente a las gentes atrasadas de esta región. Tan sofisticado. Tan individualista. Usted ha viajado a América, según cuenta, y ha visto el Nuevo Mundo, y yo supuse que estaba al corriente del espíritu de libertad contemporáneo... pero lo juzgué mal, muy mal... Los trajes nuevos, ¡ay!, no rehacen al hombre que va por dentro...

Arrebatado por la grandilocuencia, Cristiani se volvió hacia su sastre más antiguo, el que se hallaba más cerca, y de manera irreflexiva le recitó un viejo proverbio del sur de Italia, aunque se arrepintió de haberlo dicho en cuanto las palabras salieron de su boca.

—*Lavar la testa al'asino è acqua persa* —canturreó Cristiani: lavarle la cabeza al asno es desperdiciar el agua.

Un silencio pasmado se extendió por la tienda. Mi padre se acurrucó detrás del mostrador. Los sastres de Cristiani, horrorizados con su provocación, temblaban boquiabiertos al ver que el rostro del señor Castiglia se ponía rojo y que sus ojos se estrechaban; y nadie se habría sorprendido si el siguiente ruido hubiera sido el estallido de un arma. De hecho, el propio Cristiani bajó la cabeza y pareció resignarse a su suerte... pero, cosa extraña, habiendo llegado ya al punto de no retorno, Cristiani repitió temerariamente sus palabras: «Lavar la testa...».

El señor Castiglia no respondía. Farfullaba, se mordía los labios, pero no decía una palabra. Tal vez, no habiendo sido tratado con semejante atrevimiento por nadie nunca antes, y mucho menos por un sastre diminuto, el señor Castiglia estaba demasiado atónito para actuar. Hasta el guardaespaldas parecía paralizado, con la mano metida todavía en la capa. Pasados otros segundos de silencio, los ojos del rostro cabizbajo de Cristiani se alzaron de manera indecisa... y vieron al señor Castiglia ahí de pie, con los hombros caídos, un poquito abatida la cabeza y los ojos vidriosos y compungidos.

Entonces el señor Castiglia miró a Cristiani, con una mueca de dolor. Finalmente, habló:

—Mi difunta madre recitaba ese dicho cuando la hacía enfadar —le confió por lo bajo el señor Castiglia; luego, tras una pausa, añadió—: Murió cuando yo era un niño...

—Oh, cuánto lo siento —dijo Cristiani, mientras la tensión disminuía en el lugar—. Eso sí, espero que acepte mi palabra de que tratamos *en efecto* de hacerle un bello traje de Pascua. Sólo que yo estaba muy desilusionado de que sus pantalones, confeccionados a la última moda, no le hubieran gustado.

Mirándose nuevamente las rodillas, el señor Castiglia preguntó:

—¿*Esto* es la última moda?

—Sí, efectivamente —le aseguró Cristiani.

—¿Dónde?

—En las grandes capitales del mundo.

—Pero ¿no aquí?

—Todavía no —le dijo Cristiani—. Usted es el primero entre los caballeros de la región.

—¿Y por qué la última moda en esta región tiene que empezar conmigo? —preguntó el señor Castiglia, con voz que ahora sonaba vacilante.

—Oh, no, en realidad no ha empezado con usted —lo rectificó prontamente Cristiani—. Los sastres *ya* adoptamos esa moda —dijo, alzándose una pernera por la rodilla—: Véalo usted mismo.

El señor Castiglia bajó la vista y examinó las rodillas de Cristiani; y al darse la vuelta para inspeccionar todo el recinto, vio cómo los otros sastres, uno tras otro, levantaban una pierna y, con una inclinación, señalaban las ya familiares alas del ínfimo pajarito.

—Ya lo veo —dijo el señor Castiglia—. Y veo también que le debo presentar mis disculpas, maestro —prosiguió—. A veces un hombre tarda en apreciar lo que está de moda.

Por último, tras estrecharle la mano a Cristiani y saldar la cuenta (pero sin cara de querer quedarse un momento más en ese sitio donde había puesto de manifiesto su inseguridad), el señor Castiglia llamó a su obediente y mudo guardaespaldas y le entregó el traje viejo. Luciendo el traje nuevo y habiéndose ladeado el sombrero, el señor Castiglia enfiló hacia su carruaje, a través de la puerta que mi padre había abierto de par en par.

Orígenes de un escritor de no ficción

Vengo de una isla y una familia que reforzaron mi identidad de estadounidense marginal, de extraño, de forastero en mi país natal. Pero aunque eso bien puede haber dificultado mi incorporación en la cultura establecida, también me guió por esa senda tan descarriada como interesante que les es familiar a tantas personas inquisitivas que terminan siendo escritores.

Soy de ascendencia italiana. Soy hijo de un sastre severo pero caballeroso de Calabria y de una madre italoamericana amable y emprendedora que dirigía con éxito el negocio familiar de prendas de vestir. Fui educado por monjas y sacerdotes católicos irlandeses en una pobre escuela parroquial de la isla de mayorías protestantes de Ocean City, frente a las costas del sur de Nueva Jersey, donde nací en 1932.

Esta comunidad azotada por los vientos y la arena había sido fundada en 1879 a guisa de retiro religioso por un grupo de pastores metodistas deseosos de asegurar la presencia de Dios en la playa, de proteger el verano de la corruptora exposición de la carne y de eliminar las tentaciones del alcohol y demás espíritus malignos que ellos veían revolotear a su alrededor con igual libertad a la de los mosquitos de marismas de la vecindad. Aunque estos sobrios pastores no coronaron todos sus virtuosos anhelos, sí consiguieron infundir en la isla un sentido victoriano del recato y la hipocresía que ha subsistido hasta el día de hoy.

La venta de licor aún se prohíbe. La mayoría de los negocios cierran el domingo. Las agujas de las iglesias descuellan en el límpido cielo azul. En el centro de la población hay unas casas blancas recargadas de ornamentación, con amplios pórticos y torrecillas y cresterías que conservan el aspecto de la Norteamérica del siglo XIX. En mi juventud, una joven voluptuosa que se paseara por la playa en un bikini delgado podía producir miradas de moderada reprobación por parte de las dignas señoras del lugar, aunque no de los hombres maduros que ocultaban su interés detrás de unas gafas de sol.

En este entorno, donde la sensualidad y el pecado guardan siempre un delicado equilibrio, yo cultivaba una curiosidad desenfrenada que coexistía con mi sexualidad adormecida por las monjas. A menudo salía después de la cena a recoger almejas con mis amigos de la infancia, pero a veces me dirigía solo hacia las escolleras de la playa, a cuyo abrigo las más enardecidas parejas juveniles de la isla se besuqueaban todas las noches. Más adelante, sin embargo, me atuve a las normas de cama de mi escuela parroquial: dormía boca arriba, con los brazos cruzados sobre el pecho y cada mano descansando en el hombro opuesto, postura supuestamente pía que hacía imposible la masturbación. Al amanecer ayudaba a misa en mi calidad de acólito de un padre que olía a whisky, y después de la escuela servía de recadero en la tienda de ropa de la familia, que atendía a decorosas mujeres de generosas figuras y fortunas. Eran las esposas de los pastores, las esposas de los banqueros, las jugadoras de bridge, las correveidiles. Eran las damas enguantadas de blanco que en verano evitaban la playa y el paseo marítimo para derrochar en cambio considerables cantidades de tiempo y de dinero en sitios como la tienda de mis padres, donde, bajo el rumor apagado de los ventiladores y la atención solícita de mi madre en los vestidores, se probaban las prendas de vestir al tiempo que aireaban sus vidas privadas y los sucesos y desventuras de sus amistades y vecinos.

La tienda era como un programa de entrevistas que se desarrollaba en torno a la afable actitud y las oportunas preguntas de mi madre; y siendo yo un niño no mucho más alto que los mostradores detrás de los cuales solía detenerme a escuchar a escondidas, aprendí muchas cosas que me serían útiles años después, cuando empecé a entrevistar a personas para mis artículos y libros.

Aprendí a escuchar con paciencia y cuidado y a no interrumpir nunca, ni siquiera cuando las personas parecían encontrarse en grandes apuros para darse a entender, ya que en esos momentos de titubeos y vaguedad (enseñanza que obtuve de las habilidades para prestar oído de mi paciente madre) la gente suele ser muy reveladora: lo que vacilan en contar puede ser muy diciente. Sus pausas, sus evasivas, sus cambios de tema repentinos son probables indicadores de lo que los avergüenza, o los molesta, o de lo que consideran demasiado íntimo o imprudente como para dejárselo saber a otra persona en ese determinado momento. No obstante, también oí a muchas personas hablar francamente con mi madre sobre lo que antes habían evitado, reacción que a mi juicio tenía menos que ver con la naturaleza inquisitiva de mi madre o las preguntas que les formulaba con prudencia, que con la forma gradual en que la iban aceptando como un sujeto leal en el que podían confiar. Las mejores clientas de mi madre eran mujeres que no necesitaban tanto trajes nuevos como satisfacer la necesidad de comunicarse.

La mayoría había nacido en familias privilegiadas de Filadelfia, de abolengo alemán o anglosajón, y en general eran altas y de tallas grandes, como lo tipificaba Eleanor Roosevelt. Sus rostros tostados por el sol, correosos y apuestos, se habían dorado ante todo por su devoción a la jardinería, que describían a mi madre como su afición veraniega preferida. Reconocían no haber ido a la playa desde hacía muchos años, desde cuando llevaban, me figuro, bañadores de diseño tan púdico que el salvavidas no les habría echado un segundo vistazo.

Mi madre se había criado en Brooklyn en un barrio habitado principalmente por familias de inmigrantes italianos y judíos; y si bien había adquirido algo de mundo y sentido de la moda en los cuatro años prematrimoniales que trabajó como compradora para la tienda por departamentos más grande del distrito, poco sabía de la Norteamérica protestante antes de casarse con mi padre. Éste había salido de Italia para vivir por poco tiempo en París y Filadelfia antes de establecerse en la isla pacata de Ocean City, donde montó un negocio de sastrería y lavado en seco, y más adelante, en sociedad con mi madre, la *boutique* de ropa. Aunque el modo de ser reservado y exigente de mi padre y el cuidado diario que ponía en su apariencia le prestaban un aire de compatibilidad con los más atildados prohombres de la ciudad, fue mi expansiva madre quien entabló las relaciones sociales de la familia con los sectores prominentes de la isla, cosa que consiguió por medio de esas mujeres que cultivaba primero como clientas y finalmente como amigas y confidentes. Recibía a las damas en la tienda como en su propia casa, guiándolas hacia las butacas de cuero rojo a la entrada de los probadores mientras les ofrecía enviarme al *drugstore* de la esquina por gaseosas y té helado. No permitía que las llamadas telefónicas interrumpieran sus coloquios, dejando que mi padre o alguna empleada tomaran los recados; y aunque hubo una o dos señoras que abusaron de su paciente escucha, parloteando durante horas enteras y a la postre induciéndola a esconderse en el almacén la siguiente vez que las vio venir, casi todo lo que oí y presencié en la tienda resultó ser harto más interesante y educativo que lo que aprendía de los censores de hábitos negros que me enseñaban en la escuela parroquial.

En efecto, en las décadas transcurridas desde que salí de casa, tiempo durante el cual he conservado un claro recuerdo de mi juventud de espía a hurtadillas y de las voces femeninas que le dieron expresión, se me ha hecho claro que muchas de las cuestiones sociales y políticas que se han debatido en Estados Unidos en la segunda mitad del siglo XX (el papel de la religión en la alcoba, la igualdad racial, los derechos de la mujer, la conveniencia de las películas y las publicaciones con contenidos de sexo y violencia) se ventilaron en la *boutique* de mi madre mientras yo me hacía mayor en los años de la guerra y la posguerra de la década de 1940.

Aunque me acuerdo de mi padre cuando oía a altas horas de la noche las noticias de la guerra en su radio de onda corta en nuestro apartamento encima de la tienda (sus dos hermanos menores estaban por entonces enrolados en el ejército de Mussolini y luchaban contra la invasión de Italia por los aliados), un sentimiento más íntimo del conflicto me llegó por medio de la mujer deshecha en llanto que vino una tarde a nuestra tienda con la noticia de la muerte de su hijo en un campo de batalla italiano, aviso que despertó la más honda solidaridad y compasión en mi madre... mientras mi conmocionado padre se quedaba encerrado en su taller de sastre en la parte de atrás del edificio. Recuerdo también a otras mujeres quejarse en esos años de que sus hijas abandonaban el colegio para «escaparse» con algún militar o para trabajar de voluntarias en hospitales de los que muchas veces no volvían a casa por la noche, o de que sus maridos cuarentones habían sido vistos de juerga en Atlantic City después de haber atribuido sus ausencias de casa a trabajos de supervisores en alguna fábrica de guerra en Filadelfia.

Las exigencias de la guerra y las excusas a que daba pie se presentaban de modo manifiesto y oportuno por doquier; pero pienso que los grandes acontecimientos influyen en las comunidades pequeñas de maneras que ilustran como ninguna otra acerca de las personas implicadas, ya que la gente realmente se involucra más en los sitios en donde todos se conocen (o creen conocerse) entre sí, donde hay menos paredes detrás de las cuales ocultarse, donde los sonidos vuelan más lejos y donde el ritmo menos apresurado permite una mirada más detenida, una percepción más profunda y, como lo ejemplificaba mi madre, el ocio y el lujo de prestar oído.

No sólo recibí de ella la primera enseñanza que me sería fundamental en mi trabajo posterior como escritor de no ficción que practica la literatura de la realidad, sino que de mi crianza en torno de la tienda también obtuve cierto entendimiento de otra generación, la cual encarnaba una diferencia de estilo, actitud y procedencia que no habría encontrado en mis experiencias habituales en casa o en el colegio. Aparte de las clientas de mi madre y los maridos que de vez en cuando las acompañaban, el lugar era frecuentado por las empleadas que ayudaban a mi madre con las ventas y la contabilidad en el trajín de los meses de verano; por los viejos sastres a medio jubilar que trabajaban con mi padre en el cuarto de atrás arreglando trajes y vestidos (y, no de modo infrecuente, tratando de quitar manchas de whisky de la ropa de los numerosos bebedores furtivos de la población); por los muchachos de los últimos cursos del colegio que conducían los camiones de reparto de la planta; y por los negros itinerantes que manejaban las máquinas de planchado. Todos los planchadores tenían pies planos y habían sido rechazados para el servicio militar en la Segunda Guerra Mundial. Uno de ellos era un musulmán militante, quien por primera vez me hizo ser consciente de la ira negra en una época en que hasta el ejército de Estados Unidos segregaba por motivos raciales.

—Me recluten o no —solía oírle decir—, ¡lo que es a mí nunca me van a hacer pelear en esta guerra de blancos!

Otro planchador que en esos tiempos trabajaba en la tienda, un hombre enorme de cabeza rapada y antebrazos con cicatrices de navaja, tenía una mujer menuda y vivaracha que con regularidad irrumpía en el bochorno del cuarto trasero a regañarlo a gritos por su costumbre de jugar la noche entera y otras indiscreciones de ese tipo. Recordé su belicosidad muchos años después, en 1962, cuando investigaba para un artículo en la revista *Esquire* sobre el ex campeón de los pesos pesados Joe Louis, con quien había salido de farra por varios *night-clubs* de Nueva York en vísperas de nuestro vuelo de regreso a su casa en Los Ángeles. En el área de equipajes en Los Ángeles fuimos recibidos por la (tercera) señora del púgil, quien rápidamente provocó una riña doméstica que me proporcionó la escena introductoria del artículo periodístico.

Después de que mi colega Tom Wolfe lo hubo leído, le atribuyó públicamente el haberlo iniciado en una nueva forma de no ficción, forma que ponía al lector en estrecho contacto con personas y lugares reales mediante el fiel registro y empleo de diálogos, entornos, detalles personales íntimos, incluyendo el uso del monólogo interior —mi madre les preguntaba a sus amigas: «¿En qué estabas pensando cuando hiciste tal y tal cosa?», y yo les hacía la misma pregunta a los sujetos de mis artículos posteriores—, además de otras técnicas que desde tiempo atrás se asociaban con los dramaturgos y los escritores de ficción. Aunque el señor Wolfe proclamó que mi escrito sobre Joe Louis era emblemático de lo que él llamaba «el Nuevo Periodismo» creo que fue un cumplido inmerecido, puesto que yo no había escrito entonces, ni desde entonces, nada que considerara estilísticamente «nuevo», dado que mi tratamiento de la investigación y del relato se había desarrollado a partir de la tienda de la familia, teniendo ante todo como foco e inspiración las imágenes y sonidos de esas personas mayores que veía interactuar allí todos los días como los personajes de una obra victoriana: las damas enguantadas de blanco que tomaban asiento en las butacas de cuero rojo, embebidas en paliques a mitad de la tarde mientras extendían la vista más allá del toldo de la tienda hacia el distrito comercial, caliente y bruñido por el sol, en un tiempo que parecía pasar de largo sin tocarlas.

Pienso en ellas ahora como la última generación de novias vírgenes de Norteamérica, las veo como las representantes de las estadísticas de pasividad del Informe Kinsey: mujeres que *no* practicaron el sexo prematrimonial, ni el extramatrimonial, ni siquiera la masturbación. Me imagino que casi todas ellas habrán partido de la faz del planeta, llevándose consigo sus valores anticuados firmemente atados con cuerdas de pudor. En otras ocasiones detecto algo de su vitalidad reencarnada (junto con la vigilancia de las monjas de mi escuela parroquial) en el espíritu neovictoriano de los años noventa: su mano en la redacción del código de citas de parejas del Antioch College, sus voces en armonía con el feminismo antiporno, su presencia cerniéndose sobre nuestro gobierno como una institutriz.

Pero mi recuerdo de las damas enguantadas de blanco sigue siendo benigno, ya que ellas y las demás personas que compraban o trabajaban en la tienda de mis padres (más la curiosidad que me transmitió mi madre) despertaron mi temprano interés en las sociedades pueblerinas, en las preocupaciones más habituales del común de las gentes. En realidad, cada uno de mis libros se inspira de algún modo en elementos de mi isla y sus pobladores, representantes típicos de los millones que alternan entre sí todos los días en las tiendas, cafés y paseos de los pueblos, aldeas suburbanas y barrios de todas las ciudades. Con todo y eso, a menos que tales individuos se vean implicados en delitos u horribles accidentes, su existencia suele ser olvidada tanto por los medios como por los historiadores y biógrafos, que tienden a fijarse en las personas que se dan a conocer de forma descarada o evidente, o que descuellan entre la multitud como líderes o realizadores de hazañas, o por llegar a ser, por un motivo u otro, renombrados o tristemente célebres.

Una consecuencia es que la vida «normal», cotidiana, de Norteamérica se describe principalmente en la «ficción»: en las obras de novelistas, dramaturgos y cuentistas tales como John Cheever, Raymond Carver, Russell Banks, Tennessee Williams, Joyce Carol Oates y otros, quienes tienen talento creativo para elevar la vida ordinaria a la categoría de arte y volver memorables las experiencias y preocupaciones corrientes de hombres y mujeres merecedores del llamamiento de Arthur Miller por el bien de su sufrido viajante: «Hay que prestar atención».

No obstante, yo siempre he creído, y he esperado demostrarlo con mis intentos, que también hay que prestarle atención a la gente «común» en la *no* ficción, y que, *sin cambiar nombres o falsificar los hechos,* los escritores podían producir la que esta antología llama una «Literatura de la Realidad». Diferentes autores reflejan, por supuesto, distintas concepciones de la realidad. En mi caso se reflejan la mirada y la sensibilidad de un forastero norteamericano pueblerino cuya vista exploratoria del mundo viene acompañada de la esencia de la gente y el lugar que dejé atrás, la población desatendida, no noticiable, que está por todas partes pero que rara vez es tenida en cuenta por los periodistas y otros cronistas de la realidad.

Mi primer libro, *Nueva York: los paseos de un afortunado,* publicado en 1961, presenta el carácter pueblerino de los barrios neoyorquinos y saca a la luz las vidas interesantes de ciertos personajes oscuros que habitan en las sombras de la imponente ciudad. Mi siguiente libro, *El puente,* publicado en 1963, se centra en las vidas y amores íntimos de unos obreros del acero que conectan una isla con un puente, alterando el carácter de esa tierra y sus pobladores. Mi primer best-seller, de 1969 y titulado *El reino y el poder,* describe los antecedentes familiares y las relaciones interpersonales de mis viejos colegas del *New York Times,* donde trabajé entre 1955 y 1965. Fue mi único trabajo de tiempo completo, y pasé todos mis años allí en la sala de redacción principal de la calle 43, a la vuelta de Broadway. Dicha sala era mi «tienda».

Mi siguiente best-seller, *Honrarás a tu padre,* fue escrito como reacción a la turbación defensiva de mi padre por la proliferación de apellidos italianos dentro del crimen organizado. Crecí oyéndolo alegar que la prensa norteamericana exageraba el poder de la mafia y el papel de los gángsteres italianos en su seno. Si bien mis investigaciones habrían de desmentirlo, el libro que terminé en 1971 (habiendo conseguido acceso a la mafia a través de un miembro italoamericano cuya confianza y amistad me dediqué a cultivar) versaba menos sobre tiroteos que sobre la insularidad que distingue las vidas privadas de los gángsteres y sus familias.

En respuesta a la represión sexual y la hipocresía que tan presentes estuvieron en mis años de formación, escribí, dedicándolo casi a las clientas de la *boutique* de mi madre, *La mujer de tu prójimo*. Publicado en 1980, rastrea la definición y redefinición de la moralidad desde mi adolescencia en los años treinta hasta la era liberada de antes del sida que se prolongó hasta los años ochenta: medio siglo de cambios sociales que narraba en el contexto de unas vidas corrientes llevadas por hombres y mujeres del común en todas partes del país.

El capítulo final de ese libro alude a la investigación que realicé entre unos nudistas que tomaban el sol en una playa privada localizada veinte millas al sur de mi isla nativa, playa que visité sin ropa y en la que pronto descubrí que era observado por unos *voyeurs* que se empinaban con sus prismáticos a bordo de los varios veleros anclados en los que habían venido desde el Ocean City Yacht Club. En mi anterior libro sobre el *Times, El reino y el poder*, había descrito mi profesión de antaño como voyeurista. Pero allí, en esa playa nudista, sin un carné de prensa ni una hebra de ropa, mi papel se invirtió súbitamente. Ahora era *yo* el observado, ya no el observador. Y no hay lugar a dudas de que el siguiente y más personal de mis libros, *Unto the Sons [A los hijos]*, publicado en 1991, avanza a partir de esa última escena en *La mujer de tu prójimo*. Es el resultado de mi voluntad por revelarme, junto con mi pasadas influencias, en un libro de no ficción sin cambiar los nombres de la gente o los lugares que moldearon mi carácter. También es un modesto ejemplo de lo que pueden hacer los escritores de no ficción en estos tiempos de franqueza creciente, de leyes más liberales respecto a la difamación y la invasión de la privacidad, pero asimismo de oportunidades que se expanden para explorar una amplia variedad de temas, así fuera, como en mi caso, desde los estrechos confines de una isla.

Abandoné la isla en el otoño de 1949 para asistir a la Universidad de Alabama. Tenía diecisiete años, cicatrices de acné y una inseguridad para relacionarme que no había experimentado siendo más joven. El confort que había encontrado entre mis mayores en mis días de recadero de la tienda de mis padres, y los corteses y muy idiosincrásicos «modales de tienda» que había heredado de mi madre y que me habían congraciado con las encopetadas mujeres que eran asiduas clientas de su *boutique* en el verano, no me habían significado ninguna ventaja para los meses húmedos y desiertos de fuera de temporada en los que iba a la escuela secundaria. Para la mayoría de los adolescentes con quienes compartí las aulas durante cuatro años en un frío edificio de ladrillo a dos manzanas del océano, yo era su condiscípulo apenas de nombre.

Se me tachaba diversamente de ser «distante», «complicado», «distraído», «engreído», «raro», «de otro mundo»; o al menos así me describieron unos cuantos antiguos compañeros años después en una reunión de ex alumnos a la que asistí. También recordaban que en esa época del colegio yo parecía algo «mayor» que los demás, impresión que atribuyo en parte a ser el único estudiante que todos los días iba a clase vestido con chaqueta y corbata. Pero aunque pareciera tener más años, no me sentía mayor que nadie, ni mucho menos líder en ninguna de las áreas que nos servían para juzgarnos mutuamente: la deportiva, la social o la académica.

En los deportes, tenía una constitución demasiado fina y carecía de rapidez para formar parte del equipo de fútbol americano; en baloncesto era un defensa suplente que se limitaba a calentar el banquillo; y en el béisbol era un pasable bateador de contacto y paracortos, con «buenas manos» pero con un brazo errático en los lanzamientos, de tal manera que el entrenador me incluía en la formación inicial a regañadientes y esporádicamente. Mis principales contribuciones deportivas solían venir *después* de los partidos, cuando volvía a casa y en la máquina de escribir de la tienda hacía notas sobre los encuentros para el semanario de la población y a veces para el diario que se editaba en la vecina Atlantic City. No era una labor que yo hubiera buscado en un principio. Desde tiempo atrás los entrenadores auxiliares tenían el deber de pasar por teléfono a la prensa los resultados y dar los informes de los partidos que los editores consideraban demasiado insignificantes como para enviar a uno de sus hombres a cubrirlos. Pero una tarde durante mi primer año, el entrenador auxiliar del equipo de béisbol protestó porque estaba demasiado ocupado para llevar a cabo esa tarea; y por alguna razón el entrenador titular me la encomendó, a lo mejor porque en ese momento me vio parado ahí en el vestuario sin hacer nada, y porque sabía además que yo era suscriptor de revistas de deportes (que él pedía prestadas con frecuencia y nunca devolvía). Suponiendo equivocadamente que aliviar los deberes de prensa del departamento de deportes me granjearía la gratitud del entrenador y me traería más tiempo en las canchas, acepté el trabajo y hasta lo adorné mediante el empleo de mis habilidades mecanográficas para componer mis propios relatos de los partidos, en lugar de pasar simplemente por teléfono la información a los periódicos. A consecuencia de ello mi nombre aparecía a veces al pie de artículos en los que me veía obligado a dar cuenta de mis deficiencias como deportista: *El partido se fue de las manos en la octava entrada cuando, con las bases ocupadas, el lanzamiento a ciegas del paracortos Talese rebotó fuera del alcance del primera base y rodó al pie de las tribunas...*

Aunque en el colegio había numerosas jovencitas por las que me sentía atraído, era muy tímido, y más después de mi brote de acné, para invitar a alguna de ellas a salir. Y si bien dedicaba todas las tardes horas enteras a mis textos escolares, lo que más cautivaba mi interés en esos libros eran algunas ideas y observaciones que los profesores invariablemente consideraban baladíes y que nunca incluían entre las preguntas que formulaban en sus cuestionarios y exámenes. A excepción de mis excelentes notas en el curso de mecanografía, dictado por una pechugona amante de la ópera, de trenzas rubias y amiga de mi madre (y que me hizo sentir en la gloria un día en que comparó mis dedos ágiles con los de un joven pianista clásico admirado por ella), mis calificaciones estaban por debajo del promedio en casi todas las materias; y al terminar la primavera de 1949 me gradué de bachiller entre el tercio inferior de mi grupo.

A mi consternación contribuyó, más tarde en el verano, el rechazo de cada una de las doce instituciones superiores a las que me presenté en el estado donde residía, Nueva Jersey, y los vecinos. Cuando me puse en contacto con la secretaria del director, averiguando los nombres y direcciones de otros planteles a los que pudiera aspirar, el director en persona hizo una rara e inesperada visita a la tienda de mis padres. En ese momento yo me hallaba en la oficina con balcón de mi padre, que daba al salón principal de la tienda, revisando en su escritorio la lista de repartos vespertinos que tenía por delante en mi calidad de conductor durante el verano de una de las furgonetas de la lavandería. No me percaté de la llegada del director hasta que oí su conocido vozarrón estentóreo saludando a mi madre, que estaba junto a un perchero de vestidos poniendo las etiquetas de precios a las nuevas mercancías de otoño que yo había desembalado más temprano.

Los atisbaba con inquietud, agazapado detrás de una de las palmeras en macetas que bordeaban la repisa del balcón. Vi salir a mi padre del taller de sastrería, darle la mano al director e ir a reunirse con mi madre delante de un mostrador, mientras el director carraspeaba sonoramente, como hacía siempre en el salón de actos antes de hacer un anuncio. El hombre, delgado, de gafas, de pelo gris rizado, llevaba como de costumbre una camisa blanca de cuello redondeado y adornada con un corbatín de lunares, y colgando de una leontina de oro que le cruzaba el chaleco de su terno beige llevaba la llave de la confraternidad Phi Beta Kappa, que yo veía centellear a una distancia de diez metros. Mi padre, que vestía a la medida, puesto que él mismo era su mejor cliente, también iba muy atildado; pero el director tenía un porte altivo que de alguna manera empequeñecía a mi padre, o así me parecía, y que me hacía sentir incómodo aunque no producía ningún efecto evidente en mi padre. Aguardaba él en calma al lado de mi madre, con los brazos cruzados, reclinándose muy levemente contra el mostrador, a la espera de que el director hablara.

—Siento mucho preocuparlos a ambos con esto —empezó a decir, sin sonar para nada apenado—, porque sé que su hijo es un joven excelente. Pero me temo que no tiene madera para la universidad. Él insiste en seguir enviando solicitudes de admisión, cosa que siempre le he desaconsejado, y ahora apelo a ustedes para que lo disuadan.

Se detuvo, como si esperara alguna objeción. Al ver que mis padres guardaban silencio, prosiguió en un tono más suave, incluso de comprensión:

—Oh, ya sé que quieren lo mejor para su hijo. Pero ambos trabajan duro para ganarse su dinero. Y detestaría ver que lo desperdician tratando de instruirlo. De veras creo que más les convendría, a ustedes y a su hijo, si lo dejaran aquí en el negocio y lo prepararan tal vez para hacerse cargo algún día, en lugar de acariciar la idea de enviarlo a la universidad y...

Mis padres lo escuchaban en silencio y yo miraba al trío desde arriba, humillado pero no sorprendido por lo que estaba oyendo, pero de todos modos decepcionado de que mis padres no dijeran nada en mi defensa. No era que me molestara la idea de hacerme cargo del negocio. Como único hijo varón y el mayor de sus dos vástagos, aquello a veces se me hacía inevitable, y acaso fuera mi mejor futuro. Pero también estaba ansioso de escapar de la monotonía de la vida de la isla, que especialmente en invierno llegaba a ser desoladora; y veía en los estudios superiores una salida, un destino para el cual había ahorrado desde siempre mis ingresos de la tienda y para el cual mis padres me habían prometido aportar lo que faltara. Con todo, no estaba muy seguro de qué le serviría a mi profesión una educación superior, ya que dudaba de que fuera a tener una profesión; a no ser, como argumentaba convincentemente el director, dentro de los límites de la tienda.

En las semanas que siguieron, tal vez por reacción a las cartas de rechazo que se acumulaban, mi padre me había repetido varias veces la propuesta que me había hecho meses atrás de enviarme a París a estudiar corte y confección al estilo clásico, tal como los practicaban sus primos italianos de la rue de la Paix. A la postre podría convertirme en un diseñador de alta costura de trajes y de vestidos para damas, me explicaba mi padre, añadiendo con entusiasmo: «¡Ah, *ahí* es donde está el dinero!». El renombrado modisto Emanuel Ungaro había trabajado antaño como aprendiz de sastre en la firma del primo de mi padre, y ni yo mismo descartaba la idea de buscar dicho aprendizaje, durante ese verano de incertidumbre después de haber salido del colegio.

Para mí, el periodismo era otra opción posible. Además del reporterismo deportivo que hacía para el semanario del pueblo, en mi primer año de secundaria había ofrecido redactar una pieza no deportiva llamada «High School Highlights» [Sucesos colegiales], una columna dedicada a los programas y actividades estudiantiles en las tablas, el arte, la música y el trabajo comunitario, y a ciertos actos sociales como los bailes de cada curso y galas de graduación que yo había evitado siempre. Al editor le gustó mi idea y yo acepté con la condición de que no esperaba una paga más alta que la tarifa deportiva que ya habíamos convenido, que era de diez centavos por pulgada de texto, medido en las páginas impresas de la publicación. Por la columna y las notas deportivas combinadas recibí pronto cheques semanales que iban de los dos a los cuatro dólares: suma muy inferior a la que se pagaba al más ínfimo aprendiz de sastre en París, recalcaba mi padre; pero por otro lado yo me veía recompensado de manera privada.

Aunque seguía sin invitar a muchachas a los bailes, a veces asistía a ellos solo, en mi nuevo papel de columnista social. Para los individuos tímidos y curiosos como yo, el periodismo era el interés ideal, un medio que permitía trascender las limitaciones de la reticencia. También proveía excusas para indagar en las vidas ajenas, formulando preguntas con un sobreentendido y esperando respuestas razonables; como también podía desviarse para ponerlo al servicio de toda suerte de designios personales.

Por ejemplo, cuando mi perrito mestizo se escapó de casa un día en que yo estaba en el colegio (aunque mi madre lo negaba con insistencia, siempre he creído que ella lo regaló o hizo que «salieran» de él, debido a mi reiterada incapacidad para mantenerlo fuera de la tienda), convencí al editor de que me dejara escribir un artículo especial sobre el refugio de animales de la localidad, idea surgida de la vana ilusión de que allí encontraría a mi mascota o que al menos allí confirmaría mis peores sospechas acerca de mi madre, cuya amabilidad con los clientes no se extendía a los animales. Sin embargo, después de tres prolongadas visitas al refugio, donde no obtuve rastros de la vida o la muerte de mi perro, lo que sí descubrí por vez primera fue el «poder de la prensa»; o, más bien, los muchos privilegios y prebendas que podía acaparar alguien movido por intereses personales como yo, cuando pasaba por periodista imparcial. Los principales protectores de los animales del pueblo, incluyendo a los filántropos que ayudaban a financiar el refugio, me recibieron cordialmente todas las veces que acudí a examinar las estrepitosas jaulas de acero que contenían animales recién traídos; y también se me dio acceso (a solas) a los archivadores de la oficina, en los que no sólo había documentos públicos y estadísticas de mascotas perdidas y encontradas, sino también varias multas de aparcamiento sin pagar que le habían estampado al automóvil particular del perrero, junto con unas cartas de amor amarillentas y traspapeladas que años atrás había recibido una ya fallecida secretaria voluntaria del refugio. Encontré en los archivos los registros mortuorios pertenecientes a un cementerio de mascotas en las afueras de Atlantic City del que yo nunca había sabido; y cuando le mencioné esto al director del refugio, insistió en llevarme allí en su coche..., llenándome de renovados miedos y esperanzas de dar por fin con el último paradero de mi chucho perdido.

Pero después de conocer al guardián principal del extenso y arbolado campo de enterramientos, sembrado de estatuas, cruces y otros monumentos de piedra que honraban el recuerdo de unas ochocientas mascotas —perros, caballos, gatos, monos, conejillos de Indias, canarios, loros, cabras, ratones—, recibí confirmación de que allí no habían traído recientemente ningún perro mestizo que correspondiera con mi descripción. No obstante, mi interés por el cementerio de mascotas no decayó, y con la anuencia del guardián regresé, solo, varias veces y en el furgón de la lavandería a aquel lugar, que estaba en tierra firme, a unas diez millas del puente de la isla. Permanecía hasta después de la caída del sol y me paseaba delante de las lápidas, en las que a menudo, sobre sus nombres, había retratos de las mascotas y las palabras de afecto de sus dueños, sin buscar ya más los rastros de mi propio perro y obedeciendo en cambio a la enorme tristeza y sensación de pérdida que ahora me ligaban a aquel sitio.

Había allí dolientes que lloraban la muerte de sus animales con gestos humanos: decoraban las tumbas con flores y, como me contó el guardián, enterraban a menudo a sus mascotas en ataúdes de cabritilla blanca en criptas de hormigón y tapando con pañuelos de seda las caras de las mascotas cuando se llevaban a cabo los oficios, oficios que a veces incluían procesiones fúnebres, portaféretros y réquiems. Numerosas personas ricas y famosas, cuyas mascotas habían muerto mientras los dueños estaban de visita o trabajando en Atlantic City, habían escogido ese sitio para su sepultura. Entre ellos se contaban el inversor J. P. Morgan, el compositor Irving Berlin y la actriz de cine Paulette Goddard. Algunos de los animales enterrados se habían labrado su propia distinción: allí estaban los restos de *Amaz el Salvaje,* un célebre perro de exhibición considerado el último galgo ruso criado por la familia de los Romanoff; *Cootie*, la mascota venerada por la Compañía de Infantería 314 que había hecho historia en la Primera Guerra Mundial, y *Rex*, un perro que actuó en muchos escenarios de Atlantic City y de todo el país.

El cementerio había sido fundado en los albores del siglo XX por un matrimonio amante de los animales que residía en Atlantic City y cuya costumbre de proveer de exequias y lápidas en el patio trasero a sus mascotas fallecidas había merecido la aprobación de los vecinos que poseían mascotas, seguida del deseo de dichos vecinos de compartir el espacio y los costos de su mantenimiento. Tras la muerte de la pareja original, el cementerio fue adquirido y ampliado por una mujer que frisaba los setenta y cinco cuando el guardián me la presentó; y de ella, sin tener que rogarle mucho, obtuve la cooperación que necesitaba para escribir el que esperaba que fuera a ser un largo y conmovedor artículo sobre el cementerio. La historia poseía los elementos que despertaban mi interés. Me unía con ella un vínculo personal. Su interés humano era de carácter perdurable. Y tenía lugar en un sitio recóndito que hasta entonces había eludido la atención de otros escritores o periodistas. Puesto que ya había cumplido mi obligación con el editor en relación con el refugio para animales de la isla (había escrito una breve nota sin firma anunciando la última campaña del director para recolectar fondos), estaba en libertad de presentar esta historia más interesante en un medio donde pudiera atraer más lectores; a saber, en el periódico *Atlantic City Press*. Un redactor de mesa del *Press* que me conocía por mis tareas deportivas me dio el nombre del editor de Área Suburbana, a quien debería enviarle el artículo; y a las dos semanas de haberlo puesto en el correo recibí su nota de aceptación, junto con un cheque por una suma lo bastante pasmosa para impresionar a mi padre por un tiempo: veinticinco dólares.

El artículo de dos mil palabras se imprimió con mi nombre en la parte de arriba de la sección de temas suburbanos, debajo de un titular a dos líneas y cuatro columnas acompañado de una imagen grande del campo tomada por un fotógrafo del diario. Aunque estaba a diez años del escueto estilo literario que aspiraría lograr en mi época de escritor para la revista *Esquire,* el texto del cementerio mostraba signos tempranos de mi todavía presente interés por suministrar a los lectores detalles precisos *(El señor Hillelson le hizo a su perro* Arno *un funeral con diez portaféretros y un desfile de tres automóviles por las calles...),* aunque también tenía su poquito de la sensiblería que me había transmitido la dueña del cementerio y a la que no me pude resistir *(... mientras su perro bajaba a la fosa, el ciego anciano se levantó, exclamando: «¡Ay, Dios! ¡Primero te llevas mis ojos y ahora a mi perro!»).*

La respuesta al artículo fue instantánea. Recibí numerosas llamadas telefónicas y cartas de felicitación de lectores de sitios tan lejanos como Trenton y Filadelfia, así como comentarios tanto del editor de Área Suburbana como del de mi isla, en los que sugerían que podía tener futuro en algún área del reporterismo o las letras. Ninguno de ellos había cursado estudios superiores, datos que yo les había sonsacado cuando empezó a ser claro que ése también sería mi destino. Pero en sus casos no había sido el «destino», según lo subrayaban: como tantos otros periodistas de su generación, habían rehuido la universidad por elección, en la creencia de que ésta imbuía cierto afeminamiento en una ruda profesión que en ese entonces estaba contagiada del espíritu farolero de la «Primera Plana», de reporteros que hablaban como detectives de la gran ciudad y que escribían a máquina, si acaso, con dos dedos.

No sé si me consolaba con aquellas imágenes en el balcón donde me agazapaba a escuchar mientras el director me describía como mal preparado para la universidad. Sólo me acuerdo, como dije anteriormente, de una vaga y persistente vergüenza por mi ínfimo prestigio académico, y la desilusión de que mis padres no cuestionaran el juicio que el director hacía de mí, cosa que me llevaba a preguntarme si a lo mejor no estarían sintiendo un alivio secreto: en cuanto al almacén, el asunto de la sucesión quedaba resuelto.

Cuando el director se hubo marchado y mis padres se pusieron a conversar en voz baja junto al mostrador, me dejé caer suavemente en la silla de mi padre y contemplé con desgana la ruta de repartos desplegada sobre el escritorio. Me quedé allí varios minutos, sin saber qué hacer, sin siquiera saber si mis padres sabían que estaba allá arriba; hasta que oí de pronto la voz de mi padre, que me llamaba del pie de la escalera.

—Tu director no es muy inteligente —dictaminó, sacándose un sobre del bolsillo del pecho y ordenándome que bajara a leerlo; y, esbozando una sonrisa, me dijo—: Vas a la universidad.

El sobre contenía una carta de admisión de la Universidad de Alabama. Me enteré después que hacía un mes mi padre había discutido mis tropiezos con un compañero de los rotarios a quien le hacía trajes, un doctor nacido en Alabama que practicaba la medicina en la isla desde mediados de los años veinte. Era además nuestro médico de cabecera y, para suerte mía, un influyente ex alumno de la Universidad de Alabama. Aparte de esto, su cuñada era mi profesora de mecanografía, cuya limitada pero elogiosa opinión sobre mis aptitudes representaba el voto de confianza más rotundo a que podía aspirar entre el profesorado local; y tal parecía que ella, junto con el doctor, habían escrito de manera tan positiva y convincente sobre mí al decano de Alabama, alegando que tenía un potencial de crecimiento mayor de lo que dejaban ver mis calificaciones del colegio, que fui admitido al curso de novatos de la institución.

A mi favor quizás jugaba también el interés que por esos días muchos planteles sureños tenían de traer a sus campus, blancos como azucenas y de cepa muy nativa, un poco de diversidad de fuera del estado, que abarcara a estudiantes de origen eslovaco, griego, italiano, judío, musulmán o cualquier otro, excepto negro. Mucho antes de que los términos «acción afirmativa» y «cuotas» para minorías se empezaran a usar, sentimientos de esa índole existían de modo no oficial en lugares como Alabama respecto a la descendencia de personas que el Klan definiría como ligeramente blancas; y creo que yo me beneficié de esa lenta tendencia hacia la tolerancia. Cuando leí la carta de mi padre, sin embargo, me di cuenta de que ignoraba dónde *estaba* Alabama; y cuando la encontré en un mapa, sentí alguna desazón por matricularme en una institución tan lejos del hogar. Pero en el puente del día del Trabajo, mientras muchos de mis compañeros bachilleres se disponían a dejar la isla con destino a un campus dentro del mismo estado o en los vecinos de Nueva York y Pensilvania, yo me alegraba de que fuera a estar tan lejos de ellos, en donde nadie me conocía. Nadie sabría quién era yo, quién había sido. Podía dar por quemadas mis calificaciones de secundaria. Podía empezar de nuevo, tener otra oportunidad. Mientras mis padres y mi hermana menor me acompañaban, en una tarde suave de principios de septiembre de 1949, más allá de las columnas de piedra de la estación de ferrocarril de Filadelfia, donde en breve subiría a uno de los vagones recubiertos de chapa a lo largo de los cuales había un letrero aerodinámico que decía: *The Southerner,* me imaginaba estar sintiendo lo que mi padre había sentido veinticinco años atrás cuando se marchó de Europa, a los diecisiete años, con rumbo a América. Yo era un inmigrante que empezaba una nueva vida en una nueva tierra.

El tren atravesó en la noche, traqueteando lentamente, el valle de Shenandoah en Virginia, las Carolinas, Tennessee, hasta la punta noroeste de Georgia. El coche estaba lleno de atractivos, amistosos y pulcros jóvenes de ambos sexos que conversaban cordialmente y no paraban de reír, y que viajaban con sus chaquetas de paño escocés y abrigos de lana de camello doblados de cualquier modo en los portaequipajes de encima, al lado de sus maletas cubiertas de pegatinas que rezaban: «Duke», «Sweet Briar», «Georgia Tech», «LSU», «Tulane», pero no, me alegró constatarlo, «Alabama». Aún seguía yo un rumbo singular.

No me quedé en el vagón cafetería, en cuyo suelo jugaba a los dados un grupo de jóvenes bulliciosos de unos veinticinco años, estudiantes del programa educativo para ex combatientes. Me enteré de esto cuando oí rezongar a dos botones negros por el alboroto; pero como ni el uno ni el otro hicieron nada para detenerlo, éste siguió durante las dieciocho horas que estuve a bordo. Pasé la mayor parte de ese tiempo mirando por la ventanilla el borroso paisaje nocturno, tratando de memorizar algunos de los extraños y mal iluminados nombres de estación de los pequeños pueblos por donde pasábamos; y como no podía dormir, leí algunos capítulos de *Los jóvenes leones* de Irwin Shaw (creo que haberme dejado ver dos veces con novelas de Irwin Shaw y John O'Hara en la clase de Inglés avanzado no me congració con la seguidora de Virginia Woolf que dictaba el curso), y también en el tren estudié el listado de títulos de la Universidad de Alabama, que había llegado la víspera de mi partida. Tenía pensado graduarme en periodismo. Aunque aún no estaba seguro de que ésa sería mi profesión, creía que matricularme en periodismo sería lo menos duro para mí en el sentido académico. Quería acaparar todas las oportunidades de seguir en la universidad y proteger mi dispensa de estudiante de las garras de la junta de reclutamiento.

Cuando el tren llegó a una población del oeste de Alabama llamada Tuscaloosa, donde fui el único pasajero en apearse, entregué las dos maletas de cuero agrietado que mi padre me había prestado a un negro que llevaba sombrero de copa y conducía una camioneta en la que rápidamente me llevó al que podía haber sido un escenario de *Lo que el viento se llevó*. Edificios señoriales de antes de la Guerra Civil se erguían dondequiera que miraba por las ventanillas de la camioneta, estructuras que formaban parte del sector más antiguo de la Universidad de Alabama. Algunos habían sido restaurados después de que las tropas de la Unión los hubieran asaltado e incendiado durante aquel conflicto. Ahora todos servían como aulas o como unidades residenciales o sociales para estudiantes, profesores y ex alumnos.

Mi dormitorio quedaba media milla más allá, construido en unas tierras bajas cerca de un pantano, lugar destinado a la expansión edificadora de posguerra que obedecía al crecimiento estudiantil ocasionado por el programa para ex combatientes. Mis aposentos eran pequeños, húmedos, y, como descubriría en breve, estaban penetrados por los olores selváticos que traía el viento desde una fábrica de papel situada fuera de los predios de la institución, en un desvío de la carretera principal. El dormitorio también se veía invadido todas las noches por los alumnos ex reclutas que regresaban de las cervecerías que prosperaban por fuera de los límites del condado «seco» que rodeaba el campus: juerguistas cantarines ansiosos de barajar los naipes y echar los dados con el mismo vigor que les había visto exhibir a los otros veteranos del vagón cafetería.

Pero en vez de molestarme con el alboroto de todas las noches (si bien contribuía poco a él, incluso después de que empecé a hacer amigos en las semanas siguientes), yo tenía más inclinación por aquellos hombres mayores que por mis contemporáneos. Acomodado en mi papel de observador y oyente, me gustaba ver jugar al *blackjack* y al *gin rummy* a los ex combatientes y oír sus historias de guerra, su idioma de cuartel, sus chistes verdes. Trasnochados y sin abrir casi nunca un libro, se levantaban todos los días para asistir a clase, o faltar a clase, sin asomo de temor por ir a suspender una materia..., actitud que los exponía a alguna que otra sorpresa. No todos los sobrevivientes de la guerra sobrevivían al primer año en la universidad.

Yo no seguía su ejemplo, claro, al faltarme en esos días confianza para mostrar despreocupación por nada. Pero la cercanía a esos hombres me hacía aflojar un poco, me salvaba de tener que compararme exclusiva y tal vez desfavorablemente con los de mi edad, y parecía producir un efecto positivo en mi salud y mis estudios. Mi acné desapareció casi del todo a los seis meses de haber llegado, cura que podía atribuir a la atmósfera festiva del dormitorio y tal vez incluso al benéfico aunque apestoso olor que provenía de la planta de papel. Aprobé todas las materias del primer semestre, y a finales del curso tuve mi primera cita para tomar café, luego una para el cine y luego el primer beso francés con una rubia de segundo año venida de Birmingham. Estudiaba periodismo pero le esperaba un futuro en la publicidad.

Como estudiante de periodismo estaba con el promedio de la clase, incluso en los dos últimos años, en los que colaboré con el semanario de la universidad y trabajé como corresponsal en el campus para el *Birmingham Post-Herald*, de la cadena Scripps-Howard. Los profesores tendían a preferir el estilo reporteril del conservador pero muy fidedigno *Kansas City Star*, donde algunos de ellos habían trabajado como editores o redactores. Tenían pareceres muy definidos sobre lo que constituía una «noticia» y cómo presentar la información noticiosa. Las «cinco Ws»: *who, what, when, where, why* [quién, qué, cuándo, dónde, por qué] eran las preguntas que para ellos debían responderse de manera sucinta e impersonal en los primeros párrafos de un artículo. Como yo a veces me resistía a esa fórmula y trataba en cambio de comunicar la noticia a través de la experiencia personal del individuo más afectado por ella (influenciado sin duda más por los escritores de ficción que más me gustaba leer que por los adeptos a la no ficción «objetiva»), nunca fui el preferido del profesorado.

No debe inferirse, sin embargo, que hubiera animadversión entre nosotros o que yo fuera un estudiante rebelde. Ellos eran el reflejo de una época que antecedió al surgimiento de la televisión como fuerza dominante en el reportaje de noticias frescas. Yo reflejaba mi peculiar indecisión sobre quién y qué era importante. Al leer periódicos viejos y otras publicaciones anticuadas en la biblioteca de la facultad y en otras partes, como hacía a veces en los ratos de ocio, me parecía que en su mayoría las noticias impresas en las primeras planas eran histórica y socialmente menos reveladoras de su época que lo que aparecía en los anuncios publicitarios y los clasificados regados por las páginas del medio y del final. Los anuncios ofrecían bocetos detallados y fotografías que mostraban las modas imperantes en ese entonces, los modelos de carrocerías de los coches, dónde había apartamentos para alquilar y a qué precio, qué trabajos vacantes había para los empleados de oficina y los obreros; mientras que las primeras páginas se ocupaban principalmente de las palabras y hechos de personajes aparentemente importantes que ya habían dejado de serlo.

En mis años universitarios, que terminaron en 1953, y en los años siguientes en el *Times,* pedía tareas que no parecieran susceptibles de aparecer en primera página. Incluso cuando me circunscribía a los deportes, ya fuera en Alabama o en el *Times,* los resultados finales me interesaban menos que quienes jugaban los partidos; y si me ponían a escoger entre quienes personificaban la «Buena Madera» y la «Mala Madera», invariablemente escogía a estos últimos. Cuando me nombraron editor deportivo del periódico de la universidad en el penúltimo año, saqué pleno provecho de mi posición para describir la desesperación del *infielder* cuyo lanzamiento desviado significaba la derrota, o al jugador de baloncesto sentado en el banquillo que saboreaba la acción únicamente cuando había trifulca, y de muchos otros personajes sin fortuna en las márgenes del campo deportivo. Un artículo que escribí para el periódico de la universidad versaba sobre un corpulento estudiante de dos metros y catorce centímetros de estatura, venido de una agreste zona montañosa, que no sabía jugar, ni quería aprender, ningún deporte. También escribí sobre un negro entrado en años, nieto de esclavos, que era el encargado principal del vestuario del departamento de atletismo; y cómo en esos tiempos que corrían, cuando en los deportes no había ningún contacto interracial, los miembros del equipo de fútbol americano de Alabama, integrado por blancos, comenzaban cada partido sobándole la cabeza al negro para tener buena suerte. Si escribía con mayor compasión sobre los perdedores que sobre los ganadores en mis días de escritor deportivo, era porque las historias de los perdedores me parecían más interesantes, opinión que conservé mucho después de haber abandonado el campus de Alabama. Como cronista deportivo del *Times,* estuve fascinado con un púgil de los pesos pesados, Floyd Patterson, a quien derribaban una y otra vez pero que persistía en levantarse. Escribí más de treinta artículos diferentes acerca de él en el diario y en la revista dominical del *Times* y acabé redactando uno largo para la revista *Esquire* titulado «El perdedor».

Hice esto cuando ya practicaba lo que Tom Wolfe llamó «Nuevo Periodismo», pero, como espero que resulte evidente, éste se cimienta en los tradicionales trotes investigativos, pasando día tras día con el sujeto de la crónica (tal cual pasaba el tiempo en la tienda de mis padres como observador y oyente juvenil) —a veces lo he llamado «el Arte de Pasar el Tiempo»—, y ello forma parte indispensable de lo que motiva mi trabajo, a la par con ese otro elemento que quizás ya he mencionado en exceso, ese don de mi madre: la curiosidad. Mi madre también sabía que había una diferencia entre la curiosidad y el fisgoneo, y esta distinción siempre me ha guiado en relación con mis entrevistados y cómo los presento en la página impresa. Nunca escribí sobre nadie por quien no sintiera un grado considerable de respeto, respeto que es manifiesto en los trabajos que me tomo en mi escritura y en tratar de entender y expresar sus puntos de vista y las fuerzas históricas y sociales que conformaron su carácter, o falta de carácter.

Siempre me ha resultado difícil escribir, y no invertiría el tiempo y el esfuerzo requeridos simplemente para ridiculizar a la gente; y digo esto después de haber escrito sobre gángsteres, pornógrafos y otros que se han ganado la reprobación y el desprecio de la sociedad. Pero en esas personas también había una cualidad redentora que me parecía interesante, una idea equivocada sobre ellos que quería enmendar o una vena oscura sobre la cual esperaba arrojar un poco de luz porque creía que podría alumbrar un área mayor habitada por una parte de todos nosotros. Norman Mailer y Truman Capote han logrado esto escribiendo acerca de asesinos, y otros escritores (Thomas Keneally y John Hersey) nos lo dejan ver a partir de las cámaras de gas de la Alemania nazi y de las emanaciones letales de Hiroshima.

El fisgoneo representa principalmente los intereses de los espíritus mezquinos, el talante de picaflor de los periodistas sensacionalistas y hasta de escritores y biógrafos establecidos que no desperdician ninguna oportunidad de empequeñecer a los grandes nombres, de hacer público el desliz verbal de un personaje, de armar un escándalo por cualquier retozo sexual suyo, así no tenga ninguna relevancia en la actividad política o de servicio público del personaje en cuestión.

He evitado escribir sobre las figuras políticas, dado que el interés que despiertan es siempre pasajero: son personas anticuadas, víctimas del proceso de reciclaje de la política, seres perdidos si dicen abiertamente lo que de veras piensan. La curiosidad me tienta, como dije, del lado de los personajes reservados, de los desconocidos para quienes suelo representar su primera experiencia en ser entrevistados. Podría escribir acerca de ellos hoy, mañana o el año que viene y no habría la menor diferencia en cuanto a su actualidad. Esas personas son intemporales. Podrán vivir mientras viva el lenguaje empleado para describir sus vidas, si ese lenguaje está dotado de cualidades perdurables.

Mi primer escrito para el *Times,* en el invierno de 1953, después de haberme graduado en junio en Alabama, trataba sobre un hombre anónimo que trabajaba en el corazón de la «Encrucijada del Mundo», en Times Square. En ese entonces yo hacía de mensajero, trabajo que había conseguido la tarde en que entré en el departamento de personal del periódico e impresioné a la directora (como me confesó más adelante) con mi veloz y correcta mecanografía y mi traje en espina de pez hecho a la medida. Unos meses después de haberme empleado, un día a la hora del almuerzo en que vagaba con pasos amodorrados por la zona de los teatros, me quedé mirando el letrero luminoso de cinco pies de ancho que giraba con movimiento rutilante alrededor del elevado edificio de tres lados que daba a la calle 42. En realidad no leía los titulares, sino que me preguntaba: *¿Cómo funciona ese letrero? ¿Cómo se forman las palabras con las luces? ¿Quién está detrás de todo esto?*

Entré en el edificio y encontré una escalera. Subí al último piso y descubrí un espacio amplio y de techo alto, como la buhardilla de un artista; y allí, en una escalera de mano, había un hombre que introducía unas cuñas de madera en lo que se parecía a un pequeño órgano de iglesia. Cada una de las cuñas formaba una letra. En una mano el hombre sostenía una tablilla con los últimos boletines de titulares (los titulares cambiaban permanentemente) y en la otra sostenía las cuñas que insertaba en el órgano que creaba las letras del anuncio de tres lados de la pared exterior, el cual contenía quince mil bombillas de veinte vatios.

Estuve viéndolo durante un rato, y cuando se detuvo lo llamé, diciéndole que yo era mensajero en el *Times,* que quedaba a media manzana de allí y además era propietario de este edificio más pequeño del letrero. El hombre me saludó y, sacando un descanso para tomar café, bajó de la escalera y estuvo conversando conmigo. Me dijo que se llamaba James Torpey, añadiendo que había estado de pie en esa escalera armando titulares para el *Times* desde 1928. Su primer titular tuvo lugar en la noche de los comicios presidenciales y decía: «¡Hoover derrota a Smith!». Durante veinticinco años este señor Torpey había estado en esa escalera, y a pesar de mi limitada experiencia en el periodismo neoyorquino, yo sabía que *ahí* había material para una historia. Después de tomar algunos apuntes sobre el señor Torpey en el papel doblado que siempre llevaba en el bolsillo, regresé a la oficina principal, escribí a máquina un corto memorando sobre el tipo y lo puse en el buzón del editor de Noticias Locales. No me pagaban por escribir, únicamente por hacer recados y otras modestas tareas; pero a los pocos días el editor me mandó decir que recibiría con gusto unos cuantos párrafos míos sobre la vida en las alturas del hombre de las bombillas: y aquello se publicó (sin mi nombre) el segundo día de noviembre de 1953.

Ese artículo —junto con la pieza que apareció con mi nombre en la sección de Viajes de la edición dominical del *Times*, tres meses después, sobre la popularidad de las sillas ambulantes de tres ruedas que transportaban a la gente en el paseo marítimo de Atlantic City— atrajo la atención de los editores. Siguieron otros escritos, incluyendo un artículo en la revista del domingo que el *Times* publicó en 1955, cuando yo estaba con licencia en el ejército. La crónica trataba sobre una mujer con edad suficiente para ser una de las más venerables clientas de mi madre: una actriz de la pantalla muda llamada Nita Naldi, que antaño fuera protagonista principal en Hollywood al lado de Valentino. Pero en 1954, varias décadas después de la salida de Nita Naldi de la industria del cine, se dio a conocer que un nuevo musical llamado *La vampi*, y protagonizado por Carol Channing, se estrenaría en Broadway dentro de poco tiempo.

Había leído este dato en la columna de teatro de un tabloide una mañana en el metro camino del trabajo, meses antes de salir para el ejército. En la columna se decía que Nita Naldi vivía recluida en un pequeño hotel de Broadway cuyo nombre no se mencionaba. En ese entonces Nueva York tenía unos 300 hoteles en el área de Broadway. Pasé horas enteras buscando en las páginas amarillas en la sala de redacción del *Times*, cuando no estaba ocupado en otra cosa. Apuntaba los teléfonos de los hoteles, y más tarde empecé a hacer llamadas desde uno de los teléfonos de la parte de atrás que los mensajeros podíamos usar, lejos del alcance de la vista de los oficinistas de Noticias Locales, amigos de hacer valer su autoridad sobre los mensajeros.

Telefoneé a unos ochenta hoteles en un período de cuatro días, pidiendo cada vez que me conectaran con la *suite* de la señorita Naldi, hablando siempre con un tono seguro que esperaba diera la impresión de que *sabía* que ella estaba alojada allí. Pero ningún hotelero había oído hablar jamás de ella. Hasta que llamé al hotel Wentworth y, para sorpresa mía, oí que un hombre me respondía con voz áspera: «Ajá, aquí está, ¿quién pregunta por ella?». Corrí en persona al hotel Wentworth.

A mi juicio, el teléfono es inferior únicamente a la grabadora en su capacidad de socavar una entrevista. En años de mayor madurez, en especial cuando hago giras publicitarias para algún libro mío, yo mismo he sido entrevistado por jóvenes periodistas que traen grabadoras; y mientras me acomodo a responder sus preguntas, los veo ahí, escuchando a medias, tranquilos porque saben que las rueditas de plástico están girando. Pero lo que obtienen de mí (y supongo que de sus otros interlocutores) no es la perla que resulta de la indagación profunda, el análisis perspicaz y mucho trajinar, sino más bien un primer boceto de lo que se me viene en mente, un diálogo a la ligera que muy a menudo reduce los encuentros a una suerte de charlas radiofónicas en letras de molde. En vez de lamentar esta moda, la mayoría de los directores la aprueba tácitamente, puesto que la entrevista grabada que se transcribe fielmente protege al periódico de entrevistados que pudieran alegar haber sido citados de mala fe; acusaciones que en estos tiempos de litigios irreflexivos y costos legales exagerados inquietan e incluso atemorizan a los editores más valerosos e independientes. Otra razón para que los directores acepten la grabadora es porque les permite obtener artículos publicables del montón de escritores independientes y superficiales, con tarifas de pago por debajo de las que esperan y merecen escritores con mayor entrega y ponderación. Con una o dos entrevistas y algunas horas de grabación, un periodista relativamente bisoño puede producir un artículo de 3.000 palabras que se apoye ampliamente en citas textuales y (dependiendo en gran parte del valor promocional del tema en el quiosco de revistas) recibir honorarios de escritor que van de unos 500 dólares a un poco más de 2.000; pago justo, teniendo en cuenta el tiempo y las habilidades invertidas, pero menos de lo que yo recibía por artículos de longitud y actualidad equivalentes cuando empecé a escribir para las mismas publicaciones nacionales, tales como la revista dominical del *Times* y *Esquire,* allá por los años cincuenta y sesenta.

El teléfono es otro instrumento inadecuado para las entrevistas, ya que, entre otras cosas, te impide aprender montones de cosas con sólo observar el rostro y la actitud de una persona, por no hablar del ambiente que la rodea. Creo también que la gente deja ver más de ella si estás presente en forma física; y que mientras más sincero sea tu interés, más probabilidades tendrás de obtener la colaboración de la persona.

El teléfono interno del hotel Wentworth, que sabía que tenía que usar para anunciarle mi llegada a Nita Naldi, no presentaba los mismos inconvenientes que podría tener un teléfono corriente: después de todo, yo estaría llamándola desde su propio edificio; *ya estaría ahí,* sería una presencia insoslayable.

—Hola, señorita Naldi —dije de entrada, habiéndole pedido a la operadora que me comunicara de una vez sin haberme presentado antes a nadie de la recepción, urbanidad que (recelando del carácter venal de esas personas) podría haber rebotado en contra mía—, soy un joven empleado del *Times* y estoy abajo en el vestíbulo del hotel y quisiera reunirme con usted durante unos minutos para charlar sobre un artículo para la revista dominical del diario.

—¿Dice que está abajo? —preguntó ella, con un deje de inquietud teatral—. ¿Cómo supo dónde vivía yo?

—Pues llamando a todos los hoteles de Broadway que pude.

—Debe de haberse gastado un dineral, jovencito —dijo ella, con voz más tranquila—. De todos modos no tengo mucho tiempo.

—¿Podría subir a presentarme, señorita Naldi?

Al cabo de una pausa, respondió:

—Bueno, dame quince minutos y sube. Habitación 513. ¡Ay, el cuarto está hecho un desastre!

Subí al quinto piso y no olvidaré nunca ese lugar. Ella ocupaba, con sus cuatro pericos, una pequeña suite, decorada como un plató cinematográfico de principios de siglo. Iba vestida de una manera que sin duda habría atraído al propio Rodolfo Valentino, acaso *únicamente* a él. Tenía las cejas oscuras y arqueadas, aretes largos y una bata larga, amén de un pelo negro azabache que estoy seguro se teñía todos los días. Sus ademanes eran exagerados, como tenían que serlo en los tiempos de la pantalla muda; y resultó ser muy entretenida. Tomé mis notas, regresé a mi apartamento después de la jornada laboral y me puse a escribir el relato, que quizás me llevó tres o cuatro días, y hasta más, acabar. Se lo entregué al editor de Dominicales, encargado de los temas de farándula, y le pedí la bondad de leerlo.

Me llamó a la semana para decirme que le gustaría sacar el artículo. Su respuesta señaló uno de los días más felices de mi juventud. La revista lo iba a publicar sin duda, me reiteró, añadiendo que no sabía cuándo exactamente. La plancha con los tipos esperó durante algunos meses. Pero al fin salió, el 16 de octubre de 1955, cuando yo prestaba servicio con el cuerpo de tanques en Fort Knox, Kentucky. Mis padres me enviaron un telegrama. Yo les correspondí llamándolos desde una cabina telefónica, a cobro revertido, y mi madre me leyó por el teléfono el artículo publicado. Comenzaba así:

Para que Carol Channing sea impecablemente fatal y seductora y agradablemente malsana en el papel estelar del musical sobre la era del cine mudo que llega a Broadway el

10 de noviembre y se llama, como era de esperarse, La vampi, ha tenido a guisa de consejera, edecana, crítica y profesora a esa exótica sirena de antaño llamada Nita Naldi. En cuestión de roles de vampiresa no habría una instructora más calificada que la señorita Naldi. En su apogeo en los años veinte, Nita Naldi era el prototipo de la pasión y el mal en la pantalla muda.

Y terminaba así:

... todavía muy morena y pechugona, la señorita Naldi es reconocida con frecuencia cuando sale de viaje. «Las mujeres no parecen odiarme ya», dice con satisfacción. A menudo la detienen en la calle y le preguntan: «¿Cómo era en realidad besar a Valentino?». Los jóvenes le comentan: «¡Oh, señorita Naldi, papá me ha hablado taaanto de usted!», a lo que la actriz se las arregla para contestar cortésmente. No hace mucho se le acercó un hombre en el cruce de la calle 46 y Broadway, y exclamó, maravillado: «¡Usted es Nita Naldi, la Vampiresa!». Fue como si retrasara el reloj, devolviendo a la señorita Naldi al mundo que habitara treinta años atrás. Deseosa de vivir en el presente, la actriz le respondió en un tono que mezclaba el resentimiento y la resignación: «Sí, ¿le importa?».

Mi madre encargó varias docenas de ejemplares de la revista y las envió por correo a toda la clientela que me conoció de niño en la tienda, y en el paquete incluía mi dirección en el campamento. Entre las cartas de admiración que recibí después estaba también una del editor de Noticias Locales del *Times*, en la que me informaba que cuando me dieran de baja y volviera al periódico no trabajaría ya de mensajero. Me promovían al cargo de redactor y me asignaban a la sección de Deportes.

Añadía, en una posdata: «Ya has comenzado».

Cuando tenía veinticinco

Cuando yo tenía veinticinco años perseguía gatos callejeros por todo Manhattan. Les seguía el rastro mientras rebuscaban la comida en los vertederos de basura de la ciudad, en las pollerías, por los mercados de pescado y en los muelles infestados de ratas a la orilla del Hudson; y recuerdo haber celebrado mi cumpleaños número veinticinco en un túnel oscuro debajo de la terminal Grand Central, observando la batalla de decenas de gatos sibilantes que se peleaban las sobras comestibles que habían arrojado de sus fiambreras los trabajadores de las vías del metro.

Era el año de 1957. Corrían malos tiempos para los 400.000 gatos callejeros de Nueva York. Eran víctimas de su propia sobrepoblación y la escasez de cubos de la basura en los nuevos edificios de apartamentos de la ciudad; y yo hacía la investigación para mi primer artículo extenso en la revista dominical del *New York Times,* sobre la lucha de los gatos por la supervivencia en toda la ciudad. Otras personas se preocupaban en esos días porque los Dodgers se iban a ir de Brooklyn, o por la existencia acechante del «Dinamitero Loco», o por el hecho de que los rusos acabaran de lanzar una perra al espacio. Pero yo me concentraba en los gatos, y cuando mi artículo de 4.000 palabras fue publicado el 12 de mayo de 1957, con el titular «Viaje a la selva de los gatos», me apoderé de unos treinta ejemplares en la imprenta del *Times* y se los envié a mis parientes y amigos por toda la nación. Fue mi primer ligue con lo que Andy Warhol identificaría como los quince minutos de celebridad, pero, como la iniciación en el amor de la primera juventud, su dulce recuerdo perdura para siempre en la intimidad. Así recuerdo yo la publicación de aquel artículo sobre gatos hambrientos por un hambriento escritor novel.

Acababa de llegar a Nueva York después de dos años en el ejército y cuatro como alumno en la Universidad de Alabama, y me sentía hipnotizado por Nueva York y muy curioso por cosas que apenas interesaban a unas cuantas personas (como los hábitos nocturnos de las señoras de la limpieza de los rascacielos, o lo que los porteros de las unidades de apartamentos sabían de las vidas conyugales de los inquilinos, y, cómo no, por las carencias alimentarias de los gatos independientes). Pero hasta que conseguí un empleo en el periodismo, no veía cómo satisfacer mi peculiar interés por el orden natural y antinatural de la vida ciudadana.

Venía de una pequeña población. Mis percepciones eran bastante provincianas. Poseía la capacidad de maravillarme por lo que otros consideraban común y corriente. Pero creía que lo ordinario, el acontecimiento cotidiano en la rutina de la persona media, merecía ser puesto por escrito, en especial en un periódico, *si aquello se escribía bien*.

Ciertamente, había editores del *Times* a los que no les gustaba lo que yo escribía; las llamaban «historias de trapero» y teníamos confrontaciones cordiales pero obstinadas. Para disuadirme me asignaron el cubrimiento político de la asamblea legislativa de Nueva York en Albany, donde debería escuchar las mentiras y los comunicados sin sentido de los políticos y darlos a conocer como «noticias». No fui capaz de hacerlo. En esos días en el *Times* existía la norma de que los nombres de los reporteros debían aparecer en los artículos que tuvieran al menos ocho párrafos de longitud. En mi estadía en Albany nunca escribí una nota política de más de siete párrafos. No quería mi nombre en un artículo circunscrito a las disposiciones y objeciones de los diputados de Albany. En consecuencia, los editores del *Times* me removieron del cargo y creyeron castigarme trayéndome de regreso a la casa principal y encargándome la redacción de notas necrológicas. Nunca fui más feliz. La escritura de obituarios estaba en la órbita de la historia personal, de la biografía, era el resumen de la valía e influencia de un sujeto, y quien calificara para una nota necrológica en el *Times* sería sin duda un individuo sobresaliente y de logros extraordinarios: harto más de lo que yo había visto en mi breve carrera de corresponsal político de veinticinco años de edad.

Fue en mi período de escritor de obituarios cuando empecé también a concentrarme en escribir para la revista dominical del *Times,* dado que para la edición ordinaria del diario me habían «enviado a la perrera». Después de la crónica de los gatos realicé más de treinta piezas de revista en los meses siguientes. Escribía sobre actrices del cine mudo en la era del sonido, sobre los viejos que tocaban la campana en los encuentros boxísticos en el Madison Square Garden, sobre los capitanes de agua dulce de los ferrys de Staten Island, sobre los decoradores de vitrinas de las boutiques de la Quinta Avenida y sobre la escultura de maniquíes femeninos que no por ser de plástico perdían su encanto natural.

Vivía entonces en Greenwich Village, en un edificio de ladrillo enfrente de la primera tienda de café *espresso* que hubo en la ciudad y también de un bar nocturno frecuentado por homosexuales. En mi calle era cosa común ver parejas interraciales caminando cogidas de la mano y escuchar las protestas de los poetas en los cafés, de una manera que se suele asociar con los años sesenta, aunque creo que los cincuenta en Greenwich Village fueron realmente los sesenta: el barrio le llevaba una década de ventaja al resto de la ciudad. Y también fue en el Village donde me enamoré. Ella era directora de una revista del distrito residencial, pero todas las noches se reunía a cenar conmigo en el centro, y en 1959 llevados por un impulso nos fuimos a Roma, en donde nos casamos, y desde entonces hemos sido marido y mujer.

¿Consejo para los escritores jóvenes? La única cualidad indispensable es la curiosidad, creo yo, y el ánimo para salir y aprender acerca del mundo y de las gentes que llevan vidas singulares, que habitan en lugares ocultos. Posteriormente extendí este modo de pensar a la escritura de libros sobre esposas de la mafia *(Honrarás a tu padre)*, abogados del amor *(La mujer de tu prójimo)*, sastres inmigrantes *(A los hijos)* y obreros del acero que trabajan en las alturas *(El puente)*.

En todas partes hay historias a la vista, al alcance; y el otro consejo que me quedaría por ofrecer (repitiendo el que me dio mi propio padre) sería: «No escribas nunca por dinero». Será tal vez un extraño consejo en esta época de justificaciones contables, codicia y glotonería, pero es el consejo que me ha guiado durante estos cuarenta años desde que allá en 1957 (en compañía de unos gatos) cumplí los veinticinco.

Paseando a mi cigarro

Todas las noches después de la cena salgo, en compañía de mis dos perros, hasta Park Avenue, para darle un paseo a mi cigarro. Mi cigarro es del mismo color que mis dos perros, y a mis perros también los atrae su aroma: me saltan por las piernas cuando lo enciendo antes de echar a andar, con los hocicos ensanchados y los ojos estrechamente enfocados, con esa mirada glotona que ponen cada vez que les ofrezco galletas para mascotas o una bandeja de canapés condimentados que haya sobrado de uno de nuestros cócteles. De no ser tan costoso mi cigarro y si yo estuviera seguro de que no se lo iban a comer, podría ofrecerles una fumada, porque sé que apreciarían ese placer de sobremesa mucho más que la mayoría de mis amistades. Demasiados amigos míos, incluida mi mujer —quien, dicho sea de paso, fuma cigarrillos—, se han dejado influir en años recientes por la insidiosa campaña contra los puros, cosa que ha afectado mi por lo demás admirable talante. En ocasiones me ha vuelto prevenido, inclinado a discutir y hasta militar contra el *lobby* estadounidense contra el cigarrillo; lo que en realidad es ridículo, porque soy básicamente un no fumador, a excepción de mi cigarro después de la cena.

Todo el día espero con ganas mi cigarro nocturno, así como esperaba las salidas con azafatas escandinavas en mis mocedades de soltero, en los años cincuenta. En esos días casi todas las azafatas eran bellas, y las escandinavas tenían la reputación adicional de ser aventureras en el campo sexual (salvo por esas redomadas moralistas que por desgracia me tocó conocer). También corrían tiempos de una muy generalizada tolerancia hacia el tabaco, hasta tal punto que

era legal fumar cigarros en los aviones. Aunque en ese entonces no era un fumador, recuerdo cuando inhalaba y disfruta-
ba la fragancia perfumada de los puros de otros hombres
desde mi silla en un avión o en un restaurante; y por la costosa manera de vestir de aquellos hombres y por su seguridad
y aplomo, los veía como integrantes de una casta privilegia-
da que, sólo porque eran mucho mayores que yo, no me ins-
piraba envidia.

No sólo eran mayores, sino que tendían a ser robus-
tos y mofletudos, aunque en los años cincuenta esas caracte-
rísticas estaban más bien en boga entre los miembros de la
élite del poder. En ese tiempo el más respetado *clubman*
de élite robusto, mofletudo y fumador de cigarros era sir Winston Churchill, el líder de los ingleses en la Segunda Guerra
Mundial, un viejo y malhumorado caballero que se cuadraba
frente a las multitudes con las manos en alto, saludando con el
puro en la una y haciendo el signo de la V en la otra, ademán
que sus colegas fumadores de cigarros bien podrían haber in-
terpretado como los símbolos gemelos del mundo libre por
encima de las fuerzas brutales de la opresión.

El hábito de fumar cigarros adquirió una imagen más
juvenil y romántica después de 1960, con la ascensión a la
presidencia de John F. Kennedy, quien con frecuencia aparecía en público chupando uno de sus habanos preferidos; y
fue entonces cuando yo y algunos colegas míos en el mundo
periodístico por vez primera nos dimos ese gusto. Por intermedio de un amigo reportero que cubría las noticias políticas en Washington pude hacerme a los mejores cigarros cubanos antes y durante el largo embargo de todos los productos
cubanos por parte de Estados Unidos. Recuerdo en particular la caja de regalo de habanos Churchill que mi amigo me
envió cuando nació mi primera hija, en 1964, y una segunda
caja tras la llegada de mi segunda hija en 1967. Aún con más
cariño recuerdo cómo más adelante mis niñas discutían todas
las noches sobre a cuál le tocaba el turno de ponerse el «anillo» cuando yo se lo quitaba a mi cigarro de sobremesa; ritual

que no sólo las introdujo en los felices efluvios del tabaco superior, sino que inculcó en ellas aprecio y respeto por el placer que me proporcionaba.

Que su amorosa respuesta hacia mí y hacia mis puros continúe hasta el día de hoy, décadas después de su última pelea por un anillo de papel, me lleva a preguntarme si la repugnancia que algunas mujeres sienten por los cigarros no tendrá que ver tanto con el humo o el olor del tabaco como con sus relaciones personales con el primer hombre en sus vidas que tuviera ese hábito. Como la protesta pública contra los cigarros, que son un hábito casi exclusivamente masculino, se ha acentuado en las últimas décadas, que han presenciado también un creciente énfasis en los derechos de las mujeres, se me ocurre que podría haber alguna relación.

Ése bien podría ser el caso de mi propio hogar. Mi esposa durante treinta y tantos años, que nunca se quejó del humo de mis tabacos durante la primera mitad de nuestro matrimonio, viene mostrando, desde sus ulteriores promociones en el mundo de los negocios, una firmeza tal contra mi costumbre de todas las noches, que me ha sacado a las calles para buscar allí aceptación y tolerancia, en la polución del aire vespertino de Nueva York, junto a mis perros.

Con todo, ni siquiera las calles garantizan una luz verde para los fumadores de cigarros. Me di cuenta de eso una noche reciente cuando pasé por un café al aire libre en Madison Avenue y de pronto noté a dos comensales del sexo femenino que no sólo se tapaban las narices sino que agitaban las manos sobre los platos de comida y las copas de vino para anular el temido veneno aéreo del humo de mi puro. Y justo cuando pasé frente a su mesa una de ellas exclamó: «¡Puaj!».

—¿Se refiere a mi cigarro, señora? —le pregunté, haciendo alto para sacarme mi Macanudo Vintage No. 1 al tiempo que tiraba de la traílla a mis terriers australianos, que no dejaban de gruñir.

—Sí —dijo ella—. Me parece ofensivo. De hecho, apesta.

La mujer tiraba a rubia, tendría más de treinta años, llevaba gafas y tenía un porte adusto y magro, pero estaba lejos de ser poco atractiva: llevaba dos collares de abalorios que rodeaban su esbelto cuello y colgaban hasta el medio de la blusa de algodón amarilla, y llevaba puesta una chaqueta de lino beige con un botón en la solapa que decía: *«Pro-Choice»*.

—Es una vía pública, ¿sabe? —le dije.

—Sí —dijo ella—, y yo formo parte del público.

Tuve la tentación de dar una chupada y soplar el humo en su dirección, lo que muy difícilmente habría empeorado la calidad del aire de la avenida, cuyo hollín producido por los buses y los coches del centro ya les había dado a los manteles blancos del café tonos de azul marino y gris acorazado. Pero noté que la acompañante de la mujer, que no había dejado de agitar las manos sobre el plato de comida, había llamado ya la atención del camarero y de algunas personas de la mesa vecina; y sospechando que tendría pocos aliados en ese grupo, dejé que mis perros me arrastraran más al norte.

Tomando una honda bocanada del cigarro, que ahora parecía haberse recalentado, profundicé en el ostracismo social a que están abocados los fumadores de cigarros.

¿Estaría de veras motivado por el sexismo femenino? ¿Será que algunas airadas integrantes del movimiento femenino imputan a los cigarros ser vestigio de esa época ida del machismo excluyente y de clan? ¿Se estarán desquitando de sus padres mascadores de habanos, duros y sexistas, que se negaban a pasarle el lucrativo negocio de la familia a una hija valiosa por preferir a un hijo incompetente? ¿Qué diría de todo esto Sigmund Freud, empedernido fumador de cigarros? ¿Identificaría el cigarro como un símbolo fálico que las mujeres envidian y desprecian?

No, no, concluí: en mi caso no podía culpar enteramente a las mujeres de la fría recepción dada a mis cigarros.

---

* «Pro elección»: representa la consigna de las mujeres que abogan por la maternidad libre y voluntaria, en la que cabe la opción del aborto. *(N. del T.)*

Igual número de hombres se ha fastidiado con ellos: por ejemplo, todos esos porteros de cuyas hostiles miradas me he percatado cuando me he detenido a reencender mi cigarro bajo la marquesina de su edificio u hotel; y los taxistas que al verme en una noche lluviosa haciéndoles señales con el cigarro extendido han acelerado la marcha, no sin antes mostrarme el dedo. Debo decir también que los restaurantes de Nueva York, que en su inmensa mayoría son dirigidos por hombres, han adelantado una vigilante campaña contra los fumadores de cigarros que contrasta con su relativa permisividad con los fumadores de cigarrillos, a quienes se les permite encender en ciertas áreas demarcadas. Podría agregar que el estricto boicot de los restauradores contra los cigarros se extiende también a quienes fuman pipa. Pero a mí qué me importan los fumadores de pipa.

No obstante, hay un famoso restaurante neoyorquino (además del «21») que sí brinda acogida a los fumadores de cigarros, ¡y su dueña y gerente es una mujer! Se trata de Elaine Kaufman, propietaria y celebridad social de Elaine's, en la Segunda Avenida, un bastión democrático frecuentado por escritores y demás partidarios de la libertad. Con tal de que sus clientes no critiquen la comida, Elaine les permite hacer prácticamente lo que quieran en su restaurante; y si alguien va a quejarse a ella por el humo de los tabacos, en seguida les señala la puerta que conduce a una sala lateral que los asiduos llaman Siberia.

Así y todo, la libertad de que disponen los fumadores de cigarros en Elaine's y otros cuantos restaurantes no desmiente el hecho de que el cigarro es cada vez menos un placer portátil; y, en mi opinión, éste es apenas uno de los síntomas de los crecientes neopuritanismo y negativismo que tienen sofocada a la nación con sus códigos de corrección, han conducido a una mayor desconfianza entre los sexos y finalmente han reducido, en nombre de la salud, la virtud y la equidad, las opciones y los placeres que, en cantidades moderadas, antaño eran generalmente tenidos por naturales y normales.

«Cuando América no está librando una guerra, el deseo puritano de castigar al prójimo tiene que desfogarse en casa», explicaba hace años la escritora Joyce Carol Oates, refiriéndose a la censura literaria. Pero esto se aplica a las restricciones de todo tipo, incluidos los actuales edictos contra mi humilde cigarro..., de cuyo humo brota todas las noches mi paranoia, que no se esfuma ni cuando le doy la última fumada y arrojo a la calle la colilla, indicándoles a los perros que el paseo al aire libre de por las noches ha tocado a su fin.

Este libro se terminó
de imprimir en
Hospitalet de Llobregat,
Barcelona, en el mes de
octubre de 2020

GAY TALESE
Los hijos

LA OBRA MONUMENTAL E IMPRESCINDIBLE
DEL MAESTRO DE PERIODISTAS

De la región de Calabria mucho antes del siglo XIX a las sastrerías de
París, de las trincheras de la Primera Guerra Mundial al paseo
marítimo de Ocean City, de Garibaldi a Joe DiMaggio, de Lucky
Luciano o Sinatra al menor de los Talese: *Los hijos* desgrana la odisea
de una familia y, a través de ella, la de los millones de emigrantes
italianos que llegaron a los Estados Unidos en el despertar de una
época que cambiaría el mundo.

Gay Talese avanza puntada a puntada en una épica historia de lazos de
sangre, amores y desencuentros, tensiones políticas y vínculos con un
pasado que se desvanece y un futuro lleno de promesas.

«Se lee como una gran novela: un estilo que subyuga y unos personajes
increíblemente vivos.»
WILLIAM MURRAY, *The New York Times Book Review*

«La magnífica historia de una familia italiana que abarca tres
generaciones, dos continentes y dos guerras mundiales escrita por "el
mejor autor de no ficción de América".»
MARIO PUZO, autor de *El Padrino*

GAY TALESE
Honrarás a tu padre

El primer libro de no ficción que desveló los secretos de la Mafia y puso en jaque la vida de su autor, quien viajó a Sicilia y se infiltró en la intimidad de los Bonanno durante seis años

Una lluviosa noche de octubre de 1964, dos gánsteres secuestraron al famoso jefe mafioso Joseph Bonanno. A la mañana siguiente la policía neoyorquina informaba de su muerte. Un año después, Bonanno reapareció de forma misteriosa, y su vuelta desató una sangrienta disputa entre familias de la mafia.

Esta obra monumental, que se lee como una trepidante novela «llena de detalles íntimos y fruto de una brillante labor periodística», se convirtió en un *bestseller* desde su publicación.

«Un documento de un valor incalculable.»
Wilfrid Sheed, *The New York Review of Books*

«Brillante... Indispensable.»
Robert Kirsch, *Los Ángeles Times*

«Un autor imprescindible... Un escritor clave de nuestro tiempo.»
Santiago Segurola, *El Mundo*

GAY TALESE
Vida de un escritor

La autobiografía del padre del Nuevo Periodismo

El hijo de un modesto sastre italiano que se convirtió en una leyenda del periodismo, el hombre capaz de todo por contar una buena historia, desde rastrear a los tipos más excéntricos que pululan por Nueva York hasta intimar con un temible clan de la mafia italoamericana, desde frecuentar comunas nudistas hasta investigar la vida de estrellas del deporte y del espectáculo después de que se apaguen los focos, habla en primera persona. El retrato de sus familiares, sus restaurantes predilectos en Manhattan, el escandaloso caso Bobbitt o los entresijos de sus libros más recordados se dan cita en estas páginas deslumbrantes.

«Brillante ejemplo de una época de la historia del periodismo en la que publicar en determinadas revistas era una forma de arte y Talese su Miguel Ángel. Merece ser leído una y otra vez.»
Publisher's Weekly

«El material humano que acopia Talese no tiene desperdicio porque se solapa, en efecto, con la vida misma, el mejor nutriente de la ficción literaria, de tal manera que sus reportajes parecen como retazos sacados de una novela. La gran novela del mundo contemporáneo.»
Francisco Calvo Serraller, *El País*